听花开的声音

门头沟区少年宫
活动案例集

高玉明　主编

图书在版编目（CIP）数据

听花开的声音 . 门头沟区少年宫活动案例集 / 高玉明等编著 . -- 北京 : 企业管理出版社 , 2022.4

ISBN 978-7-5164-2580-0

Ⅰ . ①听…　Ⅱ . ①高…　Ⅲ . ①少年宫—校外教育—教案（教育） Ⅳ . ① G244

中国版本图书馆 CIP 数据核字 (2022) 第 042615 号

书　　名: 听花开的声音——门头沟区少年宫活动案例集
书　　号: ISBN 978-7-5164-2580-0
作　　者: 高玉明
责任编辑: 陆　森　郑小希
出版发行: 企业管理出版社
经　　销: 新华书店
地　　址: 北京市海淀区紫竹院南路17号　　**邮　　编:** 100048
网　　址: http://www.emph.cn　　**电子信箱:** qigung1961@163.com
电　　话: 编辑部（010）68414643　发行部（010）68701816
印　　刷: 北京市密东印刷有限公司
版　　次: 2022年6月 第1版
印　　次: 2022年6月 第1次印刷
开　　本: 160mm×235mm　1/16
印　　张: 26.25印张
字　　数: 388千字
定　　价: 100.00元

编委会

前 言

校外教育是基础教育重要组成部分，全面实施素质教育在少年儿童成长中发挥着不可替代的作用。门头沟区少年宫是全区唯一一所公办校外教育机构，自1958年建宫以来，始终坚持公益性原则，充分发挥培养兴趣，发展特长的职能，通过管理育人，活动育人，实践育人，文化育人，培养了大批学有所长的社会主义建设者和接班人。

2013年9月，门头沟区少年宫迁入新址，办学条件得到极大改善，同时，在各级领导的关心和支持下，少年宫在管理创新、队伍建设、质量提高、品牌建设和特色发展等方面积极探索，教育质量不断提高，引领，辐射和带动作用更加凸显，已经成为门头沟区校外教育的研究中心，青少年儿童的培训中心，活动中心，多元发展、个性发展中心，在区域内有较高的社会声誉，呈现出欣欣向荣、蓬勃发展的良好局面。

教师是立教之本，兴教之源。门头沟区少年宫始终坚持培养教师，发展教师，成就教师的管理思想，以科研引领成长，以科研促进发展，把培养具备一定研究精神和科研能力的教师队伍作为推动校外教育质量提高和持续发展的努力方向。教师作为教育主体，他们的研究基于现实，基于改进和提升，更有现实的意义和价值，他们的研究不仅是文化建设的重要内容，也是门头沟区校外教育教师群体责任感、使命感的具体体现。

当前，门头沟区少年宫拥有一支师德高尚，业务精良的教师队伍，他们不但有对工作的热度，更有对教育教学理解的深度和对校外教育认识的高度。他们在纷繁紧张的日常工作之余探索创新，聚力发展，笔耕不辍，记录自己的研究与思考。为了更好地提升教师专业水平，营造更加浓厚的科研氛围，真正推动校外教育内涵式发展，我们将教师们自2013年以来的诸多感悟、思考和行动编辑整理成集。

希望本文集能够带给校外教师更多的启迪与思考，生成更有助于推动今后校外教育继续发展的力量。最后，对参与编写的专家，教师所做出的努力和贡献表示感谢，文集中难免有纰漏之处，恳请各位批评指正。

编委会

2022年5月

目录
CONTENTS

基于生活的舞蹈编创《下雪了真滑》

——舞蹈中级组辅导方案

张晶雪

<table>
<tr><th>活动名称</th><th colspan="7">“下雪了真滑”活动辅导方案</th></tr>
<tr><td>组别</td><td>舞蹈中级组</td><td>教师姓名</td><td>张晶雪</td><td>时间</td><td>2014年9月13日</td><td>地点</td><td>107舞蹈教室</td></tr>
<tr><td>活动设计思路</td><td colspan="7">一、内容的选择
《下雪了真滑》获CCTV电视舞蹈大赛的一等奖，节目具有适应少年儿童身心，难度适于学生的接受水平的特点。舞蹈内容生动活泼、易于孩子们理解掌握。选择《下雪了真滑》作为新学期的第一堂课，开启新学期的艺术之旅，是因为整个作品轻松、欢乐、具有童真童趣，情绪符合孩子们的年龄特点。
学生们经过了一个暑假，对于即将进行的舞蹈学习充满着期待。本节课以“参与体验、主动探索、积极实践、勇于创新”为主题，提高对舞蹈的热爱之情，培养学生对舞蹈艺术的感知与欣赏、表现与创造、交流与合作等多方面的艺术能力。并从舞蹈的学习与编创中了解到艺术“源于生活、高于生活”的艺术规律。
二、学情分析
参加本次活动的成员为舞蹈四级班学员23人，年龄在7–8岁，学习舞蹈3年，具备初级舞蹈基础和一定的表演能力。这些学生对舞蹈学习有着很高的兴趣，并多次参加各类演出。
三、主要环节及设计思路
本次活动是新学期的第一堂课，主要有6个环节，即：创设情境、即兴表演、观摩视频、小组创编、小组交流、合成舞段。教师力求通过创设下雪天的环境，即兴表演以及创编等教学活动，引导学员开发想象、勇于编创、乐于表现，使他们以积极、饱满的情绪参与学习的全过程，学会艺术编创的基本要素及规律。</td></tr>
</table>

活动名称	“下雪了真滑”活动辅导方案
活动设计思路	（一）创设情境，激发求知欲 根据教学目标，教师通过播放冬天下雪的视频和图片，引导学生描述下雪的场景、特点，从而使学生快速进入到创设的环境中，培养学生抓住事物特点的能力，激发学生主动学习的兴趣。 （二）分析音乐，即兴表演 根据提供的音乐，让学生即兴表现雪中嬉戏的情境，开发学生的想象力以及对音乐的感受力，将学习的主动权交给孩子。在即兴表演中，提高表演的自信心，激发表演欲。 （三）观摩视频，领悟规律 通过观摩舞蹈作品《下雪了真滑》，领悟艺术源于生活、高于生活的特点，了解生活动作与艺术作品的区别。提高学生的观察力、模仿力、想象力，使学生学会鉴赏、分析舞蹈作品的方法。 （四）熟悉队形，小组编创 在观摩之后，引导学生进行小组创作，将之前对下雪的感受以及观看视频的联想融入进去，加入队形的变化，强化学生队形意识，使学生在玩中学，在学中玩，培养学生勇于尝试、敢于探索的创新精神。同时也体会到，若要充分展示表演成果需要团队协作，需要互助互爱，培养学生的团队意识。 （五）小组交流，相互学习 在分组编创之后，每组分别展示编创的成果。一组表演，其他同学观摩，引导学生相互学习，取长补短。在相互评价中，加深对本节课内容的理解和掌握。 （六）整合动作，形成舞段 将每组编创成果进行整合，形成新的舞段，使学生了解艺术编创的基本手段，体会到团队协作带来的成就感。从舞蹈表演中体会到开发想象、主动创造的乐趣。
活动目标	知识与技能： 1. 通过创设环境，培养学生学会观察、抓事物特点的能力。 2. 通过观看视频，培养学生对舞蹈的理解力以及感受力。 3. 通过创编舞蹈动作，培养学生的想象力和创新能力。 4. 通过整合动作，培养学生团队协作力。 过程与方法： 1. 通过教师引导、赏析作品、发挥想象、小组编创点评等环节，培养学

<table>
<tr><th>活动名称</th><th colspan="4">“下雪了真滑”活动辅导方案</th></tr>
<tr><td>活动目标</td><td colspan="4">生理解舞蹈作品同时在编创中融入自己对“下雪了真滑”的认识。
2. 通过互动交流，逐步养成主动思考、善于回答问题的行为习惯。
3. 在小组尝试与体验的环节中，充分发挥创造性，激发创新意识。
情感、态度、价值观：
1. 通过学生观察与分析，使他们认识到舞蹈与生活密不可分。
2. 通过学生积极主动参与活动的各个环节，强化集体观念和团队的重要性。
3. 在自己编创中，体验运用艺术手段编创表演舞蹈所带来的成就感和快乐。</td></tr>
<tr><td>活动对象及规模</td><td colspan="4">舞蹈中级组　23 人</td></tr>
<tr><td>活动内容和方式</td><td colspan="4">内容：进入到创设的环境中，体验下雪了真滑的情感及状态，并以小组为单位独立编创
方式：教师引导、直接感知、发挥创造、小组编创、合作探究、总结评价</td></tr>
<tr><td>重点</td><td colspan="4">学生编创雪中嬉戏的舞段</td></tr>
<tr><td>难点</td><td colspan="4">下雪环境的创设，想象力、创造力的开发，需要教师不断启发和引导</td></tr>
<tr><td>活动准备</td><td colspan="4">制作活动演示文稿、舞蹈视频、音乐、四个红心、雪花装饰、圣诞帽</td></tr>
<tr><td rowspan="2">活动过程及设计意图</td><td>教学结构</td><td>教师辅导</td><td>学生活动</td><td>设计意图</td></tr>
<tr><td>一、新学期新希望</td><td>回顾上学期学习等情况，激发学生学习信心。</td><td>在老师语言鼓励下，提高自信心，做好开学的准备工作。</td><td>信心是学生学习的催化剂，提升学生学习的信心，激发学习兴趣。</td></tr>
</table>

活动名称	"下雪了真滑"活动辅导方案			
活动过程及设计意图	二、导入新课 (一)创设雪天情境，导入授课内容 (二)观看人们玩雪的相关视频 三、讲授新课 (一)播放下雪了真滑的音乐 (二)学生即兴表演 (三)提升表现力 1. 观看舞蹈作品《下雪了真滑》 2. 指出艺术与生活的区别和联系 3. 再次即兴表演	提问： "你喜欢冬天吗？""冬天都有哪些天气变化？""下雪了会发生哪些有意思的事情？" 观看生活中，在下雪的环境下，人们对待雪以及滑雪的表现。 提问： "音乐表达了什么样的情绪和节奏？""如果让你用舞蹈表现下雪了真滑，你会怎么做？" 播放音乐。 提问： "作品好在哪里？""有什么特点？" 教师示范、讲解。 教师辅导。	在老师的提问以及带领下，依据老师提供的图片、道具，明确本次活动的主要内容及方向。 在教师引导下说出下雪天的情景，主动思考，积极回答问题。 学生观看视频，尝试着去体会雪天路滑的感觉。 学生思考，感受音乐。 学生聆听、感悟、表现。 观看视频。 学生观察、模仿。 学生原地即兴表演。 学生观察、思考。	利用多媒体课件，使学生从视、听、感受等多方面感受冬季雪中嬉戏的情景，进入到创设的环境中。 通过提问，调动学生的积极性，由浅入深的引导学生主动思考，获得满足感。 艺术源于生活，让学生们从生活中体会艺术产生的最初雏形。 体会音乐欢快节奏与旋律，调动情绪。在音乐的提示下，引导学生依靠生活中的经验以及感受去进行艺术表现。充分发挥想象力和创

活动名称	“下雪了真滑”活动辅导方案			
活动过程及设计意图	（四）编创队形 1. 再看视频 2. 小组编创 3. 分组表演展示，小组自评互评 （五）合成新舞段 四、分享感受，发放奖品	再次观看视频，让学生注意其中的队形变化。 将学生分成四个小组，边讨论边进行编创，要求节奏清楚并配合一定队形，长度为4~8个八拍。 让学生分组，一组表演，其他同学观摩。将编好的舞段进行展示教师引导学生相互评价。 将每组编创成果连在一起，形成新的舞段。 请同学谈谈本次活动的感受，并为小组发放奖品。	学生分组，一起编排创作，可加入一定情节。教师进行适当指导。 全体同学分组展示，互相观摩，积极地参与评价，并在评价中，对自身或他人学习的效果形成明确的认识。重新认识舞蹈作品，了解舞蹈编创。 学生集体表演，共同展示编创成果。	造力。 学生讨论、分析问题，归纳出舞蹈作品的特点。体会到艺术源于生活、高于生活的艺术规律。 修改动作，提升艺术性。 强化学习内容，提高理论与实践经验。 强化对舞蹈的记忆，同时注重细节，从队形、音乐情绪等深入了解舞蹈。 培养学生的创造力以及团队协作力。 通过分组展示成果，学生间互相观摩，使每个人的注意力都集中在当前的活动中。 学生在集体讨论的过程中，

活动名称	“下雪了真滑”活动辅导方案			
活动过程及设计意图	五、小结	教师对本次学习活动进行小结，明确本学期的目标。	交流活动心得，诉说活动体会。学生在教师的引导下，积极发言、认真聆听，思考。	体会到艺术源于生活、高于生活的规律。为深入的舞蹈学习提出了努力方向。感受编创表演的乐趣，体验成功。 通过教师的提问和不断追问，引导学员回顾梳理本次活动，分享活动中的心得和体会，增强团队意识。 明确本学期学习任务。
效果测评	1. 学员是否发挥想象，对舞蹈作品是否准确理解、主动创造。 2. 学员是否将艺术编创的方法、规律运用到实践中，形象生动地表演雪中嬉戏的神态和动作，表现舞蹈的环境和情绪。 3. 学员是否积极主动地参与活动的各个环节，体验创造带来的成就感和快乐。			

活动自评

本次活动是门头沟区少年宫2014–2015学年度第一学期第一次活动。本次活动以“基于生活的舞蹈编创”为主题，通过学习编创《下雪了真滑》的舞蹈动作及队形编排，编创成新舞段的舞蹈形式，引导学员发挥想象、勇于编创、乐于表现，使他们以积极、饱满的情绪参与学习的全过程，掌握艺术编创的基本要素及规律。活动中教师充分尊重学生的年龄特征及接受能力，恰当安排活动内容。活动过程严谨、循序渐进，活动重难点在各个教学环节中一一突破。课堂气氛始终轻松愉悦，充分发挥了学生主体与教师主导的作用。此次活动不仅体现在新学期开学学习新知识的第一次课，也是学生体验艺术编创活动的第一次创作课。活动基于学生对生活的理解和认识，充分调动学生的积极性以及创造性，让学生切身参与到舞蹈表演与编创的过程中，体会到编创的乐趣以及成功的喜悦，是一次成功的“起始课”。

我认为活动最突出的亮点具体表现在以下三个方面。

一、明确目标，激发兴趣，培养学生良好的意志品质

“决心、爱心、恒心、用心”是学期初教师对学生的希望和要求，活动中以四颗红心展示。教师持生动形象的红心，引导学生探讨每颗红心所代表的含义，明确本学期的学习任务和要求。活动结束时，将红心作为奖励送给每个小组，使学生受到鼓励，提高学生学习舞蹈的兴趣。

二、观察生活，感受情境，提升学生领悟生活的能力

生活是艺术创作的源泉，艺术创造离不开对生活的细心观察。在活动中，师生利用环境布置、多媒体等手段，努力创设下雪天的情境，引导学员观察生活、发挥想象，快速进入到创设的情境中。在即兴表演时，将生活中对冬天下雪的经验与感受融入进舞蹈的表演中，体会到生活中的内容对于艺术表现的重要性。并通过赏析舞蹈作品和实践，体验编创活动，逐渐领悟到艺术源于生活、高于生活的规律。

三、合作编创，体验成功

本次活动中，编创是通过小组合作的形式完成的。在小组讨论、编创、相互评价中，充分发挥每一位学生的主动性和创造性。队形的设计融入艺术编创的一般规律以及队形的变化，使学生体会到团队合作的重

要性。在相互讨论间，不但提高了表演水平，而且丰富了舞蹈表现，并能够加入简单的情节，丰富舞蹈编创。在音乐的配合下，描绘出冬季在雪中嬉戏玩闹的生动情境，提高了学生的实践能力。

不足之处。由于是学期的第一次课，经过了一个暑假，学生的基本功能力有了退步，这就影响了在编创中的成果展示，使得舞蹈表演中出现情绪到位、动作不足的情况。因此在未来的学习中，更要加强平日里基本功能力的巩固，提高动作表演质量。

《草原就是我的家》

李　波

一、活动依据和设计思路

《草原就是我的家》是一首蒙古族民歌。这首歌将草原地区的优美景色巧妙地融入到乐曲之中，使整首歌听起来亲切自然。把这首民歌改编成小提琴曲，将民族的韵味融入小提琴演奏当中，实现了民族乐与西洋乐的结合。创新器乐教学的形式是教育的重要目标。

在器乐教学中要以学生的兴趣爱好为动力，重视音乐实践，鼓励音乐创造，面向全体学生，注重个性发展，提高学生的感受能力，使学生的表现能力和创造力最大限度地发挥出来。

在教学中，正确运用教学策略来培养学生的自主学习能力，在互动中学习音乐。本次活动分为三大阶段。

1. 根据教学目标，教师通过语言描绘、实物演示、音乐渲染及多媒体等手段，为学生创造一个生动的场景，来激发学生学习的兴趣。

2. 通过参与游戏、歌唱、相互合作及表演等活动，使学生在特定的气氛中进行学习。

3. 通过教师的启发总结，使学生领悟所学习的内容，做到情理的统一，并使这些感受体验得以转化为理性认识。

二、学情分析

本次参加活动的学员人数为5名，均为8~11岁，在小提琴演奏上已掌握一定的技能。在学习有些歌曲改编的乐曲时，把歌曲的旋律用小提琴演奏出来，同时学习掌握能够增加音乐表现力的技巧，这样不仅提高了他们的兴趣，对表现力的培养也起到了一定的帮助，同时学生参与的积极性和主动性也有了明显的进步。

学生在上次课已经学习了这首乐曲，在此基础上学习新技巧“揉弦”，来激发学生的表现欲望，更加深刻地体会音乐所带来的魅力。

三、活动目标

知识目标：学生能够说出《草原就是我的家》的背景以及表达了作者怎样的情怀。

技能目标：通过练习能够掌握揉弦的方法，并能运用到乐曲中。

情感目标：通过这次活动，激发学生的表现欲望，掌握揉弦技能，用自己的演奏来抒发自己内心的感受，体会作者热爱家乡的情怀。

四、活动重点、难点

重点：学习揉弦的方法并能初步运用。

难点：揉弦需要长时间练习才能达到，刚开始学习如何能让学生做到放松，以点带线做到揉弦的正确姿势，避免出现错误的动作。

五、辅导方法

讲解法、示范法、比较法、辅导法、讲练法。

六、活动资料

小提琴、谱架、乐谱、节拍器、视频、音频资料。

七、活动过程

教师辅导	学生活动	效果检测
一、活动开始阶段 1. 师生相互问好。 2. 复习巩固《草原就是我的家》。提问：这首乐曲是一首什么乐曲？表达了作者怎样的情怀？师生同唱。 3. 体会乐曲情感，调动学生情绪，深情演奏乐曲。	1. 师生相互问好。 2. 学生回答问题巩固知识，在体会作者情感的同时与教师一起演唱。 3. 学生在注意音准节奏的同时，饱含情感来演奏乐曲。	让学生更加深刻地体会歌曲的内涵及旋律的优美。 检查对乐曲的熟练程度以及对乐曲内涵的理解。
二、导入新知识的学习 教师用两种不同的表现形式，演奏《草原就是我的家》的片段，引入新知识的学习。 1. 教师用两种不同的演奏形式给同学们示范乐曲片段。提问：看和听，两种形式有什么区别？有什么不同？ 2. 教师归纳学生的回答，引出新知识“揉弦”。	学生欣赏教师以与以往不同的方式演奏，运用了新知识点“揉弦”。 1. 学生带着问题欣赏教师的示范，能够区别两种演奏形式，并能够表达自己听后的感受。 2. 学生们回答看、听后的感受，了解新知识“揉弦”。	通过不同形式的演奏引发学生想学习揉弦的兴趣。 通过学生自己的观察和回答，加深对揉弦技巧的学习和掌握。
三、具体指导揉弦的动作及方法 1. 教师讲解揉弦的方法，重点是放松，教师带领学生一起做无声练习。 2. 教师用揉弦给学生示范乐曲的片段。 3. 教师带领学生集体进行有声练习。 找出难点：揉弦时如何做到放松。	1. 学生通过听和观察，熟记学习揉弦方法的要领。学生听口令一起练习揉弦的分解动作。 2. 学生观察教师的揉弦动作，体会放松。 3. 学生集体进行有声练习。 学生在教师的带领下由慢到快地练习揉弦。 和老师一起通过逐层练习攻克难点。	教师观察学生对揉弦方法是否了解。 检查学生是否做到动作放松。 检测学生的手型和放松程度是否做到位。 通过由慢到快的练习检查学生手臂的放松程度，通过学生相互的展示，锻炼学生自我展示才能。

续表

教师辅导	学生活动	效果检测
解决难点：由慢到快逐步进行练习，达到放松。 巩固练习：集体练习逐个指导，自由练习。	让做得好的个别学生展示，自由练习。	
四、拓展延伸推向高潮 1. 教师让学生用学习的新知“揉弦”来演奏乐曲。 2. 音乐接龙游戏：每人四小节演奏，一个个往下接，看谁在接龙的过程中把揉弦运用得最好。 3. 合作游戏：用多媒体播放伴奏，教师演唱，学生演奏。	1. 学生通过演奏检查自己的动作是否做到位了，手臂到手腕是否放松了。 2. 学生通过做游戏运用新学的知识点“揉弦”来演奏乐曲。 3. 师生一起合作。通过学生演奏与教师演唱相结合的方式使音乐情感浑然一体。	学生自己检查和分析自己的动作是否到位。 通过游戏检验学生对知识技能的掌握。 游戏化的乐曲模糊了学生练习的界限。让他们感觉到上课好像在玩儿，改变了僵硬的上课模式。
五、课后小结及留作业 1. 巩固复习“揉弦”动作的要领及方法。 2. 回家继续练习和巩固今天学习的新知识点“揉弦”，可以用已学过的小曲子进行练习。 3. 用揉弦练习熟练的乐曲，下节课进行揉弦的小组比赛。	在教师引导下，积极讨论，畅谈自己在本次活动中的收获和体会。	通过讨论和总结加深对揉弦技能的掌握，同时也是对活动效果的检测。

活动自评

本次活动设计中，我结合自己对校外器乐教学的认识，力求探索改进教学的各种有效手段、方法和方式，把唱与学相结合，把游戏融入教学中，并有师生互动环节、师生合作环节、学生展示环节，努力使学生们由被动学习变为主动学习，激发学生自主学习的积极性，努力提高教学活动的质量。

通过完全不同的形式示范演奏，一种是不揉弦来演奏，一种是用揉弦来演奏，两者在听觉上有明显的区别，并且创设情境，以激起学生学习的兴趣，从而激发学生主动学习。

练习是教学活动中的重要组成部分，尤其是器乐教学。需要大量反复的练习，才能巩固好新的知识、新的技巧，并能够很好地掌握技巧。然而，单调的重复性的练习会使学生产生疲劳和枯燥感，降低学习效率，并且会让学生失去学习的兴趣，更加不愿意主动去练习和学习。为此，在练习方面运用无声和有声练习，引导学生找出难点、分解难点并加以巩固练习，改善练习方法。为了让学生感受学习揉弦后自己的演奏更加的美妙，更愿意主动学习，所以设计了通过游戏的多种形式，如：师生互动，学生展示等环节即达到了练习的效果，又不会让学生产生疲劳和枯燥感，更能激发学生主动愿意学习的兴趣，而且还得到了技术上的训练。

我认为最大的成功之处是把游戏融入教学当中，而且游戏的形式也是多变的。如：师生接龙、师生合作、学生自己接龙等，激发学生的学习兴趣，让他们在兴趣中主动学习新的技能知识。

本次活动存在的问题是学生在展示环节中，教师未能照顾到所有的学生，应该给每一个学生创造条件，让学生们敢于展示自己的成绩。

游戏笔墨

——猫头鹰

阚秋影

一、理论依据

《全日制义务教育美术课程标准》指出："研究和探索适合学生身心特征和美术学科特点的多种学习方法，并用于引导学生进行自主、合作、探究学习，帮助他们学会学习，有效掌握基本的美术知识与技能，发展视知觉能力、美术欣赏和表现能力以及对美术的综合运用能力。""探索各种生动有趣、适合学生身心发展水平的教学手段"通过学习美术"逐步形成热爱祖国优秀文化传统和尊重世界文化多样性的价值观"，"形成基本的美术素养，为终身学习奠定基础"。

二、设计理念

中国画是东方艺术的瑰宝，也是我们作为中国人的骄傲，从儿童时期培养学生同水墨的情感，对于弘扬祖国的传统文化具有十分重要的意义。国家教育部《美术课程标准》中还明确提出："在知识经济时代，创新精神是社会成员最重要的心理品质之一。"因此，教师在引导学生表现猫头鹰时，让学生通过观察与感受猫头鹰，大胆利用学过的笔墨知识去表现各种动作的猫头鹰，合作创作。这对于培养学生在中国画学习中的创造精神和共同进步起着十分重要的作用。从而进一步增添中国画猫头鹰的艺术魅力和学员间互助性学习的良好品质。

三、活动对象及规模

小学三至六年级学员　15 人

四、学情分析

本班学员大多是初步接触水墨画，基本上都经历过儿童画的学习，在造型上有一定的基础，对于笔墨有初步的认识。“笔墨”是水墨画的核心，“笔情墨趣”既源于水墨画材质的特性，又体现了创作主体也就是学员的审美追求。针对初学学员必须创设一种教学方法，从游戏笔墨的兴趣出发，自觉地将对笔墨的认识达到深层的认知目的。基于此，通过精心创设问题情境，新旧知识的融会升华，在欣赏中培养主动精神，直觉地、大胆进行笔墨创作。让学员在游戏笔墨过程中释放心灵，品尝创造的喜悦，从而使笔墨体验更具“切肤之感”。使学员在技法认知上由易到难，深入浅出地体会中国水墨画的相关知识和内涵。

五、活动时长：一小时

六、活动目标

知识与技能：①初步了解猫头鹰的基本结构和生活习性；②掌握猫头鹰的基本绘画步骤；③运用中国画笔墨技法画一幅猫头鹰作品。

过程与方法：①采用自主、合作、探究、体验的教学方法，发挥自主性；②通过观察、欣赏、创作、合作过程使学员学会思考，发现问题并解决问题。

情感态度与价值观：①激发学员对中国传统水墨画的热爱；②让学员懂得关爱小动物，保护大自然。

七、活动重点与难点

重点：写意猫头鹰画法。

难点：学生能够表现各种动作的猫头鹰且有墨色变化。

八、活动准备

学生学习用具准备：毛笔、生宣纸、墨汁、调色盘、涮笔杯、画毡、中国画颜料。

教师教学用具准备：毛笔、生宣纸、墨汁、调色盘、涮笔杯、画毡、中国画颜料、PPT课件、范画。

九、活动过程

教学程序	教师活动	学生活动	设计意图
谜语导入趣味教学	面孔像只猫，起飞像只鸟。 天天上夜班，捕鼠本领高。 （答案：猫头鹰） 出示猫头鹰图片	主动思考积极回答问题。	激趣导入，激发学习兴趣，体验成功的愉悦，持续的、主动的参与欲望。
自主探究提出课题	猫头鹰形象分析： 仔细观察猫头鹰的形象，它是由哪几部分组成的？能概括成什么样的基本形状？ 教师小结：猫头鹰由头部、身体、爪子基本部分组成。头部可以概括为近似圆形，耳状羽毛像三角形，眼睛像圆圆的灯泡一样闪亮，嘴巴像枣核，身体为椭圆形，脚趾像曲线。 导出活动主题： 游戏笔墨——猫头鹰	学员仔细观察图片并回答	初步感受猫头鹰的形象特点，培养学生的观察能力。

续表

教学程序	教师活动	学生活动	设计意图
探究建构学习新知	**1. 墨法分析** 温故知新：引导学员说一说自己了解的水墨画基本知识。 提问："墨分五色"指的哪几种颜色？墨的干湿浓淡变化和水分有什么关系呢？ 教师小结：墨的五色是焦、浓、重、淡、清。靠加水来调色，水多则湿，墨色淡；水少则干，墨色浓。 深入分析：引导学员欣赏画家林风眠等大师的作品，和学员进一步探究分析用墨技法。 提问：大师的作品是怎样用墨的？ **林风眠**　**黄永玉** 教师小结：主要采用干、湿、浓、淡墨结合的方法。 **2. 笔法分析** 温故知新。 提问：中锋、侧锋用笔都有什么样的特点？ 教师小结：中锋以画点线为主，侧锋以画块面为主。 根据刚才的提问和结论，继续深入学习。	学员共同探讨回答提问。 学员探讨交流。初步感知作品中的形象特点。体会墨色的浓淡变化在作品中的不同效果。 学员互相讨论并回答。	引导学员主动学习，激发探求新知的欲望，并导入下一环节。 通过分析大师作品，拓宽学生思路，增强学生主动学习，观察、对比和分析的能力。并体验和感受水墨画的基本方法和艺术情趣。 引导学员积极主动去观察分析，带着问题探究，有目的地去学习。

续表

教学程序	教师活动	学生活动	设计意图
探究建构学习新知	深入分析：通过欣赏名家作品图片，分析猫头鹰的用笔特点。提问：哪用了中锋？哪里运用了侧锋？   **黄永玉** 教师小结：眼睛、嘴巴、耳状羽毛、爪子及身体上花纹运用中锋浓墨，身体运用侧锋淡墨，颈部羽毛采用干笔淡墨，侧锋擦出毛茸茸的质感。 **3. 教师演示** 教师示范猫头鹰的画法及步骤要点，以表现侧面为主。  （1）位置安排及起笔位置； （2）步骤示范，强调笔墨变化及动态的多样性突破重难点；	体会用笔用墨的丰富变化，分析用笔用墨的方法。	让学生明确了解绘画的方法和步骤。直观的示范使学生更清晰的感受绘画的方法、步骤和笔墨的变化。

续表

教学程序	教师活动	学生活动	设计意图
探究建构学习新知	（3）添加适当背景。 **4. 用笔用墨用色灵活多变**    教师小结：绘画手法多样，形象概括、夸张，色彩丰富。		拓宽思路，培养学员的创造力和想象力。
创作感悟激发兴趣	引导学员欣赏其他同龄小朋友及老师示范的不同姿态的猫头鹰作品，启发学员表现猫头鹰的多种动态。     学员实践猫头鹰画法：采用合作方式让学员以小组的方式，在课前准备环节已经画好大树的宣纸上分组创作，组合成一幅水墨猫头鹰的森林世界。	学生互相交流自己的想法和构思。并土动说出自己想法。 学员合作，自主分工，共同完成本组创作部分。添画出不同角度的猫头鹰。	同龄小朋友的作品欣赏更易于学员接受。启发，拓展思路，培养学员主动探究的学习态度。 培养学生的实践创作能力、构思能力及合作能力。

续表

教学程序	教师活动	学生活动	设计意图
创作感悟激发兴趣	绘画要点：1. 注意笔、墨、水的运用；2. 不同姿态猫头鹰的画法；3. 依据作品需要所有学员共同完善背景，恰当添加；4. 注意画的过程中爱护环境卫生。		
活跃思维展示评价	测评方法：1. 互相观察每组创作的猫头鹰，评选出自己喜欢的一组，更要鼓励学生自己主动展示本组作品，进行展示评价。2. 班内互评、自评。3. 教师点评，以表扬鼓励为主。	互评：学员找出自己喜欢的作品进行评价，交流感受。自评：介绍组内作品的创意及表现方法。	让学员感受成功的喜悦，通过互相交流、合作学习，让学员体会集体的力量和合作的价值。提高评价与判断能力，并促进绘画技法的提高。
拓展教育启迪思想	1. 猫头鹰又称“森林小卫士”，喜欢吃对人类有害的老鼠，因此我们要保护它，并保护所有人类的动物朋友。关爱大自然，关爱我们的生活环境。 2. 表现猫头鹰的美术方法还有很多种，通过图片让学生欣赏，拓展教学范围，让学生明白美术的丰富性，激发学生对美术的热爱。 3. 生活中还有很多需要我们去表现的美，我们要善于观察，并用画笔去表现。	引导学员和老师一起了解相关知识。	此环节重在拓展学员的知识，激发对美术兴趣，并提高学生的思想道德教育。

活动自评

国画课在教学实践中很容易存在照搬照学，过于讲究技能、技法却忽略了学生的兴趣和创造性的培养。事实上，小学阶段的孩子在上国画课时，不能一味强调过于专业化的技能训练，更不能用成人化的一套教法去要求学生，以免扼杀了他们丰富的想象力和创造力。因此在本课中，我通过对教学内容，教学方法的再创作，创新，要让学生处于浓厚趣味的学习环境中，有利于实践能力和创新精神的培养。

1. 活动亮点

（1）注重学生的情感体验，激发学习兴趣

在课堂导入环节，我利用谜语将学生吸引住，激发其求知欲望。在讲授环节，大量的图片和范画大大加深了学生对猫头鹰的笔墨认识。在课外延伸部分，各种丰富的美术形式的猫头鹰图片，有助于学生对课外知识的了解，拓宽学生知识范围。

（2）以学生为主体，注重自主探究精神

这节国画课，我的方法是体验式学习。虽然教材中表现的猫头鹰属于中国画较为传统的画法，但是我在教学中，并没有局限在临摹大师的作品上，而是引导学员观察与感受猫头鹰，以学生为主体，大胆利用学过的知识运用笔墨。注重学员学习兴趣，启发学生通过观察各种猫头鹰动态图片，表现姿态各异的猫头鹰和丰富的画面背景，这对于培养学生在中国画教学中的创造能力起着十分重要的作用。

（3）内容设置以学定教，游戏笔墨

每一教学环节的设置都是依据学员需求而设置，在游戏中体会笔墨干湿浓淡的变化，以及中锋、侧锋的使用。体验到国画是如何用笔、用墨、用色的。学习的过程是在教师的启发引导下进行学习，教学过程轻松自然，在师生互动式的情境下完成教学。学生的学习过程充满趣味，并在其中也解决了本节课的重难点。学员们才能画出来各不相同，生动活泼的猫头鹰形象。更是体现了培养学生的主动性、创造性。

（4）课外延伸，注重思想上的培养和教育

通过猫头鹰教育学生要保护益鸟，爱护家园。再有，通过欣赏名家作品，进行文化熏陶。学生在欣赏、理解的同时，感受一幅中国画应该具有的韵味和丰富性，同时也深刻感受到人文精神，从中发掘人文内涵，增强了学生的民族自豪感和文化传承的信心。

2. 活动不足

（1）有的学生没有完成一幅完整的作品，所以，在今后教学过程中，还要更精炼讲授时间，把更多时间留给学生。

（2）由于黑板大小有限，所以学生的作品没有全都拿到黑板上展示，所以要课前准备大一些展板，让学生更充分体验成功的愉悦。

总之，在教学中学生是课堂真正的主人，教师是引导者，参与者。小学阶段的水墨教学，教师不但要教会基础笔墨技法，更重要的是培养学生的审美情趣和自主学习的能力。教育工作要“以学定教，精讲善练。”从学生实际出发，教师才能真正上好每一节课。

楷书作品欣赏与创作

杨 琪

一、活动内容

1. 欣赏楷书四大家的作品，学习作者的生平以及作品中的艺术美。
2. 以一家的风格为主，进行创作。

二、活动目标

1. 学生了解楷书四大家及其作品，丰富学生的书法知识。
2. 利用所掌握的书体进行创作，提高书写水平。
3. 通过对书法大家作品的欣赏，提高自身的审美能力。

三、活动准备

多媒体，书法用具，教师范字

四、活动重点、难点

活动重点：欣赏并创作楷书作品

活动难点：学生通过平时的积累，能够读懂经典作品，提高自身的艺术眼光。

五、活动过程

教师活动	学生活动
一、导入 给学生欣赏楷书四家的作品，并对四家分	**一、学生欣赏楷书四大家的作品。** 楷书四大家：欧阳询，颜真卿，

续表

教师活动	学生活动
别进行讲解。 （给学生欣赏幻灯片四大家的作品，阐述他们的风格特点） **二、新授** （一）给学生欣赏用四种楷书风格进行创作的作品（目的是让学生从欣赏经典的欣赏角度过渡到通过学习经典进行创作的角度）。 1. 从每幅作品的楷书风格进行分析（由于用笔和结字的不同导致书写风格的不同）。 2. 从章法角度分析。 （二）给学生讲解老师的作品，作为示范。 （三）请学生自己创作楷书作品。（通过欣赏别人的创作作品来激发学生自己的创作欲望。） （四）老师点评学生的作品。 **三、小结** （一）欣赏了楷书四大家的作品，对他们的作品风格有了初步的了解。  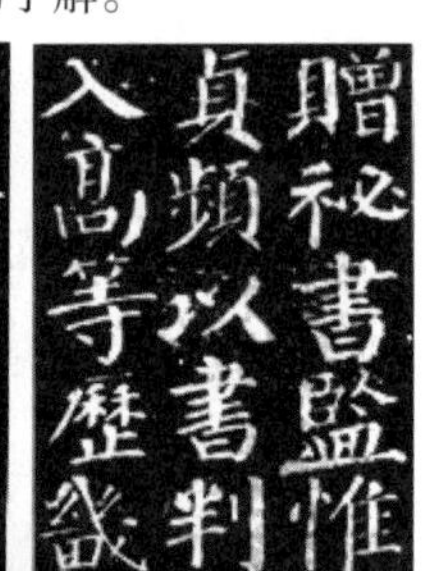  	柳公权，赵孟頫。 （一）欧阳询，唐代书法家，楷书法度之严谨，被誉为唐代楷书第一。他的字骨气峻峭，笔力险峻。 （二）颜真卿，唐代书法家，他的字化瘦硬为丰腴雄浑，结体宽博而气势雄浑。 （三）柳公权，唐代书法家，他的字以骨力劲健见长，与颜真卿齐名，并称“颜筋柳骨”。 （四）赵孟頫，元代书法家，《汲黯传》，自称得唐人遗风笔意，而清代冯源深评云：“此书方俊，虽据欧体，其用笔之快利秀逸，仍从《画赞》《乐毅》中得来。” **二、学生创作作品。** （一）学生在老师的引导下欣赏名家的创作作品。（包括学习楷书四大家进行创作的书法作品） （二）学生听老师讲解范字，熟悉作品的章法。 （三）学生自己创作。 看完经典和名家的作品后，利用自己的所学，进行楷书作品创作。 （四）学生展示自己的作品。 认真听取老师的点评，课后进一步练习。

续表

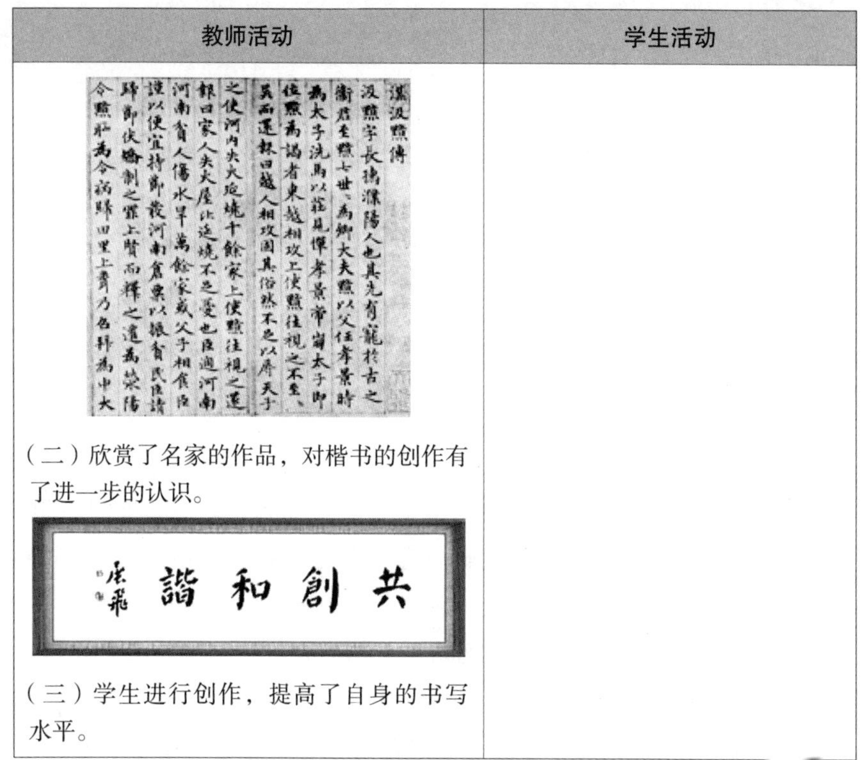

教师活动	学生活动
（二）欣赏了名家的作品，对楷书的创作有了进一步的认识。 （三）学生进行创作，提高了自身的书写水平。	

活动自评

本次活动是以欣赏和创作相结合的，通过学生的积累，对楷书笔法的熟悉和认识，去欣赏楷书四家的书法作品。主要是去看他们的书写风格，他们之间有哪些异同，然后自己进行创作。

亮点：本次活动是一节创作课，老师不去刻意要求学生笔法和结构等细节问题。让学生观照书法大家的作品，大胆尝试，进行创作，将自己也当成一名小书法家，胸有成竹地完成作品。

不足之处：此次活动都是由老师收集的资料，希望下次可以让学生在课下收集，这样，在收集的过程中，也是学生思考和学习的过程。

同行　同乐　同成长

——门头沟区少年宫舞蹈团2014赴韩交流社会实践活动

张晶雪

一、活动依据

《中小学学生赴境外研学旅行活动指南（试行）》第三条中指出：境外研学旅行应当以加强国际理解教育，推动跨文化交流，增进学生对不同国家、不同文化的认识和理解为目的，有利于促进中小学的对外交流与合作，丰富中小学的课程内容和社会实践，增进与国外中小学学生的交流和友谊。

《关于进一步加强中小学艺术教育的意见》中指出：中小学校艺术教育要以全面提高教育教学质量为中心，要坚持正确的育人导向，把社会主义核心价值体系融入到生动丰富的艺术教育活动之中，使之内化为学生的自觉精神追求，帮助学生形成正确的价值观和审美观；要通过艺术教育让学生接受中华民族和世界各民族优秀文化艺术的滋养，培养深厚的民族情感，为建设中华民族共有精神家园奠定基础。

二、学情分析

（一）学生具备一定的舞蹈基础

本次活动主要以舞蹈社团为主，学习舞蹈六至七年。具有一定的舞蹈专业水平，能够独立表演舞蹈节目。在生活上基本具备管理自己，独立生活的能力。

（二）学生具有一定的组织协作能力

在小组合作的过程中，学员能够发挥团体协作的力量，能够小组分工合作，互相帮助。

三、活动目标

（一）知识目标。通过参观景福宫、青瓦台，体验韩国服饰、美食以及与韩国学生进行艺术文化交流，了解韩国历史，民族民俗文化及艺术特色。开阔眼界，增长见识。同时弘扬中国文化，展示中国传统民族民间舞蹈。帮助韩国学生了解中国文化。

（二）情感目标。走出国门，满足学生的好奇心和求知欲，增强学生民族自豪感和荣誉感，热爱祖国，更好地进行爱国主义教育，通过表演具有浓郁中国特色的舞蹈，让学生体会到作为一名中国人的责任感和使命感，不但了解了别人，也重新认识了自己。

（三）能力目标。增强学生国际交流能力传承、发扬中国传统文化，提升民族自信心，培养学生独立性，自主解决问题以及团队的协作力。让学生了解团队精神的重要性，体会到互相帮助的乐趣。

四、活动对象和规模

活动对象：舞蹈社团学生；活动人数：24名。

五、活动内容和形式

内容：赴韩国演出交流；形式：参观、了解、学习、交流。

六、活动时间和地点

时间：2014年7月14日~18日；地点：韩国江原道。

七、活动准备

（一）组织宣传

赴韩交流宣传动员大会，细说本次活动的内容和目的，对学生进行安全教育，并将个人信息、联系方式上报，进行登记。

（二）节目编创与排练

舞蹈节目选取具有中国典型风格特点的音乐《开门红》，融入扇子、手绢、灯笼等中国元素，将中国传统文化“天人合一”的思想融入进去。整个舞蹈热闹、喜庆，具有浓郁的中国风格。

舞蹈排练贯穿于整个活动中，提升表演专业水平，增强学生表演自信心。

（三）背景文化准备

1. 教师介绍韩国相关文化背景，历史文化背景，从国旗、人口、语言、地理位置到民族风俗及重要节日，帮助学生了解韩国文化，为学生搭建信息平台，激发学生的好奇心和求知欲，为学生自主了解韩国文化打基础。

2. 要求学生上网查阅资料，尽可能多地搜集韩国历史、文化、生活等多方面的信息。将被动学习转变为主动学习，为接下来的实地学习提供理论储备。

3. 介绍此次中韩交流活动，让学生初步了解此次参加活动的背景，激发学生对于此次韩国之行的好奇心和求知欲，开启他们韩国之旅的学习之门，对即将参加的活动产生兴趣，明确此次活动的目的和意义，能够更积极地投入到节目排练中，为后续文化交流做准备。

（四）出国手续准备

负责出国手续的相关事宜，准备护照以及随身物品前将出访人员护照收齐，送往韩国驻华使馆签证。宣读《出境行为守则》《承诺书》《赴韩注意事项》，进行安全纪律教育，确保学生安全。出国的注意事项，安全问题、个人物品保管、团队意识，培养学生独立管理的能力。

（五）组织管理准备

将学生划分为四个小组，每组学生年龄有大有小，各小组选出组长，负责组织，点名，管理纪律。组员须听从组长的安排统一行动。强调团队协作精神的重要性，鼓励学生互相帮助，互相提高。

八、活动过程

（一）参观交流

1. 学习两国历史：参观景福宫、青瓦台等韩国著名建筑

中韩两国文化交流历史久远，范围广泛。自唐朝起，两国就在建筑、宗教、文化、艺术、医学等多方面相互交流。公元640年新罗派王族子弟赴唐求学，并设国学。朝鲜（韩）文化其根源于中国，既是灿烂的中华文明的衍生分支，又是中国文化的"拷贝"。景福宫的名称就得名于中国古代《诗经》中"君子万年，介尔景福"的诗句。中韩交流源远流长，两国始终保持着紧密的联系。

【设计思路】通过参观韩国最具盛名的建筑景福宫、青瓦台，使学生了解中韩两国交流的历史发展脉络。通过与中国故宫对比，体会到两国建筑的异同，更加感叹中国建筑的雄伟，激发学生爱国之情，体会到身为一名中国人的荣誉感和自豪感。使学生更加热爱珍惜自己的文化宝库。

2. 深入了解韩国文化：韩国传统服饰及饮食泡菜体验

在讲解员的讲解下让学生试穿韩服，在具有韩国特色的环境中感受韩国服饰文化并合影留念。

自己动手制作泡菜，了解泡菜的制作过程并品尝。

【设计理念】中国与韩国同是礼仪之邦，具有灿烂丰富的文化。从服饰到饮食，通过试穿韩国服饰，制作泡菜，探究深层文化含义，找到中韩两国文化之异同，加强对韩国的认识与理解。

（二）交流演出

1. 学生表演中国特色的舞蹈节目《开门红》

《开门红》是具有中国汉族民间特色的舞蹈节目，同学们在喜庆、热闹的音乐中，在唢呐、锣鼓的伴奏下，通过表演，向韩国学生展示了中国汉族民间服饰、音乐、道具、伴奏乐器、舞蹈动作风格等多方面内

容。动作整齐划一、情绪激昂，将中国青少年的精神风貌展现给韩国的学生，给他们留下了深刻的印象。为他们带来了一个别具特色的中国民族民间舞蹈。

【设计思路】《开门红》是对中国民间舞蹈的继承和发展，通过舞蹈表演弘扬中国文化，让韩国学生领略中国舞蹈艺术的魅力。使学生在表演中增强爱国主义情感、民族自豪感与荣誉感，提升民族自尊心和自信心。

2. 观看韩国节目《跆拳道》《肚皮舞》《长鼓舞》《扇子舞》《街舞》《爵士舞》等

《跆拳道》的力量感、《肚皮舞》的柔美、《长鼓舞》《扇子舞》的传统以及《街舞》《爵士舞》的现代，为学生展示了韩国艺术的特色。

【设计思路】感受韩国文化，开阔眼界，扩大学生对于世界的认识，增进学生对韩国文化的认识和理解。学生在表演与观摩中感受到艺术在不同文化交流中的无穷魅力。感受到舞蹈带来的快乐，增强对于舞蹈的热爱之情。同时也体会到想要表演好艺术作品需要付出极大的努力，需要持之以恒不断探索才会有收获。

（三）知识竞赛

【设计思路】以答题的方式进行比赛，一方面丰富学生的知识，同时增进中韩两国学生的友谊，促进两国学生文化交流。

（四）请学生讲讲此次交流活动的感受，教师点评

演出结束后，学生们互相评价、分享此次韩国交流活动的感受，老师进行点评，肯定好的方面，对不足之处提出改进意见。

【设计思路】鼓励学生多思考，多体会，使本次活动更加有意义。同时增进学生之间、学生和老师之间的感情，以及对于舞蹈的热爱之情。

（五）发放此次活动的光盘

将此次活动刻录成光碟，发放给每一位参加交流的学生。

【设计思路】为学生记录下此次难忘的经历，在回国后，将这次交流带给更多的小朋友，让他们一同学习与感受韩国文化。

九、活动效果检测方法

（一）调查问卷法。以调查问卷的形式进行师生交流，请学生谈谈此次韩国交流活动的收获和感想，从此次活动中学到了什么？

在24张调查问卷中，学生们普遍认为此次活动让他们增长了见识，加强了对于韩国文化的理解，增进了自己和韩国学生的交流与友谊，有的甚至留下了联系方式，回国之后保持着联系。此次活动是一次终生难忘的经历，不仅丰富了以前书本上的知识，同时也增强了自己社会实践的能力。感到身上具有了作为一名中国人的使命感和责任感，要将中国文化继续传承发扬出去。

（二）教师感想。在新时期，学生的教育不应该仅仅局限在书本上。艺术教育对人的发展具有重要的作用，它的影响是潜移默化的。通过走出国门，多看多听多学，培养孩子具有一双善于发现的眼睛，感受舞蹈艺术的独特魅力。体会到舞蹈带给她们的无穷乐趣。

同时，要让他们肩负起承担祖国未来的责任，感受到文化传递的力量。通过国家间的文化交流，增强学生们的民族自信心与自豪感，将中国文化传播到世界的各个角落。国家有界，艺术无界。让祖国的花朵在艺术的滋养下绽放！

十、安全预案（略）

活动自评

一、活动目标与活动实施

本次实践活动融知识、情感、能力等为一体，具有主题鲜明、内容丰富生动、情感因素突出的特点。孩子们通过《开门红》的表演，将中国传统文化艺术带出国门。在弘扬中国文化的同时，也向韩国青少年展示了新时期中国青少年的风采与精神风貌。活动的成功，使学生接触、了解韩国文化的传统与现代，开阔了视野，切身地感受到韩国舞蹈的艺术魅力。提高了学生的审美能力、专业技能和综合素养。丰富了舞台表演经验与艺术体验，锻炼了他们的自我管理能力。重新认识了自己，本次活动之后，通过与学生家长的交谈中了解到，学生们此次韩国之行回来之后长大了，在活动中学生们不但增强了自主能力同时也收获了快乐。本次活动从设计到组织及活动目标均已实现。

二、活动亮点与活动特色

活动亮点一："传递中国文化，激发爱国主义情感"。

孩子们走出教室，走出国门，不仅学到了韩国的文化，而且也将中国传统文化传递了出去。通过表演具有鲜明中国民族特色的舞蹈《开门红》，运用扇子、手绢、灯笼将汉族舞蹈的风采展现给韩国。为韩国小朋友展示了中国民间舞蹈的艺术魅力。同时，帮助学生重新认识了自己和祖国，在国家间的交流中增强了学生的民族自豪感和荣誉感，让学生体会到作为一名中国人的责任感和使命感。

活动亮点二："增进与韩国间的艺术交流"。

"读万卷书，行万里路"，学生们融入韩国浓郁的民族文化中快乐的学习。演出交流增强了学生们的舞蹈专业能力，提高了表现力。增进了与韩国文化的互动，有助于中韩学生间互相了解，相互学习。增进了两国学生间的友谊。参观景福宫、青瓦台、机器人馆以及韩服体验，开阔了学生眼界，增长了见识，帮助学生全方位地了解韩国文化。

活动亮点三："大带小、小学大，自主管理"。

教师为孩子们营造了开放平等的活动氛围，让学生互相管理，互相帮助。在韩期间，学生们需要自己进行独立的工作，收拾东西、叠被子，定点起床与就寝等。这就对学生的自主性独立性有了很好的锻炼与提高。年龄大的孩子帮助年龄小的，为年龄小的孩子做出榜样。在大带小，小学大的过程中，形成了一种可贵的默契感和团队凝聚力。提高了孩子们自我管理的能力，培养了团队意识，增强了团队协作能力，提高了他们的自我组织管理能力。

不足之处。舞蹈社团的学生每周活动一次，平时上课中学生间相互交流比较少。到达韩国之后，由于学生之间不熟悉，为学生自我管理方面带来不便。这使得我在日后的课堂上，在学生排练中，尽可能多地为孩子们提供相互交流熟悉的机会。

舞动节拍　快乐成长

——少年宫舞蹈团进社区文艺汇演

尤利娜

一、活动名称

舞动节拍快乐成长——少年宫舞蹈团进社区欢庆“六.一”文艺汇演

二、活动依据

根据中央4号文件和北京21号文件的精神提出的“社区和农村的校外活动场所要充分发挥贴近基层、就近就便的优势，要把社区和农村的未成年人校外活动与‘四进社区’‘三下乡’‘志愿服务’等活动结合起来，整合利用各种教育资源，充实活动内容，丰富校外生活，并满足广大青少年日益多样化的校外活动需求，同时拥有一定的发展空间”。

三、活动目标

1. 知识与技能目标：为舞蹈队学员搭建展示的平台，让学员把所学专业知识技能服务于社会，并给社区的居民们带去欢乐。

2. 过程与方法目标：通过反复的排练、准备和演出的过程使学员们体会到成功是需要自身不断的努力和充分发挥团队力量的结果。

3. 情感与态度目标：通过活动使学生能够得到锻炼自己、展示自我的机会，并从中培养提高了学员主动参与活动以及与人交流的能力。

四、活动对象及规模

小百花舞蹈二队学员、学员家长、社区居民，24人。

五、活动内容和方式

1. 活动内容：进社区文艺演出。
2. 活动方式：舞蹈、朗诵、独唱、电子琴等表演形式。

六、活动准备

①联系永新社区安排活动内容并做好场地勘查和安全隐患的排查工作。②确定节目单，撰写主持词、主持人培训。③排练演出节目，准备伴奏光盘、演出服装及相关用品。④准备横幅、五彩气球、鲜花等布置活动场地。⑤安全预案。⑥调查问卷。

<table>
<tr><td colspan="2">活动名称</td><td colspan="6">舞动节拍　快乐成长
——少年宫舞蹈团进社区欢庆“六.一”文艺汇演</td></tr>
<tr><td>组别</td><td>舞蹈</td><td>教师姓名</td><td>尤利娜</td><td>时间</td><td>2014-5-30
2：00-4：00</td><td>地点</td><td>永新社区
居委会</td></tr>
<tr><td>活动
过程
及
思路</td><td colspan="7">现代教育倡导教育要以人为本，激发学习兴趣，让学员们积极主动地参与活动，学生为活动主体，教师为活动主导，因此在设计本次活动时，我着重强调学员的自主参与，如整场的演出都由学员自己支持、调度、表演；让学员在参与中实践，在合作中交流，在探索中创新，在活动中体验到快乐，充分体现了校外小组活动实践性的特点。
社团舞蹈队学员将通过此次实践活动，凭借自身的努力和才华，为社区居民带来丰富多彩的才艺表演。让她们在学习阶段能有一个服务社会的机会，同时借助这种演出形式为学员们搭建了一个展示知识技能的平台，从而更进一步地促进了学员们的学习热情，并且以此来检测学员的学习效果。
一、集合地点：少年宫舞蹈教室，讲解路途和演出过程中具体要求不打闹，遵守纪律，管理好自己的物品，一切活动听从老师统一安排
二、步行前往：负责教师分段看护。
三、到达居委会</td></tr>
</table>

续表

<table>
<tr><th colspan="2">活动名称</th><th>舞动节拍　快乐成长
——少年宫舞蹈团进社区欢庆“六.一”文艺汇演</th></tr>
<tr><td>活动过程及思路</td><td colspan="2">（一）第一个环节：（尤利娜）
1. 组织演员、家长、观众入场，介绍社区领导商主任、杨书记和学员基本情况。
2. 宣读观众须知、安全预案。
3. 讲活动的主题、目的、意义。
4. 请社区宋主任为“六.一”儿童节致辞。
（二）第二个环节：宣布文艺演出开始。
学生报幕：刘俊彤、刘悦琪。
节目单
（三）第三个环节：活动检测
1. 请社区商主任发言。
2. 请学员家长谈谈对本次活动的体会和感受。
3. 学生谈自己在活动中有哪些收获。
4. 填写调查问卷。
（四）第四个环节：小演员上台，与社区领导合影留念。
四、教师总结：宣布活动圆满成功，喊出主题
五、收拾会场，家长接走孩子，与社区工作人员道别，返回少年宫</td></tr>
<tr><td>效果测评</td><td colspan="2">一、通过学员在整个活动过程中的表现进行检测
（一）对知识的测评：通过演出的形式，学员发现所学知识与技能的重要性，并对于整个演出的基本流程有了一定的了解。
（二）对能力的测评：观察整个演出过程中学员是否井然有序，节目演出是否发挥出正常水平，学员是否积极主动参与。
（三）对情感的测评：检验学员在参与活动环节时是否情绪高涨，能否积极主动地参与活动，同时感受到了团队的力量和学员之间的团结协作的优势。
二、通过社区居民、学员家长对整个活动过程中的表现进行检测
（一）以现场参访的形式了解居民、家长对本次活动是否给予肯定。
（二）观察社区居民和家长在观看演出时是否表现出喜爱大家带来的精彩演出，演出现场气氛是否活跃。
（三）学员谈自己参加活动后是否有收获。</td></tr>
</table>

续表

活动名称	舞动节拍　快乐成长 ——少年宫舞蹈团进社区欢庆“六.一”文艺汇演
效果测评	三、综合调查问卷结果测评活动效果。 统计结果，家长和学员对此次活动的开展是否满意，给予肯定意见的是否超过三分之二。
备注	活动总监：孟江英、尤利娜 录像：高雁忠 照相：莫甘雨 后场秩序组织和催场：魏俊玲、郭雪莲

附件1：节目单（略）

附件2：安全预案（略）

活动自评

此次活动实际上是给学员们提供并搭建一个展示平台，使其充分发挥专业特长，不断增强社会实践能力和为社会服务意识。在这次活动中，学员们学以致用，发挥各自特长，展露才华，充分展示出现代儿童积极向上朝气蓬勃的活力，树立了当代青少年的良好形象，同时，通过丰富多彩的文艺演出，丰富社区居民们的文化生活，为我区社区精神文明建设添砖加瓦。

学员们的表演各具特色，例如刘可心的节目《筷子舞》表现出浓厚的蒙古族风情；李晓的武术表演《男儿当自强》体现出了巾帼不让须眉的气概；舞蹈《我爱你，北京》更能体现出祖国的一片大好形势。在党的光辉领导下，我们的北京以崭新的面貌出现在世人面前，日新月异，蓬勃发展。舞蹈队的学员们不仅舞蹈能力强，歌唱功力也不容小瞧。整场节目载歌载舞，融合了舞蹈、歌唱、演奏等多种文艺表演形式，内容丰富，主题鲜明，显示出了舞蹈队学员们的综合能力。在她们自己的节日里，有亲人陪伴，更有社区的爷爷、奶奶、叔叔、阿姨们为她们一起庆祝节日，当天呈现出快乐祥和的气氛。表演结束后，社区商主任还做了简短的总结性发言，她充分肯定了这次活动的实效性，同时也为孩子们带来了节日的礼物。

文艺演出在进行了一个多小时以后落下帷幕，参演学员和小区居委会主任、居民们合影留念。小区的居民及学员家长都表示出对演出很满意，并希望我们多组织类似的活动让孩子们从中得到锻炼。

本次活动既丰富了社区文化，满足了社区居民对艺术文化的需求，又锻炼了学员们的实践能力，通过演出的形式把所学到的知识技能展现出来，大大激发了她们的学习热情。此次活动的亮点在于，充分调动了学员们的学习兴趣及主观能动性。以往在课堂上大多出现“你教我学”的教学模式，对于学员而言一直都处于被动状态下学习知识技能。为了打破这一贯的模式，本次实践活动的主动权交给孩子们，我只是起到辅助指导的作用。从节目前期策划、活动准备直至活动的顺利实施都是由学员们自己完成，在这个过程中挖掘了她们的潜在能力，增强了自信，同时也培养了学员间的合作意识。

“红绿灯　伴我行”

——声乐高级班学员走进交通队社会实践活动

李建芝

一、活动依据

《课外校外教育》中提出课外校外教育活动内容是广泛的，与之相适应的组织形式也是多种多样的。课外校外教育把辩证唯物主义认识论的实践第一的观点引入活动过程。在课外校外活动中学生既在实践中学习，又在学习中实践，这非常有利于培养他们的实践能力。

孩子是社会人，最终要在社会中学会生存和生活。小时候的良好教育能够陪伴孩子一生，任何教育法规都要从小抓起，深埋心底，才能在成年后形成好的行为习惯。知识是在真实感受时才会深刻体悟，他服务于人的成长，这才是教育的本体。

交通安全与学生的出行息息相关，让学生了解交通安全知识，准确认识交通标识，对学生进行安全教育，遵守交通法规，保证安全出行，从而保证学生健康成长，因此组织学生走进交通队，进行安全教育活动。

参加社会实践的学生是声乐高级班的，他们学习的成熟曲目多，大部分学生有独唱能力和演出经验，音调准确，声音动听，有一定的表现力，组织演出会有较高的演出水平和良好的演出效果。在这个水平的学生，已经不满足于在教室里学唱歌曲，而是像刚刚丰满羽毛的小雏鹰，跃跃欲试。他们需要更多的演出机会历练，丰富演出经历，增长实践能力，使演唱、表演更娴熟，提高演出心理素质。这次社会实践活动正是一次绝好的历练。

二、活动内容

1. 带领学生到交通队的指挥中心观看道路交通情况，由交警给大家现场讲解。

2. 参观交通队走廊里关于交通宣传的展板，交警给学生讲解，学生认真听讲，学习相关知识。

3. 在会议室由一名交警对学生进行常用交通标识的知识问答，学生答题，交警对一些标识进行重点说明。

4. 学生用自己学到的技能服务社会，用演唱与交通相关歌曲的形式来感谢交警们的辛勤劳动。

三、活动对象及规模

声乐高级班学员14人，年龄在8~13岁，活动总人数42人。

四、活动目标

1. 知识目标：通过对交通知识的学习、参观、问答和讲解，使学生能够准确识别常见交通标识的内容。

2. 能力目标：通过学生们对交警工作的了解和认识，体会交警工作的艰辛。通过为交警们表演节目，锻炼学生们的实践能力、表演能力。

3. 情感目标：通过参观，了解交警们为了大家的安全出行付出了很多艰辛，要提高自己的安全意识，并教育周围的人遵守交通法规。用歌声给交警们带来快乐，提升他们的情感体验。

五、活动时间和地点

2014年8月7日上午　门头沟区交通队。

六、活动重点、难点

重点：了解交通安全知识和常用标识的内容。

难点：调动学生积极参与活动并与交警互动。

七、活动准备

1. 提前进行踩点工作，与交通队领导进行沟通。确定活动路线，布置场地。

2. 对学生进行活动动员，让学生了解活动内容和计划，要求学生提前在路上或网上学习相关标识的内容。

3. 选择与交通有关的歌曲，给不同层次的学生提供不同的演出机会，排练节目。由学生自己设计主持稿并主持节目。

4. 落实各个环节的具体操作，与主讲交警沟通过程细节，如知识问答题目，展板摆放等。

5. 背景屏幕、伴奏音乐、音响、演出服装、奖品（交通队准备）。

6. 协调时间、车辆、服务人员、照相、摄像人员等的行动。

八、活动过程

1. 2014年8月7日上午8：30在少年宫集合，穿演出服，开声练习，彩排主持及节目。9：15出发，提示在参观过程中要注意安全，上下车按顺序，参观时注意不拥挤，认真听交警讲解，有问题大胆提问，有礼貌。学生在门口排队时教师给教室中的家长布置任务。

2. 9：30到达交通队，参观指挥中心，由交警讲解，学生认真听，仔细看，并提问。教师恰当提问、引导、总结。

3. 参观通道里的展板，由交警讲解，学生认真听，与交警积极互动。教师适时提问、引导、总结。

4. 到会议室，由交警对学生进行知识问答，对学生不清楚、不准确的由交警讲解。对积极回答问题的学生发奖品。

5. 学生表演节目，感谢交警们为了大家的生命安全付出的辛劳。（节目单略）

6. 学生承诺：由主持学生带领

我承诺：出行时遵守交通法规，不抢行，不闯红灯，拒绝错误行为，确保出行安全，做文明有礼的北京人！心中永远亮着一盏红绿灯！

7. 交通队领导对活动进行点评。合影留念，乘车返回。

九、活动检测

1. 交通队领导对本次活动的评价。

2. 教师提问：请学生谈一谈在活动中体会最深的是什么，有哪些不足和收获。教师肯定优点，提出希望。

3. 出发前教师给家长布置的任务是由家长引导学生，让学生谈谈这次活动，用学生真实的反应来验证这次活动在学生心中留下的印象、获得的知识和感触。

十、安全预案（略）

活动自评

一、对本次活动的总体概述

1. 社会实践的意义在于教会学生学会适应和面对社会生活

社会实践的意义在于让学生走出教室，感受自然和社会生活。教育的意义在于教会学生认识社会，从而学会生活和生存的能力，这是教育的最终目的。社会实践正是达到这一目的最有效的途径。在实践过程中，学生面临陌生的环境，陌生的人群，他们的内心感受是不一样的。在活动过程中给学生充分的聆听、观察、交流的机会。比如在参观环节，学生在看到指挥中心的大屏幕时很震撼，警察叔叔现场演示了镜头的切换和远近的伸缩，学生看得非常清楚，见到家长就说爸爸以后不能停车的地方不要停，探头照得可清楚了。

2. 活动前预判周密，设计严谨

活动准备充分，各环节连接顺畅。教师通过两次踩点，既把握大的环节，也考虑到参观路线、知识问答题目选择等各方面的细节。节目选择与主题紧密相关，节目精彩，充分展现出教师的教学成果和学生的学习成果。

3. 充分发挥社会实践的活跃性，让学生的天真烂漫得以充分释放

在实践的各个环节教师都留出时间让学生说自己想说的话，表达他们在参观过程中突发的感想。伙伴们之间也可以尽情沟通，互相照顾，增加友谊。当遇到熟悉的事物时让他们尽情表达，激发学生的兴趣，加

深参观的印象。

二、对本次活动优点的分析

1. 教师适时加以引导，拓展参观的深度，充分体现教师的主导作用

在各个环节，教师都不忘给学生多看、多说、多问的机会，并利用有价值的提问引导学生多想、多思考，把这次活动尽量做得不流于表面。比如，在来到交通支队门口的时候，教师引导学生朗读支队门口的名称，加深学生的印象。在参观指挥中心的时候随时引导学生观察，并适时提问让学生思考，并问学生有没有问题要问警察叔叔。在参观展板时，教师让每个学生朗读一段展板中正确的交通行为，使学生不只是泛泛地看而是要学到知识。

2. 承诺环节是这次实践活动的升华

通过参观、讲解、知识问答、演唱歌曲顺利推进到“承诺”环节，水到渠成，是活动的总结和升华。通过承诺让孩子规范自己的言行，把交通安全意识深植心底，以思想指引行动，用自己遵守交通法规的行动带动家人、同学一起遵守交通法规，达到宣传、教育、辐射的作用。

3. 把社会实践活动设计延伸为一次良好的亲子交流活动

充分利用孩子和家长的亲子关系，给家长秘密布置任务，让他们有目的地设计提问，引导孩子畅所欲言。正如教师预想的那样，孩子社会实践回来后很兴奋，有很多话想对家长说，家长有兴趣的倾听更激发了孩子说话的欲望，家长恰当的提问，使谈话更有意义，使社会实践活动延伸为一次很好的亲子交流活动。通过学生的讲述，加深学生对活动的印象，同时也是多方面能力的一次培养。这次活动会永远留在学生的记忆中，成为他们成长过程中一个美好的回忆。

三、对本次活动存在问题的反思和解决

学生参与社会演出机会相对较少，不能把控演出气氛，警察叔叔比较严肃，学生比较闷，在表演节目时表情过于严肃，不够自然放松，缺乏孩子应有的天性。在今后的教学和演出中要加强学生在表演方面的培养和引导。

关注鲁甸，传递爱心，支援灾区

——软笔书法中级班学员义卖暨爱心募捐社会实践活动

杨 琪

一、活动依据

1.《少年儿童校外教育机构工作规程》中提出："校外教育机构基本任务是通过多种形式向少年儿童进行以爱祖国、爱人民、爱劳动、爱科学、爱社会主义为基本内容的思想品德教育。"《规程》还指出："在全面发展，提高素质的前提下，使学生掌握一定的基础知识和基本技能。内容的选择要因地制宜，扬长避短，使教学活动具有特色。"

2. 2014年8月3日，云南发生了6. 5级地震，造成昭通市鲁甸县、巧家县、昭阳区、永善县和曲靖市会泽县108. 84万人受灾。据抗震救灾指挥部消息，截至2014年8月7日19时，地震共造成615人死亡。此时此刻，应该安排学生进行一次爱国主义教育的实践活动。

3. "爱国和友善"，希望学生们能用他们自己的方式积极去践行社会主义核心价值观。

二、活动内容

学生现场书写，鼓励灾区人民，并号召身边的人为灾区人民献爱心。期间，学生还学习了地震中的急救常识，包括人工呼吸和包扎等方法。

三、学情分析

本次活动的书法班是由不同程度的学员组成。他们有的已经会书写两种书体，有的能较好地书写楷书作品，而有的只是刚刚学习了一个学期。虽然程度不同，但他们要为灾区人民做贡献的心情都是一样的。都要通过自己的实际行动，为灾区献上一份爱心。

四、活动目标

①了解红十字会的职能，知道地震中急救常识，掌握自救及救人的方法。②锻炼学生各种环境下的书写能力，提升自信和与人交流沟通的能力。③通过义卖和募捐活动，形成热爱祖国，帮助他人的意识。

五、活动形式

参观展示，讲解示范、书写练习、义卖募捐。

六、活动对象与规模

书法班学员15人。

七、活动时间及地点

时间：8月7日；地点：门头沟区永定河观景台。

八、活动准备

1. 组织宣传：（1）与家长和孩子交流本次活动的内容和目的。（2）取得红十字会的配合。

2. 物质准备：（1）宣传材料：横幅、展板；（2）募捐箱；（3）小凳子15个。

3. 场地勘察：（1）选择游人较多的地方，以便活动的顺利进行。（2）找到可以挂横幅和可供学生现场书写的地方。（3）确定活动场所不存在安全隐患。

九、活动重点

1. 学生通过红十字会的阿姨的讲解和示范，亲自动手体会，掌握地震中的急救护理常识。

2. 学生现场书写，用自己的实际行动去感染身边的人，去帮助灾区人民。

3. 学生现场义卖，号召身边的人为灾区人民献爱心。

十、活动难点

1. 正确地掌握急救技巧。

2. 嘈杂环境下，认真书写作品。

3. 学生自主与游人交流，开展义卖。

十一、活动过程

（一）简单介绍地震灾区受灾情况

1. 教师向学生简单介绍鲁甸灾区受灾情况。

2. 由红十字会秘书长给学生介绍在全国其他地区受灾时，我区人民在援助工作中所做出的贡献。

目的：让学生了解灾区情况，知道受灾和遇难人数，激发其同情之心，感到帮助灾区的行动迫在眉睫。

（二）现场书写，传递爱心

1. 同学之间相互交流，说说想要书写的内容，想想如何通过文字感染他人。

2. 展示老师的作品，供学生参照。如“小善大爱”“一方有难八方援”“言行钱物总是情”“风雨同舟”等。

3. 学生现场书写，老师进行辅导。

目的：学生将对灾区人民的爱和同情，通过现场书写展现出来；同时用自己的实际行动去影响身边的人，参与到帮助灾区人民的队伍中来。

（三）学习地震中的急救知识

1. 在红十字会的叔叔带领下，学生学习人工呼吸的方法。

2. 学生学习几种包扎方法。

目的：学生通过红十字会的讲解和示范，同学之间相互练习，学习了简单的急救知识，为了在生活中遇到突发事件时，可以自救和救人。

（四）举行义卖

1. 学生将自己的作品卖给为慈善事业献爱心的游人。

2. 进行募捐活动。

目的：作品完成后，学生要主动去找游人，把要帮助灾区的心情告诉游人，希望他们伸出援手。学生也通过义卖，锻炼了自己，提高了自信，同时体现了自身的价值。

（五）谈谈对此次活动的感受

目的：了解自己的收获，明确活动的意义。

（六）将捐款送到红十字会

目的：学生将款项送到红十字会，由红十字会转交到灾区人民手中。用自己的实际行动去鼓励灾区人民，希望他们早日重建家园。

十二、活动效果检测方法

观察、交流、评价、说体会、写心得

十三、安全预案

负责人：杨琪活动时间：2014年8月

活动地点：北京市门头沟区永定河观景台

活动对象：学生活动人数：学生15人，工作人员5人，家长13人，共33人。

安全保卫措施：

1. 建立安全工作领导小组

（1）总负责人：杨琪

（2）学生安全负责人：赵昕蕊

（3）协作负责人：阚老师、孙老师

（4）交通安全负责人：李老师

2. 设立职责，分管到位

学生由家长送到集合地点，活动结束后再由家长接走，确保每个孩子都交到家长手中。

在书写过程中，由协作负责人协助一起安排学生书写的地点，确保学生在安全合适的地方进行书写。

在学习急救知识时，负责人要共同维护现场秩序，为学生创造良好的学习环境。

活动自评

本次活动是在鲁甸地震后的三天进行的，对于学生来说，能做的就是伸出双手，用爱心去帮助灾区人民。为了灾区人民早日重建家园，为了灾区儿童有饭吃、有衣穿、有房子住，为了灾区儿童能像我们一样踏进美丽的校园，进入书声琅琅的课堂。我们以实际行动，向地震灾区人民伸出了热情援手，尽自己所能，全力帮助灾区人民。点滴之爱将汇成浩瀚的江海，一颗颗饱含热忱的心，一双双热情的手，必将为灾区同胞共同托起一片灿烂的明天！

此次社会实践活动，学生不仅在书法方面得到了锻炼，而且还帮助了目前最需要他们帮助的人。从学生的表现可以看出他们内心当中的喜悦。大灾无情，但人有情。十几个学生的力量虽然薄弱，但是他们号召起身边的人，将是一股不可小视的力量。我们相信，通过大家的共同努力，灾区人民一定会坚强起来。对于学生而言，他们现场通过施展自己的才华，充分发挥了自己的优势，体现了自己的价值，同时也增长了自信。

本次活动主要围绕“小善大爱，一方有难八方支援，言行钱物总是情”来展开。“小善”包括学生的善和游人的善，他们也许没有太多的能量可以付出，但是他们拥有的是善心。“大爱”也包括学生的爱和游人的爱。他们所能给予的物质也许有限，但是他们的善举已经感染到了身边的每一个人，一起为灾区人民祈福，加油。本次活动一共书写作品

55幅，卖出作品19幅，捐款231元。除此之外，学生通过和游人的交流，也锻炼了他们的胆量，增强了他们的沟通能力。

学生不仅为灾区人民奉献了爱心，还学到了很多急救常识。不能小看这些常识，也许在突发事件当中，他们就可以利用所学，进行自救和救人。

此次活动由于策划时间紧，造成一些细节欠考虑。

在布置现场时，由于有红十字会的参与，需要布置的内容较多，在摆展板和展台还有挂横幅上耽误的时间长了一些，影响了活动的进展。

在义卖过程中，由于平时在课堂上要求学生动笔多，动口少，导致学生在与游人交流时，有些胆怯，他们的表现远远没有书写时那么自信，说的没有写得好。需要老师在旁边不停地引导，造成了一些不畅。导致这种情况，和事先跟学生的交代不清有很大关系，应该提前让学生在一起讨论或者演练，做到心中有数。在今后的课堂上，也不能忽视学生这方面的培养。可以从每节课做起，在下课前让学生说说今天写字的感受，慢慢积累，他们也就善于表达了。

“心系中国梦，笔书爱国情”地书书写展示活动

韩金军

要素	内容
活动主题	心系中国梦，笔书爱国情
活动依据	1. 教育部《关于中小学开展书法教育的意见》指出：书法是中华民族的文化瑰宝，是人类文明的宝贵财富，是基础教育的重要内容，学校要结合学科特点开展形式多样的书法教育。 2. 教育部《关于在全国各级各类学校深入开展“爱学习、爱劳动、爱祖国”教育的意见》指出：学校要围绕培养学生学习兴趣、提升学习能力、养成劳动习惯、坚定爱国信念等内容，引领校园文化建设，深化校园文化精品活动建设。 3. 随着信息技术的迅猛发展以及电脑、手机的普及，人们的交流方式以及学习方式都发生了极大的变化，中小学生的汉字书写能力有所削弱，加强书法教育势在必行。
活动目标	1. 通过地书书写，培养中小学生的书写基本技能和书法艺术欣赏能力，传承中华民族优秀文化，培养爱国情怀。 2. 通过“地书”书写活动，让学生知道地书，了解地书，激发学生的练字兴趣。 3. 通过让学生在活动前搜集准备符合本次活动主题“心系中国梦，笔书爱国情”的书写内容，对学生进行爱国主义教育和环保教育，倡导低碳生活。
活动对象及规模	全区120名中小学生代表

续表

要素	内容
活动内容	1. 北京市地书协会主席白玉柱讲解地书的相关知识及地书的书写要领。 2. 三位市区级地书书法家进行书法展示。 3. 学生书写地书，地书专家分别指导。 4. 专家对学生地书进行点评，并评选优秀书写者。 5. 学生宣读《弘扬传统文化》倡议书。 6. 总结和颁奖。
活动准备	**一、教师准备** 1. 撰写活动方案。 2. 联系参加活动的学校，确定参加学生名单。 3. 召开学校领队会，给学生布置任务（要求学生根据活动主题提前构思活动当天自己所书写的内容，并提前练习，笔体以楷书和隶书为主；学生倡议书；确定书写主题、宣读倡议书的学生）。 4. 购买学生与教师用笔、水桶、奖品等物品。 5. 准备活动用背景道具。 6. 撰写教师发言稿。 7. 落实工作人员岗位分工，进行应急安全培训。 8. 活动前一天布置场地。 9. 制定安全预案。 10. 邀请参与活动领导、市地书协会主席、区书协领导。 **二、学生准备** 1. 根据活动主题提前构思活动当天自己所书写的内容，并提前练习，笔体以楷书和隶书为主。 2. 准备学生倡议书。 3. 熟记自己编号，活动当天按号入位书写。
活动过程	**一、活动主持人开场词** 简要地向学生介绍举办本次活动的目的及意义。 **二、专家讲解** 主持人以采访的形式请北京市地书协会主席简要介绍地书的相关知识，并就地书的书写要领进行讲解和示范。 学生都是第一次接触地书，通过专家的讲解，可以对地书先有个感性的认识。地书笔，与以往学生们练字的毛笔也有很大的不同，专家接着就握笔、运笔的方法进行讲解，边讲解边演示，学生们也随专家的演示拿起地书笔进行练习。

续表

要素	内容
活动过程	**三、北京市地书协会主席及门头沟书法家协会主席现场进行地书展示** 活动前与三位专家就书写内容以及字数进行了沟通，做到主持人心里有数。专家展示后，主持人现场请专家读出他们的书写内容并解释含意。学生聆听专家讲解后，对地书有了一定的了解和认识，并随着专家的讲解进行了练习。邀请专家进行地书展示，切实让学生领略到地书的魅力，看一支大笔怎么在专家的手上挥洒自如，激发学生的练字兴趣。由于是在室外广场上搞活动，学生多，面积大，考虑到专家现场展示时，既要学生看得清，又不至于发生拥挤，所以安排展示区域是在广场的中心，分三个方位展示，学生可以从不同的方位观看，另外，考虑到最后边的同学观看效果，我们还在广场上竖立了大的电视屏幕，现场同步直播，同时要求学生观看时不能走出自己的书写范围，避免出现拥挤踩踏事故。 **四、邀请2名学生书写本次活动主题"心系中国梦，笔书爱国情"** 本环节邀请2名学生在事前涂出红颜色的代表全区所有中小学生的大型心形图案上用黄颜色书写出本次活动的主题，突出本次活动的主题，也是让学生进行展示。 **五、学生根据事前准备的符合主题的内容进行地书的书写** 三位书协专家随时指导，学生书写完成以后，现场采访2名学生请他们解释所书写内容的含意。引导学生按秩序观摩其他学生的作品，起到相互学习和交流的作用。 **六、作品评选** 三位专家从120名学生的作品当中评选出20幅优秀作品。 对书写优秀的学生进行奖励是对学生的肯定，更是对他们的鞭策，他们也将成为我们在学校推广地书文化的坚实力量。今后，计划每年举行一次地书展示活动。 **七、学生代表宣读倡议书** 举办此次活动，目的就是激发、培养学生的练字兴趣，引导他们尝试一种新的既低碳又环保、既经济又节约、既练习了写字又锻炼了身体还陶冶了身心的练字方式。此环节安排学生宣读倡议书，可以起到倡导和引领的作用，我们以后也会年年举办这样的活动。主持人在此环节，与今天参加活动的所有同学相约，明年再见。 **八、发奖** 对评选出的优秀作品进行奖励，是对学生的肯定和鞭策，对其他学生也起到引领和示范的作用。

续表

要素	内容
活动过程	**九、合影留念** 将精彩的瞬间记录下来，给学生们留下美好的记忆。

活动自评

回顾本次地书书写展示活动，基本上达到了活动的目的，取得了预期的教育效果。活动后我从以下几方面进行了反思。

一、本次活动的成功之处

1. 本次活动时代感强，根据当前热点，结合学生现实情况以及青少年情感和习惯的形成特点设计并开展活动，对传统文化的继承和发展起到了一定的促进作用。

2. 本次活动强化了学生低碳、环保、节能的意识。传统形式的练字，学生的积极性不高。练字前要经过洗笔、铺纸、倒墨、润笔等一系列繁琐的准备工作，练字完成后还要经过收拾、清洗书写工具，花费不少时间；练字过程中如果用墨不小心，课桌、墙壁，衣服上时常会留下墨迹。然而，地书练字，不受纸张和篇幅的限制，也不必考虑墨水所造成的污染以及购买纸张的费用，学生们以大地为纸，以清水做墨，既低碳环保，又经济节约，强化了学生的低碳环保以及节能的意识。而且，在活动中，主持人多次强调了今天是由于活动的需要，我们在清水里掺加了水粉颜料，平时我们练字的时候，用清水就可以了。

3. 本次活动对学生提高练字兴趣起到了一定的作用。学生生性好动，地书练字，完全在室外进行，可以很好地将动、静结合起来。学生们在练字过程中，操场上始终播放着轻音乐，这样学生在练字的同时既锻炼了身体又陶冶了身心，极大地提高了学生的练字兴趣。

4. 学生在准备书写内容的同时，也受到了爱国主义教育。以“心系中国梦，笔书爱国情”为主题，提前给学生布置任务，让他们经过自己思考酝酿，书写内容要符合活动的主题，他们在搜集资料思考的过程，就是对他们的爱国主义教育。在活动中，我还现场采访了学生，请他们说一说自己书写的内容包含了什么寓意，也向其他学生分享自己的思想内涵。我在书写场地的中央画了一个大大的红心，这个红心代表了我们区的所有中小学生，活动当天请两名学生在红心中现场书写活动的主题，更是强化了学生的爱国思想。活动当天，自从学生们来到了少年宫，操场上就播放着《中国梦》《我爱你中国》等歌曲，也是对学生的一种陶冶。

5. 本次活动计划周全、准备充分。“凡事豫则立，不豫则废”在这次活动中得到了充分体现，正是因为有了周全的计划和充分的准备，才有了这次活动成功开展的前提。活动前召开了参与学校的领队会，布置需要他们配合的活动相关内容，提前在广场上为每一名学生画出书写场地，考虑到那么多学生观看专家的现场演示，会出现拥挤，我们在安排场地时，将三位专家安排在了红心的三个方面，并且现场直播专家展示过程，避免出现拥挤、学生看不清等现象。

6. 活动超出预期效果，收获了“两个没想到”。一个没想到是：门头沟区关心下一代工作委员会张进增主任在参加我们活动后的座谈时，对活动给予了充分的肯定，当时就要求我区精神文明办公室李秋芳主任，不但少年宫在学校推广普及地书活动时区精神文明办公室要给予大力支持，还要求文明办可以尝试着在成年人中间开展这样的活动。第二个没想到是：活动前我们的设想是活动结束以后，要将广场上的文字清理掉，可活动结束以后，参加活动的各位领导看到书写后的广场非常漂亮，决定将广场上的文字成果保留下来，也算是少年宫的一道风景。

二、本次活动的不足之处

1. 在主持整个活动过程中，有些专业术语说得还不够专业和规范。今后应注意书法专业术语的积累，注重综合素质的积淀。

2. 活动结束后，没有安排学生收拾所用的地书笔和水桶，应当充分利用这个过程培养学生的劳动意识，自己的事情自己做。

3. 整个主持过程还显得生涩和不够随意。

放飞梦想　畅想未来

——门头沟区中小学生航模竞赛活动方案

梁　辉

一、活动依据

为贯彻落实国务院颁布的《全民科学素质计划纲要》，丰富北京市门头沟区中小学生科技教育活动内容，普及航空科普知识，培养中小学生的创新精神和实践能力，提高中小学生的科技素养，使我区“校校是航校、活动见成效”，将此项航模活动发展成为区域一项品牌实践学生活动，门头沟区教育委员会决定在5月组织开展门头沟区中小学教师航模培训交流会，并于6月举行“放飞梦想　畅想未来”门头沟区中小学生航模竞赛。

二、活动目标

1. 树立学生从小爱科学、学科学、用科学的良好意识。
2. 引领学生体验科技体育和竞技体育的快乐。
3. 培养和检测学生动手制作能力以及团队竞争能力。

三、活动时间、地点、对象及规模、器材、竞赛报名

1. 活动时间：2014年6月7日上午9：00~11：00
2. 活动地点：门头沟区少年宫广场
3. 活动对象：门头沟区小学生
4. 活动规模：区域选拔的学生150名
5. 活动器材（五大类8个项目）

①平面仿真纸木模型飞机（测量直线距离）

（分为常规布局、无尾三角翼布局、鸭式布局、三翼面布局四项）

②P. Super Cub通用飞机橡筋动力仿真模型（留空时间）

③2合1橡筋动力模型（单翼机或双翼机均可）（留空时间）

④波音787商用飞机弹射仿真模型（留空时间）

⑤牵引模型滑翔机（留空时间）

6. 竞赛报名：学校每个竞赛项目报一名学生（牵引模型滑翔机是学生组合项目，报2人），以上8个项目上报9名参赛学生。

四、活动内容及方式

（一）竞赛检录

航模竞赛的8个项目负责人在指定检录区域按照竞赛顺序单检录竞赛选手，完毕后第一名学生手举项目标牌在负责人的带领下到主席台前的指定位置站立，参加开幕式。

（二）开幕式

主持人宣布活动开始。

（三）航模竞赛

按照学生报名的航模项目（5类8个项目），由负责项目的工作人员带领学生到指定场地进行竞赛。裁判员按照顺序单以大循环的方式进行竞赛，待2轮竞赛完毕后按照时间（距离）统计学生成绩。

（四）活动总结

8个项目成绩统计完毕后，各项目组负责人组织本项目组学生到主席台前列队站好参加闭幕式。主持人宣布开始，活动部主任进行活动过程评述并宣布获得一等奖的学生名单，由有关领导向获奖学生颁发证书及奖品。领导与学生合影留念。

（五）活动结束

学校带队教师带领学生有序退场。市、区领导退场。工作人员整理会场器材，清洁比赛现场。

五、活动重点及难点

活动重点：通过航模竞赛活动让学生们充分获得真切的快乐。

活动难点：学生在航模活动中提高运用模型的技巧及科技素养。

六、活动准备

（一）学生准备

1. 4月8日~5月31日，按照活动要求了解航模竞赛活动的内容和基本形式。

2. 在辅导教师的指导下制作、调试、放飞模型飞机，做好校级竞赛的准备。

（二）学校准备

1. 5月8日~5月30日，学校教师组织所有学生进行校级初赛，并统计获奖成绩。

2. 学校教师选拔出八个项目获得一等奖的九名同学进行区级竞赛前的模型放飞技术指导。

3. 学校教师对参与区航模竞赛活动的学生进行纪律教育和安全教育。

4. 5月30日前，参与活动的15所学校上报报名表。

（三）活动组织者准备

1. 3月9日~5月30日，制定上半年工作计划，撰写活动实施方案，安排工作具体时间、人员职责及要求。

2. 5月22日召开区级科技教师航模培训交流会。

3. 召开学校领队会，向学校负责人提出活动要求及提示。

4. 召开工作人员安排会，挑选、培训裁判员、成绩统计员、计时员。

5. 聘请主持人，撰写开幕词。

6. 挑选学生发言代表，撰写学生倡议书。

7. 聘请市区级领导及航模专家。

8. 做好场地勘察与布置。

9. 购置竞赛物品（皮尺、黄色宽胶带、比赛顺序表、笔、秒表、隔离墩、活动背景、音响设备、领队项目标牌、工作证等）。

七、活动过程

（一）竞赛检录

1. 设计意图：做好检录标识，让学生明确检录地点，清楚自己所要参加的竞赛项目，找到项目负责教师进行检录。

2. 学生活动：找到竞赛项目组，检录，准备参加开幕式。

3. 教师引导：引导学生找到项目参赛组并检录，带学生到主席台前指定位置，期间负责学生秩序及安全。

（二）开幕式

1. 设计意图：学生明确活动的意义、任务与纪律要求，激发学生的兴趣。

2. 学生活动：学生按照项目组站立在主席台前，参加竞赛开幕式，倾听活动前宣讲。

3. 教师引导：引导航模竞赛八个项目组站立在主席台前，协助主持人开幕，维持会场秩序。

（三）航模竞赛

1. 设计意图：开幕式完毕，8个项目负责人组织本组参赛学生到指定场地进行比赛。学生放飞模型飞机，将理论知识转变为实践，加深对知识的理解和应用，同学之间相互学习、交流经验。

2. 学生活动：学生按照五大类8个项目组进行竞赛。

3. 教师引导：教师按照竞赛顺序单以大循环的方式引导学生完成航模飞机的竞赛活动任务，期间负责本组秩序及安全。

（四）活动总结

1. 设计意图：通过比赛的形式，对学生制作的模型飞机进行实体验证，同时增强学生的自信心，增强学生们对航空事业的热爱。

2. 学生活动：8个竞赛项目组学生在主席台前列队站好参加闭幕式。荣获8个项目一等奖的9名学生到主席台前领奖，并与领导合影。

3. 教师引导：引导学生进行活动总结，活动完毕后组织学生有序退场。

（五）活动结束

1. 设计意图：竞赛完成后，做好会场器材整理及清洁，使活动完美结束，同时也体现活动策划者必备的职业素养。

2. 学生活动：学生在本校带队教师带领下有序退场，路途中注意人身安全，避免发生事故，回到家中发短信给本校领队报平安。

3. 教师引导：教师引导学生顺序退场，工作人员将所用器材、物品整理后收回。

八、效果评测

访谈（教师、学生现场采访）。

"我的梦想 – 我的世界杯"足球比赛活动

全月强

要素	内容
活动主题	"我的梦想 - 我的世界杯"
活动依据	1. 根据《国家体育总局、教育部关于加强全国青少年校园足球工作的意见》的文件精神：依托青少年活动中心、少年宫、等校外教育机构积极开展多种形式的足球活动。 2. 根据教育部部长袁贵仁在全国学校体育工作会议上重要讲话：今年起逐步建立小学、初中、高中和大学四级足球联赛机制。
活动目标	1. 以巴西世界杯足球赛为契机，营造足球氛围，培养学生热爱体育运动，终身体育的兴趣爱好。 2. 通过比赛培养学生顽强拼搏、积极进取、团结协作等优良品质。 3. 通过比赛为学生提供一个相互学习和交流的平台，从中发现具有足球天分的小球员。 4. 通过比赛促进校园足球在校园的影响力。
活动对象及规模	来自全区中小学的 8 支球队 50 人。
时间、地点	8 月 2~3 日新桥路中学。
活动内容	1. 第一天抽签分组进行小组循环比赛（5 人制），决出前四名。 2. 第二天由前四名的球队组成两支球队（11 人制）进行表演赛。 3. 中场休息期间由 10 名学生及 10 位家长进行定点足球射门比赛。 4. 与会领导向获奖球员及球队颁奖。

续表

要素	内容
活动准备	**一、教师准备** 1. 撰写活动方案。 2. 联系参加活动学校，统计参赛人数。 3. 编排秩序册。 4. 制定安全预案。 5. 撰写发言稿。 6. 召开学校领队会，裁判员工作会。 7. 邀请与会领导。 8. 定制比赛奖杯、购买奖品、比赛物品、矿泉水等。 9. 落实工作人员岗位分工，进行应急安全培训。 10. 活动前一天进行场地布置。
活动过程	**一、第一天活动安排：** 通过抽签的形式将参赛的8支5人制比赛球队分成两个小组，进行小组循环比赛，比赛时间定为上下半场各20分钟，中场休息10分钟。胜一场得2分，平一场得1分，负一场得0分，小组赛中每支球队相互间都要进行一次比赛，各组得分靠前的两支球队与另外组的前两名球队进行交叉赛，决出前四名。 **二、第二天活动安排** 1. 主持人开场词 简要介绍本次活动的目的及意义。 2. 介绍参加本次活动的领导及来宾 3. 比赛部分 由第一天比赛决出的前四名球队（第一名与第四名、第二名与第三名）组成的两支11人制球队进行表演赛。为了表示上级领导对本次比赛活动的高度重视，比赛首先由到会领导进行开球，为使比赛更加贴近世界杯比赛的气氛，参加表演的两支球队分别穿着本届世界杯的冠亚军德国队和阿根廷队的队服进行比赛，在比赛期间整个球场播放巴西世界杯足球赛的主题曲“weareone”等节奏欢快的音乐作为背景音乐，使学生们在欢快、放松的环境中充分展示自己的足球技艺，同时享受足球带来的快乐。 4. 游戏（亲子定点射门） 游戏在比赛中场休息期间进行。规则：由家长与孩子组成的人数相等的两支队伍，进行定点射门比赛，每人一次机会，进一球得一分，未进球不得分，比赛结束后得分高的队获胜。如出现平局时，每队派一名队员

续表

要素	内容
活动过程	进行射门，家长或孩子均可，先射门失误的球队为负。成绩统计及赛场秩序维护由活动部教师负责。通过游戏活动，活跃了赛场气氛，也为孩子和家长提供一次并肩作战和交流的机会。 5. 发奖、合影留念 本次比赛设最佳球员和冠军两个奖项，最佳球员即本场比赛表现最优秀的球员，由到场领导，带队教练，以及观看比赛的学生家长在比赛结束后共同投票产生。本次比赛的奖杯为大力神杯，它是世界杯的冠军奖杯，代表了足球界至高无上的荣誉，更是足球运动员最终的梦想之杯。希望通过这座奖杯使孩子们能够树立远大的志向，实现自己的足球梦想。奖项由到场领导颁发。 最后，与会领导与参赛队员合影留念。

活动自评

通过观看活动录像和反思本次活动的实施，现就本次活动的优点及不足之处作详细的分析和总结。

1. 活动亮点

（1）设计思路新颖。巴西世界杯足球比赛带给大家视觉盛宴的同时，也让足球运动在这个夏天迅速升温，越来越多的孩子来到了球场，他们享受着足球带来的快乐和激情，渴望着有一天自己也能够像自己心中的偶像一样站在世界杯的赛场，而举办一次世界杯形式的足球比赛无疑是使孩子们实现梦想的好办法。

世界杯除了精彩的比赛和球星过人的球艺吸引人之外，球星身上的战袍无疑也是球场上的一道风景。当然，能够穿上自己偶像的队服也是孩子们心中追求的梦想，为了给孩子创设更加真实的效果，特地为决赛的两支球队准备了德国和阿根廷队的队服。

比赛设立了两个奖项，一个是最佳球员奖，用来奖励本场比赛表现最出色的球员，这个奖是由参会领导、现场家长观看比赛后投票产生，相信这座奖杯对小球员今后的学习和成长一定会起到激励的作用。另外，就是本场比赛的冠军奖杯“大力神杯”，它代表了足球界的最高荣誉，设立这个奖项也是给孩子们提供一次追逐梦想，实现梦想的机会。

（2）游戏。为了给孩子和家长提供一次并肩战斗的机会，利用中场休息的时间安排了亲子定点射门游戏，虽然名额有限，但许多家长还是踊跃报名，其中还有妈妈和孩子共同出战的场景，游戏现场有欢笑有掌声，受到了家长与孩子的一致好评。

2. 不足之处

（1）活动方案需进一步细化。整个活动方案在实施过程中，出现了一些“盲区”，由于在制订方案时很多工作的细节没有体现出来，致使在活动开展中让自己有时感到措手不及。例如，中场的亲子射门游戏，对于学生及家长的入场没有明确的要求和提前准备，导致参赛人员入场稍显混乱、拖延了入场时间。

（2）活动组织需更加严谨。在活动前的工作会中许多工作和人员安排都只做了口头部署，没有到现场实地考察，对场地、设施不是很了解，因此在活动过程中还是出现了一些意外，如：距离远无线话筒信号受到影响。在活动前准备阶段与摄像、照相等工作人员缺少细致沟通，导致许多重要环节和精彩瞬间没能展现给大家。

舞蹈高级组维吾尔族《花儿》活动辅导方案

张晶雪

一、活动目的

（一）通过活动组合的基本功训练，使学生身体各部位的软度、开度、力度和控制力得到训练。

（二）使学生了解维吾尔族舞蹈“挺而不僵、颤而不窜，上身撒得开，脚下不离散”的动律特点。

（三）学生在问题引领下反复观摩、讨论和探究，在自主的体验和感受中，能独立地表演舞蹈《花儿》慢板部分。

（四）学生能够积极参与讨论、探究活动，大胆发言，在情境体验中能够准确完整地学会舞蹈《花儿》慢板部分。

二、活动内容

学习维吾尔族舞蹈《花儿》慢板部分：（一）学习片段中的基本动作；（二）分组合音乐练习舞蹈片段。

三、活动重点、难点

活动重点：通过问题引领学生学会舞蹈《花儿》片段。把握维吾尔族基本风格、特点、明确各个动作动作要领。

活动难点：学生能独立表演《花儿》舞段，并能够准确把握舞蹈的动作规范、风格以及情绪。

难点的确定是由于维吾尔族舞蹈在我们生活中接触较少，学生也没有亲身体验，舞蹈里的许多风格让他们不容易表现出来。本次活动的设计让学生通过图片观察、视频观摩、带着问题反复聆听，在情境体验中，感受到新疆地区的风土人情，体会到舞蹈独特的文化特色。在一个个问题引领下，学生的内心情感与舞蹈动作逐渐合一，表演也就变得自然、发自内心了。

四、辅导方法和辅导手段

辅导方法：讲练结合法、演示法、讨论法。以问题讨论法为主，辅助于情境导入、舞蹈练习和交流展示。

辅导手段：多媒体播放、演示图片等帮助学生在观察中了解舞蹈内容，为学生一步步解决问题，学会舞蹈打下基础。

五、活动准备

教师：多媒体放映机以及维吾尔族音乐、图片、视频。

学生：舞蹈服装、维吾尔族跟鞋。

活动过程		学生活动	设计意图
一、热身系列活动组合	地面热身活动部分 （一）走步：原地走步，摆臂。 （二）跑步：原地跑步。 （三）下腰：站下腰 老师提问：每个训练动作有什么相同和不同之处？	（一）地面位置做走步动作。 （二）学生根据老师的提示做跑步动作。 （三）两人一组做下腰动作。 （四）学生在讨论中分析出三种热身活动的异同，并试着做一做。	（一）通过热身活动营造良好的氛围，达到活动身体的效果。 （二）将舞蹈中的软度动作下腰单独提出来练习，为后面学习做准备。 （三）在问题引领下，学生通过体验、讨论，分辨出不同热身动作的不同训练部位，为准确进行舞蹈打好基础。
二、创设问题情境	（一）出示四张“新疆舞蹈”的PPT，问：图片中人物是哪个民族的？主要生活在什么地方？	（一）在学生积极的回答中，引出维吾尔族《花儿》的民族、地域、民俗文化背景。	（一）教师提问的问题贴近学生的能力实际，诱发学生积极参与的情趣，引发了学生的思考和积极举手发言。

续表

活动过程		学生活动	设计意图
导入新课	他们的服饰特点？有什么生活习惯等一系列问题。 （二）请同学们根据这几幅图画编创几个舞蹈动作，并提出在表演这个动作时，需要注意的特点，及主要舞姿。 （三）引出今天我们用舞蹈的形式表演一个维吾尔族舞蹈的上课内容。	（二）学生七嘴八舌地积极发言，尝试着自己根据图片及视频进行模仿。	（二）在问题引领下，学生根据视频及图片进行模仿并发挥想象进行编创，为后面舞蹈动作，把握维吾尔族风格奠定了一个直观的印象及实践的基础。
三、新授舞蹈片段《花儿》的慢板部分	播放舞蹈《花儿》的视频资料。 （一）初看视频 提出问题：让学生研讨舞蹈的情绪特点和风格，提出如何把握这些特点的问题。 （二）第二遍观摩 提出问题：舞蹈共分为几个部分？让学生尝试分析每个部分的不同速度及情感特点。 （三）第三遍观摩 1. 将舞蹈分解成三部分，边分析、讨论、边教授慢板部分动作。 2. 请学生思考、分析其动作有什么特	（一）学生在教师问题的引领下根据自己的理解讨论、分析问题，归纳出舞蹈情绪特点和风格。 （二）学生在体验中理解舞蹈，纷纷谈自己的感受，并在分析与讨论中得出结论。 （三）学生在问题引领下分析出：舞蹈分为慢板－快板－慢板的A–B–A结构，并得出“挺而不僵、颤而不窜”的舞蹈特点。 （四）在教师带领下学习新的舞蹈动作。	（一）用问题引领学生初看视频，通过交流感受，使学生对舞蹈的情绪、风格等有初步了解。 （二）在体验与感受中，总结出舞蹈风格与情绪的关系。 （三）多次观看，用问题引领学生分析舞蹈结构，与情绪变化发展的关系，使学习进一步深入。 （四）在教授慢板动作中，使学生明确主题动作。 由于热身动作提前已做好铺垫，学生学习自然、顺利。

续表

活动过程		学生活动	设计意图
	点，让学生根据每一个舞句，边做边思考。 3. 在学生自主讨论、交流的基础上，教师提出舞蹈表演要求。 （四）教授慢板部分的动作。		
四、巩固练习阶段	（一）单一舞句分组练习 将学生分为三组练习，教师提示：在练习时要注意每个舞句之间的连接转换。 （二）分组展示成果：将学生分成三组展示，教师用问题引导学生相互评价。一组演唱，其他同学观摩。 教师提出问题引导学生评价：哪个同学表演的好，好在哪儿？哪些值得你学习？哪些同学还存在什么方面问题，如果让你来当老师，你准备怎么帮他解决？…… （三）全体学生表演《花儿》舞蹈慢板部分。	（一）三组学生分别根据不同舞句及情绪变化，分组练习。 （二）全体同学分组展示，互相观摩，根据教师提出的问题，积极地参与评价，对自身或他人学习的效果形成明确的认识。 （三）全体学生尽情尽兴，将自己对舞蹈的理解融入表演之中。	对学习效果的阶段性检测。 教师用问题的方式引导学生参与到评价中来。通过分组展示成果，学生间互相观摩，使每个人的注意力都集中在当前的活动中来，学生在集体讨论的过程中，自然地参与了本次活动的评价，为深入的舞蹈学习提出了努力方向。 此时的课堂变得更加生动，情景交融，将活动推向高潮。学生此时的表演也是对目标效果的检测。

续表

活动过程		学生活动	设计意图
	教师提示：注意眼神、表情、与基本动作整体配合。		

六、活动过程（90分钟）

七、活动小结及评议

教师对本次学习活动进行简单小结，提出希望。

八、作业

1. 复习舞蹈中的特殊技巧动作——下腰。

2. 复习课上学到的新内容，在复习的同时要注意表情的练习以及风格的把握。

活动自评

一、活动概述

本次活动以维吾尔族舞蹈《花儿》作为主要学习内容，通过舞蹈片段中的基本动作，帮助学生感受维吾尔族舞蹈的风格特点，从颤动、下腰、弹挑腕中感受维吾尔族舞蹈“挺而不僵、颤而不窜、上身撒得开、脚下不离散”的特点。教学过程层层递进、步步深入，学生不仅掌握了维吾尔族的舞蹈动作，同时进一步了解了新疆地区的民俗民族文化。学生在问题引领下能够积极参与讨论、探究活动，大胆发言，在情境体验中能够准确完整地学会舞蹈《花儿》慢板部分，较好地达成了预期目标。

二、活动亮点

1. 活动形式设计合理。本次活动根据学生已有知识掌握情况进行设计，循序渐进，逐渐提高学生身体协调及控制能力，帮助学生了解维吾尔族舞蹈的风格特点，为后面进一步的学习做好准备。

2. 注重学生交流讨论环节。本次活动安排了讨论及评价环节，引导学生积极地进行交流讨论，提高学生自主学习及思考的能力，有助于进一步巩固学习内容，提高小组合作能力。

3. 实现预设的教学效果。通过加大导入及观摩的比重，创设维吾尔族舞蹈情境，充分调动学生学习积极性，使学生自然地进入到维吾尔族舞蹈环境中，感受到舞蹈表演的乐趣，提高学习效果。

三、活动不足之处

由于学生个性不一，在小组讨论中不能够充分表达自己，影响了交流讨论的效果，今后在这方面，还要进行有针对性的设计，从而进一步提高交流效果。

舞蹈初级组教学《小老鼠上灯台》舞段活动方案

尤利娜

一、活动内容

教学舞蹈提压肩组合《小老鼠上灯台》。

二、活动依据

初级班是刚刚入宫学习舞蹈的学员，在舞蹈方面基本上是零起点，这个年龄阶段的孩子们好奇心、表现及模仿能力较强。她们好动，喜欢节奏欢快明朗的音乐或者儿歌民谣类的伴奏形式，尤为喜爱模仿小动物的形象。因此我选择了《小老鼠上灯台》这个舞段实施于教学当中。这个短小的舞段，简单易学，形象感突出，加之熟悉的童谣伴奏，会引领学员们进入一个轻松快乐的学习氛围中，高效地完成预授内容。舞蹈这门课程，是以浓厚的兴趣，高涨的热情以及强烈的表现欲为主线发展的，因此在初级班课程设计安排中，我选择适合她们的教学内容，是为了更好地挖掘她们丰富的想象空间和表现欲望做个前提铺垫，为今后的舞蹈学习实践中奠定良好的根基。

三、活动对象

舞蹈初级班女生20人。

四、活动目标

通过这个舞段的学习表演，让学员们初步掌握提压肩的动作，手脚协调，相互配合的能力。并根据特定的情节开发学员丰富的想象力，用夸张的手法做提压肩的动作，生动形象地表现出小老鼠偷油吃的情景。

五、活动准备

MP3伴奏曲目、多媒体设备、活动方案、舞蹈服装和练功鞋、头饰。

六、活动重点、难点

学习并掌握提压肩动作及要领。

七、活动方法

引导、示范、模仿、练习、表演。

八、活动过程

1. 教学导入：教师以讲故事的形式进行课程导入。①给学员们生动地讲述“小老鼠偷油吃”的小故事。②由故事引出童谣教给孩子们。

童谣：小老鼠上灯台，偷油吃，下不来，喵喵喵，猫来了，叽里咕噜滚下来。

2. 师生互动：教师提出问题，学员以语言和肢体动作相结合的方式回答问题。

提出问题：①小老鼠是什么样子的？②小老鼠都有哪些特点？③当小老鼠感到害怕的时候会怎么样呢？

（及时肯定和引导，让孩子充分发挥想象及模仿力，并将学员们提供的动作舞蹈夸张化地做示范让学员模仿，抓住表现小老鼠紧张害怕的心情时肩部所表现的动作，强化提压肩动作要领. 重点讲解重拍向下，快速提肩的要领。通过举例子“双手拎西瓜再放下”这一生动实例，让孩子们一边体验一边强化动作要领，熟悉动作。）

3. 教学舞段。

①带领学员们再重温下童谣的内容，大声地按照节奏诵读出来。

②说一句童谣，让学员提供一个最符合童谣表现内容的代表动作，教师辅助学员们，将提供的动作艺术标准化。

a. 前奏2*8拍

动作：双手放在下颚处，弓腰塌背，东张西望拍。

b. 童谣：小老鼠上灯台，偷油出下不来。

动作：双手打开斜下手位，提压肩，左右脚交替抬脚落下。

c. 童谣：喵喵喵，猫来了。

动作：双手在嘴前交叉打开，旁跺脚，后身体直立，双手向上，双手五指张开，表现猫咪前扑的动作。

d. 童谣：叽里咕噜滚下来。

动作：双腿屈蹲，双手抱头，含胸，向右自转一周后团身趴下。

4. 规范动作，强化要领。

①将前边表现的动作再逐一做一遍，重点练习提压肩动作，强化要领，结合提西瓜的动作反复练习强化，巩固扎实。

强调动作要领：耸肩的动作要尽量向上提，重拍是向下落的，抬落脚的动作要轻。

②反复带领学员进行练习，直至掌握。

5. 和音乐一起进行完整练习

放音乐，教师佩戴头饰（吸引学员们，激发她们高涨的表现欲望）示范引领着学员表现完整的舞蹈内容。

6. 分成四个小组进行展示

①让学员自主推荐一名学员做“鼠老大”，带领其他“小老鼠”们完整和音乐练习。以谁做得好，就配发头饰的方式激励她们用心舞蹈。

②四个小组逐一展示，学员间互相观摩学习，并指出优缺点。老师给予肯定及辅导纠正。

7. 课后小结。

①及时肯定学员们课上的表现，给予鼓励。

②布置课后作业：要求课后由学员和家长一起搜集关于小鸡的相关内容，观察小鸡的形象、喝水、走路的样子等等，为学习下个单元学习《可爱的小鸡》做准备。

活动自评

这次活动中，我主要运用了以言语引导，形象逼真的动作作为主线，引领学员们进入到情境中学习实践，将此贯穿于整个活动的始终。加之以学员为主体，提炼和美化她们为舞段提供舞蹈动作，较为顺利地完成了本次活动内容。孩子们在一种轻松快乐的氛围中学会并掌握了《小老鼠上灯台》的舞段内容，能够做到赋予情感的进行表演，深刻地体验到舞由心生的含义。但是在实施教学过程中，教学的重点在突破方面下的功夫不够，从而出现了顾上顾不了下的问题，上下肢不协调。初级班的学员刚入宫门，接受这方面的训练时间短，我却忽略了协调能力的培养这一方面，因此在今后的教学当中，要通过反思落实在基础课程训练中，作为教学重点，进行一个长期、系统科学的教学规划，有针对性地设计一些训练协调能力的舞动课程内容，有效地解决这个难题。还有一点就是没有深入剖析情感目标的确立，教育教学活动中，情感的教育是不可缺失的。而在本次活动中完全可以引导学员们在日常生活千万不要学习小老鼠偷东西的坏习气，要懂得分辨出是与非。

会唱歌的盘子

——新疆维吾尔族盘子舞组合训练

高 卉

一、教学内容

盘子道具的使用方法;《会唱歌的盘子》组合学习。

二、学情分析

本班学员年龄阶段为10~12岁，有较好的舞蹈基础并且具备一定的舞蹈协调力和舞蹈表现力。通过学习《会唱歌的盘子》让学生切身体会到新疆维吾尔族舞蹈的特点，通过组合的训练使得学生达到一种“会唱歌的盘子”的舞蹈表演境界。

三、教学目标

知识与技能：①学生了解新疆维吾尔族的历史文化、舞蹈特点；②学生了解基本动作的要领和训练方法，掌握盘子舞的道具使用。

过程与方法：①采用导入的教学方法，发挥学生的自主学习能力；②通过教师示范、学生模仿来进行舞蹈学习，在过程中激发学习兴趣。

情感态度与价值观：①提高学生的审美认知能力；②通过学习维吾尔族舞蹈元素，了解民族的艺术瑰宝，培养学生良好的爱国情操；③培养孩子载歌载舞愉快的心态。

四、教学准备

多媒体设备、盘子等。

五、教学方法

1．导入法：采用问题导入的教学方法，发挥学生的自主学习能力。

2．演示法：通过教师示范、举例说明来进行舞蹈学习，在过程中激发学习兴趣。

六、教学重点、难点

重点：盘子的使用方法及对维吾尔族舞蹈风格性的把握。

难点：点肩上托式手位、绕手托肘手位的动作要领掌握。

七、教学过程设计

（一）组织活动（5分钟）

（略）

（二）内容学习（17分钟）

（播放影音文件：维吾尔族人民生活的画面和一些维吾尔族盘子舞蹈片断）

教师：我是本次旅行的导游，本次航班的起飞地是在门头沟区少年宫，降落点是新疆天池，请大家系好安全带（模仿系安全带的动作），我将带大家体验一次愉快的旅行。现在，先由我来介绍一下维吾尔族……维吾尔族舞蹈有着热情潇洒、活泼奔放和欢快幽默的独特风格。“昂首、挺胸、拔背、立腰”的舞姿造型，“颤而不窜”的动律特点，以及独特的“附点节奏”是维吾尔族舞的重要因素。盘子舞是维吾尔族古老的民间舞蹈之一，产生于古老的库车，流行于乌鲁木齐、伊犁、喀什等城镇。属于女性抒情舞蹈，动作婀娜多姿，优美动人。盘子舞要在击打盘子的同时做各种动作，特点是稳健、柔软、细腻、姿态性较强，盘子舞采用的多是赛乃姆的基本步伐，如“三步一抬”“前后点步”“垫步”“开关步”等。手的姿态有两臂平伸，一手在头上，一手在胸前，或一手在体旁，一手在胸前等。盘子舞的音乐，一般用的是抒情性民歌，节奏舒展，曲调悠扬动听，音乐和伴奏乐器与赛乃姆基本相同。

教师：同学们，刚才听了本导游的一番介绍之后，有什么感受？

学生：太美了……

教师：是的，我们常说，越是民族的便越是世界的，一个好的舞蹈应该是雅俗共赏的，能够给人们带来美的享受，心灵的共鸣。现在，大家想不想和我学跳维吾尔族盘子舞？

学生：想。

教师：好！让我们一同走进美丽的新疆。

（让同学们站起来，并且插空站好）

教师：我们学习一个舞蹈首先要从它的基本动作入手，因为本导游经常来新疆，所以我对盘子舞非常熟悉，下面让我们一块来认识一下吧！

在这个教学环节中，教师将知识拆分成道具使用——手位动作——组合的步骤进行教学，道具使用是指道具的使用方法、手位动作是指上肢动作的分解和延伸、组合是指动作组合的归总。

1. 道具的使用

教师：（肯定学生发挥想象力所得出的答案，用变魔术的方式激发学生的好奇心，进而更好地掌握敲打盘子的做法。）同学们，你们所寻找的方法都能让盘子发出声音，可是老师可以用自己的手指击打出声音，因为我有秘密武器，大家请听（教师敲打盘子出鼓点节奏）。

学生：观赏教师的示范。

教师：大家肯定很好奇吧，老师的秘密武器到底是什么呢？看，它就是秘密武器——顶针。给每一位学生发放顶针，教授盘子的使用方法：双手持盘，五指自然伸直，中指戴顶针，餬口及小指夹住盘子，以中指击打节奏。

维吾尔族舞蹈节奏型：咚. 嗒咿咚嗒|咚咚嗒嗒嗒|咚. 嗒咿咚嗒|咚咚嗒|

学生：练习道具的使用，体会盘子是如何击打节奏的。

2. 手位动作

教师：采用看——听——动的授课顺序，首先教师示范准确的动作——点肩上托式手位、绕手托肘手位。随后教师分解讲述手位动作要领和要求——点肩上托式手位：经过平抬手点肩同时垂眼，头前上方推手同时抬眼；绕手托肘手位：双摊手右手起，手心向内绕手至左托肘；当动作风格与眼神变化相互融合的时候才是正确掌握动作的核心。接下来教师把这些动作进行口头强化，一边复述动作，一边做示范，使动作深入人心，强化“会唱歌的盘子”这一教学要求，这个环节是本节课的主要内容。

学生：仔细观察教师示范，领悟动作技巧和要领进行动作模仿、韵律把握，进而掌握点肩上托式手位、绕手托肘手位。在学会动作的同时充分发挥自主学习能力，将“会唱歌的盘子”体现得淋漓尽致。

3. 组合教学

教师：完成盘子道具的使用与手位动作的同时，按照节奏和动作顺序的细微变化，对维吾尔族舞其他简单动作进行训练。

学生：合着音乐完成组合训练，在这个过程中强化盘子舞的学习，在组合中结合音乐和韵律变化巩固加深学习印象，进而更好地掌握教学内容。

（三）课堂小结（3分钟）

（略）

活动自评

一方面，本次活动课堂运用情景带入的方法激发学生的学习兴趣，做到身临其境，自主学习；另一方面，通过本次活动学生了解了维吾尔族舞蹈的历史文化，并掌握了盘子的使用方法、点肩上托式手位、绕手托肘手位的动作要领，能够和着音乐独立完成《会唱歌的盘子》组合表演。

在学习盘子舞基本手位动作的同时扩大丰富学生的眼界及知识，广泛积累舞蹈素材，提高学习者的舞蹈表演能力。由于维吾尔族盘子舞属于维吾尔族舞蹈中动律捕捉较为困难的一种，针对该年龄段的小学生应该制定相应的教学计划。因此活动方案的设计本着以小见大，点滴积累的原则，从单一手位入手，通过学习，让学生掌握盘子舞手位的基本知识点。

重阳赏菊翰墨飘香

——国画兴趣小组活动方案

乌日娜

一、活动依据

（一）《北京市校外教育机构工作规程》中要求校外教育机构的中心工作就是有目的、有计划、有组织地向未成年人实施教育活动。

（二）《全日制义务教育美术课程标准》中提出“美术是人类文化的一个重要组成部分，与社会生活的方方面面有着千丝万缕的联系，因此美术学习绝不仅仅是一种单纯的技能技巧的训练，而应视为一种文化学习。应通过美术学习，使学生认识人的情感、态度、价值观的差异性，人类社会的丰富性，并在一种广泛的文化情境中，认识美术的特征、美术表现的多样性以及美术对社会生活的特殊贡献。同时，培养学生对祖国优秀美术传统的热爱，对世界多元化的宽容和尊重。”

（三）在校外美术教育中开展重阳节赏菊和画菊的专业实践活动，一方面是立足于中国传统文化节日的习俗，另一方面从“赏菊”延展到“画菊”，丰富了传统节日的内容，增加了学员兴趣，做到了开展活动有传统文化溯源依据。活动过程中有充实的教学内容，活动结束后能向外延展教学成果。

二、设计理念

（一）了解节日。重阳节是汇集了多种民俗为一体的中国传统节日。庆祝重阳节一般会包括出游赏景、登高远眺、观赏菊花、遍插茱萸、吃重阳糕、饮菊花酒等活动。1989年，中国政府将农历九月初九定为“老人节”“敬老节”。

（二）重阳赏菊。观察菊花，了解菊花的外形特征。

（三）水墨画菊。菊花的画法属于中国画传统题材梅兰竹菊之一，欣赏和分析名家画菊作品，掌握菊花的画法对于中国画教学有重要的意义。教育部发布的《美术课程标准》中提出：“创新精神是社会成员最重要的心理品质之一。”因此，教师在教学过程中通过对菊花画法的分析，引导学生在创作时应不拘泥于名家作品的表现手法，要大胆运用国画笔墨的知识和画面构图知识进行创新实践。

三、活动对象及规模

国画启蒙班学员17人。

四、学情分析

本班学员大多是初步接触水墨画，有一定的国画基础，能熟练掌握毛笔的执笔方式。“笔墨”是水墨画的核心，“笔情墨趣”既源于水墨画材质的特性，又体现了创作主体的审美追求。针对初学学员必须创设一种教学方法，从游戏笔墨的兴趣出发，通过精心创设问题情境，将新旧知识融会升华，在欣赏中培养主动精神，引导学员大胆地进行笔墨创作。让学员在游戏笔墨过程中释放心灵，品尝创造的喜悦，让他们深入浅出地体会中国水墨画的相关知识和内涵。

五、活动目标

（一）知识与技能

1. 初步了解重阳节知识；
2. 掌握菊花的生长特性、外形特征；
3. 掌握菊花的基本绘画步骤；
4. 运用中国画技法创作菊花作品一幅。

（二）过程与方法

1. 采用自主、探究、体验的教学方法，发挥自主性；
2. 通过观察、欣赏、创作过程使学员学会思考，发现问题并解决问题。

（三）情感态度与价值观

1. 引导学员学会尊老、敬老、爱老；
2. 激发学员对于中国传统文化的热爱。

六、活动重点与难点

重点：菊花的画法及墨色运用。
难点：菊花外形的表现。

七、活动准备

（一）学生学习用具准备：毛笔、生宣纸、墨汁、调色盘、笔洗、画毡、中国画颜料。

（二）教师教学用具准备：毛笔、生宣纸、墨汁、调色盘、笔洗、画毡、中国画颜料、ppt课件、范画、菊花。

八、活动过程（45分钟）

（一）设置情景导入课题

1. 教师活动：运用多媒体讲述中国传统节日——重阳节的来历、习俗和历史演变等知识。

2. 学生活动：主动思考，积极回答问题。

3. 设计意图：知识导入，激发学员的学习兴趣，让学员体验成功的愉悦，并有持续的、主动地参与欲望。

（二）欣赏菊花提出课题

1. 教师活动

（1）引导学员仔细观察菊花的形状，分析菊花是由哪几部分组成的，能概括成什么样的基本形状。

（2）小结：菊花是由花蕊、枝干、叶子基本部分组成。花蕊部分的花瓣是长条形、扩散状向中心聚拢，颜色是黄色为主，也有各种其他颜色品种的菊花。

2. 学生活动：学员仔细观察图片、讨论后回答问题。

3. 设计意图：通过观察实物和照片，让学员充分感受菊花的形象特征，培养学生的观察能力。

（三）学习新知

1. 名家作品赏析

（1）教师活动：①引导学员欣赏八大山人等名家的作品，探究分析画面的笔墨技法，颜色搭配以及构图布局。②提问：名家的作品是怎样用墨的？③小结：用墨主要采用干、湿、浓、淡相结合的方法。绘画菊花的方法多种多样，但是都注重菊花外形特征的表现和画面的整体位置关系。不管我们学生选取任何绘画形式，都要确保菊花的形态特征。国画笔、墨、色的运用以及整体布局。八大山人的作品不是满构图，喜欢大量留白，用墨色的变化来表现颜色。林风眠的作品是满构图，用黑色的背景来衬托白色的菊花。齐白石的作品画面和谐统一，注重菊花之间的位置关系，墨色丰富。

（2）学生活动：学员相互探讨并回答问题。

（3）设计意图：引导学员积极主动地观察分析，带着问题探究、学习。

2. 菊花的画法及步骤要点

（1）教师演示：①位置安排及起笔位置，墨色勾出一朵菊花的外形；②勾出其余两朵菊花的外形，注意墨色的浓淡变化；③花青加墨先后画出颜色深、颜色浅的叶子；④枝干的穿插；⑤菊花颜色的晕染；⑥重墨勾出叶脉，完成作品。

（2）学生活动：观看教师绘画步骤，注意体会形状的表现和墨色的变化。

（3）设计意图：让学生明确了解绘画的方法和步骤，才能在绘画时胸有成竹。直观的示范使学生更清晰地感受绘画方法、步骤和笔墨的变化。

（四）学员自主创作

1. 教师活动

（1）引导学员欣赏不同姿态的菊花作品，启发学员运用多种风格进行表现，表达自己心中的情感。

（2）作画提示：①注意笔、墨、水的运用；②不同纸张运用不同的构图方式；③可自由选择绘画形式与菊花的数量，重点突出菊花的外形特征以及颜色特点；④注意画的过程中爱护环境卫生。

2. 学生活动

（1）欣赏作品，做到心中有数。

（2）学员自主完成作品。表现自己感兴趣的构图、菊花的形态和颜色。

3. 设计意图

多种风格的作品更能够启发、拓展学员思路，培养学员主动探究的学习态度，培养学生的实践创作能力和构思能力。

（五）测评方法

1. 活动思维，展示评价

（1）教师活动：①展示学生的作品，让学生互相欣赏，挑出自己最喜欢的作品进行评价。②教师点评，以表扬鼓励为主。

（2）学生活动：找出自己喜欢的作品进行评价，交流感受。

（3）设计意图：让学员感受完成一幅完整作品的喜悦，提高学员的评价与判断能力，并促进绘画技法的提高。

2. 课堂小结

（1）教师活动：①回顾重阳节相关知识，培养学员敬老爱老的思想品格；②回顾菊花的形态和绘画步骤；③评价学员作品；④生活处处都有美，我们要善于观察，善于表现。

（2）学生活动：和老师一起回顾相关知识。

（3）设计意图：此环节重在拓展学员的知识，激发学习兴趣，加强对学员的思想道德教育。

3. 活动拓展

（1）教师活动：①引导学员将自己创作的菊花作品献给家里的老人，表达对老人的尊敬与关爱。②在日常生活中，用实际行动表达自己尊老、敬老、爱老的思想感情。

（2）学生活动：和老师一起思考并回答问题。

（3）设计意图：此环节重在加强对学生的思想道德教育。

活动自评

一、活动效果

（一）学员通过观察菊花、了解菊花种类、分析菊花特点、欣赏菊花名作，再到观看教师示范，对于菊花有了深入的认识，为画菊花奠定了良好的基础。

（二）在画菊的过程中，学员都能认真思考，自己组织构图，充分发挥主观能动性，提高了绘画技巧、审美能力与主动绘画的能力。

二、活动亮点

一个好的活动设计应该具有以下特点：贴近生活，便于检验，能够举一反三。由于我选题时紧贴中国传统节日文化开展教学，准备工作到位，使得学生积极参与，并产生如下亮点。

（一）菊花为主题，双重寓意。菊花是中国画传统绘画题材“梅兰竹菊”之一，在传统节日重阳节开展这一活动，彰显了传统文化的魅力。

（二）发挥学员的自主性，提高学员的绘画能力。在活动过程中的从“赏菊”到“画菊”是一种从体验到实践的教学方式。在赏菊体验中，我们运用了两种方式。其一是我们对现实生活中真实菊花的切身体验；其二是我们对于名家绘画作品中有关菊花作品的欣赏体验。在这两种体验中发挥学员的自主性，从而丰富学员感受，达到了提高学员绘画能力的目的。

（三）培养学员尊老、敬老的思想品德。重阳节本身包含尊老、敬老的内容，在绘画课程中给学员们灌输这一思想，使得我们的活动更具有现实意义。在活动结束后，学员所绘作品赠给家中老人和长辈，扩展了我们活动的教学成果，达到了学员与家庭成员互动目的。

三、活动不足

（一）作为一名新老师，教学经验尚浅，在活动环节的设置上略显生涩，环节之间的联系也不够紧凑。在平时的教学活动中还要努力学习，积累经验。

（二）课后的拓展环节，大多数学生能够将作品送给老人，并且能表达出自己的感谢与祝福，但是个别同学羞于表达自己的情感，反映出教师在这个环节的提示与引导不足。活动前期应提示学生要勇于说出感谢与祝福的话，也要用实际行动表达自己对于老人的尊重与爱护。

重塑美丽　装点生活

——美术中级班学员走进蝴蝶园专业实践活动

阚秋影

一、活动依据

1.《北京市校外教育机构工作规程》中要求少年宫要充分利用社会资源开展多种专业社会实践活动。

2.《全日制义务教育美术课程标准》中提出的“教师在教学过程中要处理好传授知识与培养能力的关系，注重培养学生的独立性和自主性，引导学生质疑、调查、探究，在实践中学习，使学习成为教师指导下主动的、富有个性的过程”。同时要培养学生“逐步形成热爱祖国优秀文化传统的价值观”和“践行社会主义核心价值观”。

二、学情分析

学员知识和技能的需求：美术中级班学员已经具备了一定的绘画基础，需要学员在实践中借助蝴蝶园的资源，提升他们的绘画能力、审美能力和创造能力。

三、活动目标

知识目标：通过对蝴蝶的速写练习，学员提升绘画技能。

技能目标：通过设计、制作蝶画，培养创造能力、审美能力以及综合运用知识的能力。

情感目标：通过把自己的蝶画送给部队官兵，建立热爱祖国、关爱他人的真挚情感。

四、活动对象及规模

活动对象：儿童画、国画中级班学员。

规模：学员人数：28人；教师：3人；摄像：1人；总人数：32人。

五、活动地点

门头沟区花露蝴蝶园。

六、活动内容和方式

内容：了解、描绘蝴蝶一生及制作蝶翅画方法。方式：参观、探寻、制作、交流、赠送。

七、重点难点

重点：了解、描绘蝴蝶的一生及蝶画的制作过程。

难点：蝶翅花纹和外形的巧妙运用。

八、活动准备

1. 组织宣传

（1）与家长和学员交流本次实践活动的内容和目的，引导学员积极参与活动准备环节；

（2）取得实践活动地点领导的支持与配合；

（3）与负责讲解的老师和摄像的老师交流活动内容。

2. 场地勘察

先期熟悉活动路线，全面掌握活动过程中各个场地。

九、活动过程及思路

活动步骤	师生互动	设计思路
导入活动	1. 思想教育：活动选在“八·一建军节”这一天，我希望同学们牢记我们今天的幸福生	对学员进行思想教育，带着目的去学习，并能

续表

活动步骤	师生互动	设计思路
导入活动	活离不开那些伟大的，为新中国的成立而奋不顾身的先辈们。还有为了祖国的繁荣富强依然在奋斗的人们，我们也要为了祖国的明天好好学习，为国家做贡献！ （由少年宫老师为学员简要讲一讲建军节的来历） 2. 知识引导：蝴蝶被誉为飞舞的花朵，让大自然充满了生机，让人们的内心充满了喜悦，蝴蝶证实了美是一种奉献。蝶翅画巧妙运用了花纹及不同外形的蝶翅巧妙组合，强调结构与色彩的关系，运用疏、密、厚、薄的手法，创作出不可多得的艺术品，把蝴蝶的美延续下去。	够把自己的想法融入到创作当中。 明确蝶翅画的定义，激发学员学习的兴趣。
了解蝴蝶	完成课前下发的学习任务，了解蝴蝶的相关知识，课堂上和小组成员交流，并回答老师提问。 1. 讲解蝴蝶相关知识，了解蝴蝶四个生长阶段。请蝴蝶园的园长结合园内制作的蝴蝶知识的展板，讲解蝴蝶的各阶段生长特点，学员们也可以根据活动前查找的资料与同学们一起交流讲解。 2. 走进养殖蝴蝶温室，寻找蝴蝶四个生长阶段。学员根据自己掌握的蝴蝶各阶段特点，在蝴蝶养殖室里找到他们，并依据老师提供的调查表，用速写的方式记录蝴蝶各阶段的外形，颜色等特征。 速写要求：用铅笔或签字笔细致刻画各阶段形态特点。 （1）选择两种不同种类蝴蝶的生长过程对比着刻画。 （2）颜色要真实自然的表现出来。 3. 整理自己的调查记录，谈谈自己的发现和	让学员了解蝴蝶的基本知识，激发学员学习的积极性，使每个学员都得到充分的发展。 检验学员学习情况，引导学员主动参与的教育过程，培养学员掌握和运用专业知识的能力，培养他们交流合作的能力。 培养学生搜集处理信息

续表

活动步骤	师生互动	设计思路
了解蝴蝶	感想。学员根据老师要求把收集到的信息概括整理，学员之间进行交流，看看每种蝴蝶有什么不同。通过这个过程与你之前对蝴蝶的了解有了什么新发现呢？ 4. 参观蝴蝶的展览室，了解各种类的蝴蝶特点。欣赏各种各样美丽的蝴蝶，认识不同蝴蝶的生长特点、外部特征及相关知识。针对自己不了解的地方要敢于提出来，和老师一起探讨交流。	的能力、自主获取新知识的能力、分析解决实际问题的能力。 拓宽学员的知识范畴，培养学员发现和提出问题、解决问题的能力。
制作蝶画	1. 欣赏蝶翅画作品，激发兴趣，拓展思路。欣赏展览室内陈列的蝶翅画作品，观察蝶翅画特点，重点是蝶翅的外形和颜色、花纹如何搭配、运用到画面中的。 2. 蝶园老师示范，讲解要点，明确技法。老师示范蝶翅画的制作步骤，重点是花纹的合理运用及基本的粘贴、剪刻等技法的演示。 3. 学员动手练习，掌握方法，自主创作。学员体验制作过程，通过掌握的蝶画基本制作方法及要点，自己创作一幅蝶翅作品，主题自定。 4. 感受成功喜悦，学员互评，教师点评。制作完成后同学们互相评价，分享成功的快乐，再由老师针对作品的优缺点点评，完善不足之处。	激活学员已有的知识储存，引导学员体验、思考、鉴别、判断，提高他们的审美能力。 明确制作过程，启发学员思路，提升原有的知识和技能。 综合运用已有的知识，培养学员的创新精神和实践能力。 提高学员学习美术的积极性，增进学员的情感体验。
活动延伸	生活中还有哪些可以废物利用、重新塑造、美化生活的东西，都可以做成什么呢？同学们举例说说，如：瓦楞纸箱、牛奶盒、旧衣物、瓶盖等等。	此环节重在拓展学员的知识，理解美术对社会生活的独特贡献，并能够用所学知识和技能解决生活中的问题，服务于社会。

十、活动效果检测方法

1. 请学员谈谈自己参加此次社会实践活动的收获和感想，获得什么样的启发。

2. 请蝴蝶园园长谈谈学员参与这样活动的感想，并把学员自己制作的优秀蝶翅画收藏在展馆内，以带给人们美的愉悦，启迪参观者，为我国优秀传统蝶翅画的发展做出自己的贡献。

3. 由学员代表把做好的蝶翅画送到部队，亲手交给军人叔叔，向他们表达敬意。

【设计思路】让学员感受成功的愉悦，在思想上增进他们对社会的责任感、对军人的认识，对祖国的热爱。

活动总结：美术是一项技能，可以化腐朽为神奇，为人们的生活服务，为人们带来许多精神享受。学员们亲眼见证和描绘了蝴蝶的美丽蜕变过程，亲手体验了蝶翅画的制作并把自己的作品亲手交给敬爱的军人们。在活动中，学员们既增长了许多知识和提高了专业技能，在思想上也经历了一次爱的教育。

十一、安全预案（略）

活动自评

校外教育因其形式的灵活性、内容的多样性、过程的自主性、对象的广泛性等特点，充分体现了校外教育的独特作用。本次活动我充分利用了校外教育的灵活而多样的特点，让孩子们既享受了美术的乐趣，又接受了爱的教育和文化的熏陶，并遵循了校外活动寓教育性、知识性、科学性、趣味性于活动之中的原则。

本次实践活动效果：

1. 学员通过参观了解了蝴蝶的知识，如：学员知道了蝴蝶有两种变态形式，完全变态和不完全变态。在了解了变态的基础上，28名学员每个人用速写的形式记录蝴蝶的四个形态过程，提升了他们的绘画能力。

2. 在制作蝶画中28名学员每人经过精心的设计花纹和外形的搭配，制作了自己喜欢的蝶翅画，经过设计、制作提升了学员的美术技能和审美能力、创造能力。

本次活动亮点归纳为三点：

亮点之一：创设情境，体现了“学中做，做中学”的生活教育。

通过走一走、看一看、画一画、做一做，为学员创设了认知—感受—速写—制作的完整过程，在这样的情境中，体现的是“学中做，做中学”的教育理念。艺术来源于生活，我们的专业实践活动，也要融于生活。

亮点之二：提出问题，发挥学生的自主性，提高学生的创新意识。

整个活动过程中，学员不断产生很多的问题，例如：蝶画的设计制作是围绕爱军、爱国的题材制作，这就要求学员对所遇到的很多问题进行自主解决，问题的解决过程就是学员学习的过程，也是提高创新意识的过程。

亮点之三：赠送蝶翅画，延伸后续活动，提升学员的民族自豪感。

一次活动实施后，并不意味着活动的完成，而是要把活动延伸，生发。本次实践活动结束后，我组织学员代表把他们亲手做的蝶翅画，在活动当天送到空勤部队，慰问部队战士，增强他们的爱军、爱国情感和民族自豪感。

社会实践活动的提升，不仅要注重活动前的精心设计，更重要的是活动结束后的反思。

活动不足之一：活动准备不够充分。

在画蝴蝶四个阶段时，因为学员有绘画基础也练过一点写生，所以在活动前没有太多指导速写，导致学员在画速写时细节刻画上欠缺。所以还是应该在活动前多做一些蝴蝶的速写或线描练习，这样学员可以在写生蝴蝶时能够刻画得更好并有目的改进不足，加深认识。

活动不足之二：季节限制，蝶翅色彩少。

由于季节原因，蝴蝶的种类不全，学生的设计思路无法得到完全体现。如：学员需要制作军旗，需要很多红颜色蝴蝶，但是却没有。所以在活动前还是要事无巨细，准备更充分一些。

总之，一个好的活动一定要选择好适合学员的切入点，学员有兴趣才有探求的欲望，才能学有所获，才能在实践中“学有所用”。

舞蹈高级组活动方案

——萨吾尔登

张晶雪

本次活动是针对舞蹈社团的学生设定的活动方案。此次选择活动的内容——蒙古族萨吾尔登传统舞蹈，属于国家级非物质文化遗产。教师希望通过学习相关动作，了解蒙古族民俗文化，从而进一步加深对中国民族民间舞蹈的认识和理解，提高学生对于传统文化的热爱之情。

一、指导思想及理论依据

《关于进一步加强中小学艺术教育的意见》中指出："要通过艺术教育让学生接受中华民族和世界各民族优秀文化艺术的滋养，培养深厚的民族情感，为建设中华民族共有精神家园奠定基础。"

《关于实施中华优秀传统文化传承发展工程的意见》中提到："中华优秀传统文化是中国特色社会主义植根的文化沃土。"我希望通过此次活动，培养学生对民族艺术的感知与欣赏、表现与创造，唤起学生强烈的民族自豪感与使命感，帮助学生建立起文化自信，自觉成为民族文化的传承者与推动者。

二、教学活动背景分析

参加本次活动的成员为少年宫舞蹈社团学员28人，年龄在11岁左右，学习舞蹈五年以上。因受多年舞蹈的训练，学生从肩部、腰部、胯部、腿部等身体素质方面具备了此次活动的身体条件。同时，学生所在年级基本在小学6年级及初一阶段，对舞蹈文化的学习兴趣不仅仅停留在动作层面上，而是希望探究动作背后的深层文化内涵。2015年曾学习藏族舞蹈《青稞熟了》获得北京市阳光少年艺术节比赛一等奖。后排练傣族舞蹈《节日欢歌》，对于民族民间舞蹈接触相对广泛，对中国传统文化有一定的理解力。目前已掌握藏族、傣族民族民间舞蹈运动的基本规律以及表演特点。

本次活动正是满足学生对于传统舞蹈文化知识的渴求。通过活动，引导学员传承文化、认真学习、勤于练习、乐于表现，使他们以积极、饱满的情绪参与学习的全过程，同时，丰厚自身民族文化知识储备，提升民族自尊心与自信心。

三、教学目标及重难点

（一）教学目标

1. 知识与技能

（1）通过创设情境，培养与提升学生观察力和感受力、抓事物特点的能力。

（2）通过观看视频和图片，了解“萨吾尔登”舞蹈民俗、动作风格及韵律特点，提升审美素养，丰厚知识储备。

2. 过程与方法

（1）通过教师引导、赏析图片及视频、培养学生对传统民族舞蹈的理解能力。

（2）通过课上互动交流、课后查阅资料及编创，帮助学生逐步养成积极思考、主动探究的学习习惯。

3. 情感、态度、价值观

（1）通过分组活动的形式，充分发挥学生的主观能动性，激发她们的学习热情，强化学员的团队合作意识。

（2）通过深入了解民族舞蹈文化背景，帮助学生热爱民族传统舞蹈文化，建立文化自信，提升民族自信心与自豪感。

（二）重点难点

萨吾尔登动作的风格性及韵律性，强化学生对于舞蹈风格的意识，注重上身动作的表现力，体会萨吾尔登动作中的屈伸以及膝部的颤动。感受由蒙古族民间舞蹈律动中显现出的源源不断的生命力。同时，把握民族气质与神韵，在动作中始终把握蒙古族“天之骄子”的民族心态，遵循“圆形、圆线、圆韵”的运动规律，达到形神合一，提升舞蹈动作表现力，展示民族精神。

难点在于手指、手腕、手肘、肩膀等上身各部位与脚下步伐的协调配合，由肩膀的前后推动与身体垂直转动呈现对抗统一的韵律美，以及在动作中始终贯穿的律动感。

四、教学过程

由于是学生第一次学习蒙古族舞蹈，因此，我力求通过图片、视频等PPT创设蒙古族文化氛围，帮助学生进入到蒙古族舞蹈的学习中。

（一）导入

1. 创设情境，激发求知欲

先播放优美的马头琴音乐，让学生猜猜这是哪个民族的音乐，引导学生快速进入到创设的环境中，了解此次活动的学习内容和目标，引发学习兴趣。

2. 讲解民俗，了解文化

通过PPT给学生播放萨吾尔登舞蹈的图片，介绍讲解萨吾尔登舞蹈的伴奏乐器及舞蹈形式。了解萨吾尔登舞蹈的民俗文化内涵。让学生描述蒙古族舞蹈的风格特点。培养学生抓住事物特点的能力。

3. 萨吾尔登舞蹈视频欣赏

播放视频，让学生直观感受民间活动氛围。利用多媒体课件，使学生从视、听、感受等多方面快速进入到创设的环境中。引导学生主动思考，调动学生的积极性，获得满足感。

（二）讲授萨吾尔登舞蹈的风格特点

通过让学生观看视频，让他们自己去发现舞蹈风格的特点，从而一步步引导总结出萨吾尔登的动作特点：端庄大气，优雅大方，动作舒展，柔韧有力。上身动作较为丰富，下身动作以拖步及踩脚为主。肩、臂和腕部在松弛自如的状态下兼具韧性、弹性及灵活性。舞蹈风格表达了蒙古族人民性格开朗、豁达的性格特征。

（三）学习动作，掌握风格

1. 教授萨吾尔登舞蹈的基本动作

进入到学习动作阶段。一共选取两组动作。

教授组合动作：拖步加抠铲手。

教授组合动作：绕划手加步伐。

每一组动作的学习，都经过教师示范，单一手臂动作分解、步伐分解、复合训练到配合音乐整体练习。从体态、手位、步伐及动作，全面提高学生的观察力、模仿力、想象力，由浅入深、循序渐进帮助学生感受蒙古族民族精神与气质，把握民间舞蹈神韵。同时在学习中，突出风格韵律的把握，突出表演性。通过对动作运动路线的讲解，帮助学生体会到蒙古族特有的“圆形圆线圆韵”的运动路线，并通过动作掌握不同节奏与力度的变化，体现“天之骄子”的民族气韵与精神。

2. 表演与提高

巩固动作，小组练习：让学生分两组进行展示，配合音乐整体表演；提高鉴赏水平，培养学生独立表演的能力，增强学生表现力。提示学员掌握正确的动作要领和运动路线。不断练习，精益求精。

3. 综合展示

合音乐，展示完整舞段。在萨吾尔登舞蹈的音乐中，体会舞蹈独特的风格韵味、欢快的节奏以及蒙古族大气宽厚的民族情感。使动作、音乐与情感三者有机融合。从舞蹈表演中体会到传承民族文化的乐趣。体会到民族自豪感与荣誉感，建立起文化自信。

五、小结及课后延伸

布置作业，让学生进行课后的知识查阅。根据学习内容，课后查阅萨吾尔登相关资料，加深认识与理解。培养学生自己探索知识的自觉性，激发学生对舞蹈文化知识的热爱，丰富民族文化知识储备。

六、活动效果测评

（一）学员是否了解掌握萨吾尔登舞蹈民俗文化与风格特点，对动作韵律的把握是否准确。

（二）学员是否准确把握民族情感，将动作、音乐与情感三者融合。

（三）学员是否对传统民俗舞蹈文化产生兴趣，积极主动地参与活动的各个环节，体验传承带来的民族自豪感与使命感。自觉成为民族文化的传承者与推动者。

活动自评

亮点：在教室通过PPT创设新疆蒙古族地区的民俗环境，通过学习相关动作及了解民俗文化，引导学员传承文化、认真学习、勤于练习、乐于表现，使他们以积极、饱满的情绪参与学习的全过程，传承民族文化，建立民族自信。

特点：舞蹈风格把握准确，表演到位。

不足：由于是传承舞蹈文化，师生互动相对较少，还需再加强。

传承中国传统文化　弘扬家乡皮影艺术

阚秋影

一、活动依据

1.《少年儿童校外教育机构工作规程》中提出：通过美术活动，引导学员共享人类社会的文化资源，积极参与文化与传承，并对文化的发展做出自己的贡献。《规程》中还指出："在全面发展，提高素质的前提下，使学生掌握一定的基础知识和基本技能。内容的选择要因地制宜，扬长避短，使教学活动具备特色。"

2. 此次实践活动的设计是基于：皮影艺术距今已有二千多年的历史，是结合了戏剧、音乐等多种艺术手段的表演形式，同时也融合了美术中画、剪、刻、上色等技能，千百年来深受广大民众的喜爱，流传甚广。门头沟下苇甸皮影是北京西路皮影艺术的代表，有着200年的历史。但是如此古老的、优秀的艺术奇葩却面临着后继无人的境界。作为本地区、本民族的文化，我们应该努力去弘扬它、振兴它。要依托得天独厚的人文环境和极具特色的资源优势，充分挖掘地区教育资源，展现地区传统皮影特色，让学员能够了解本区文化特色，同时也是满足学员在现阶段学习的需求。

3. 通过与皮影艺人的沟通了解，学习他们坚持不懈的工匠精神。激励学员好好学习，勇于克服各种困难。

二、学情分析

1. 已有的知识和经验：此次活动是三到五年级的学员，通过本学期的课堂培训活动，这些学员对祖国各地皮影的历史和艺术特色已经有了初步了解，并且具备皮影的一些相关知识和制作影人技法方面一定的能力，如：剪、刻、造型、色彩搭配等。

2. 学习方法和技巧：通过已有的技能，学员具有使用简单工具的能力、探究能力、信息收集能力、动手实践能力和一定的安全意识，也具有一定的观察、想象及表演能力。

3. 个性发展和群体提高：在小组合作探究的过程中，学员能够发挥团体协作的力量，能够小组分工合作。进行有效的资料收集与筛选，这是一次对学生手脑协调力、信息处理能力的培养，同时也是对团队合作的训练。教师在活动中应该给予学员充分的自主性和能动性。

三、活动目标

知识目标：①了解皮影的制作过程，学习镂刻的技法。②学习皮影的一般表演技巧和方法。

情感目标：①了解家乡下苇甸皮影的艺术特点及历史，体会中华民族传统文化魅力，弘扬家乡本土文化。②通过创编性学习活动，培养合作精神，激发创作热情，实现多种知识的整合。③走近皮影艺人，通过交流来了解他们的生活，进而学习他们对中国传统艺术执着坚持的优秀品质。

四、活动对象及规模

美术中级班学员20人。

五、活动内容和方式

活动内容：深入了解下苇甸皮影的相关历史文化、制作过程、交流访谈、体验表演。

活动形式：参观、制作、交流、表演。

六、活动重点和难点

重点：①皮影的制作过程、表演技巧及家乡下苇甸皮影的独特美术特征。②学员与皮影艺人的交流、访谈。

难点：皮影的镂刻技法。

七、活动准备

1. 组织宣传：①与家长和学员交流本次实践活动的内容和目的，引导学员积极参与活动准备环节；②取得实践活动地点领导的支持与配合；③与负责讲解的皮影艺术家和摄像的老师交流活动内容。

2. 物质准备：可容纳20人左右的客车。

3. 场地勘察：先期熟悉活动路线，全面掌握活动过程中各个场地。

八、活动过程及思路

<table>
<tr><td>活动过程及思路</td><td>（一）激趣导入
播放皮影戏《鹬蚌相争》，同学们看得津津有味，我提问这种表演方式叫什么？同学们在听觉和视觉上都被深深吸引，很容易激发学员学习兴趣和求知欲望。之后我明确了皮影戏的含义：是一种用灯光照射兽皮或纸板做成的人物剪影以表演故事的民间戏剧。表演时，艺人们在白色幕布后面，一边操纵戏曲人物，一边用当地流行的曲调唱述故事，同时配以打击乐器和弦乐。接着我问："同学们想不想体验皮影的制作和表演呢？"同学们都显得特别兴奋，跃跃欲试。
（二）参观下苇甸皮影展馆
1. 皮影的起源
请下苇甸的皮影艺术家讲述关于中国及北京皮影的历史，重点是讲解关于下苇甸皮影的起源、发展及现状等相关知识。讲解时穿插一些皮影起源的传说故事，激发学员对皮影艺术的兴趣和热爱（在此过程中学员可与老艺术家随时交流）。
【设计思路】复习前面学过的知识，承上启下，对家乡的优秀文化感到骄傲，同时激发学习兴趣和求知欲望。导入本次活动主题。
2. 皮影的美术特征
此次社会实践活动是已实施的皮影系列教学活动的进一步延伸，学员已具备有关皮影的一些美术方面的知识。所以此环节由学员分别来讲解、分析，皮影艺术家指导、补充。
（1）外形：平面化设计，多表现侧面，突出个性特征，夸张概括。</td></tr>
</table>

续表

<table>
<tr>
<td>活动过程及思路</td>
<td>

（2）花纹：采用镂刻的剪纸手法（一般用阳刻——去白留线，有时也用阴刻——去线留白）。雕工细致，纹饰精美，刀法多变。女性发饰及衣饰多以花、草、云、凤等纹样为图案，男性则多用龙、虎、水、云等纹样为图案。
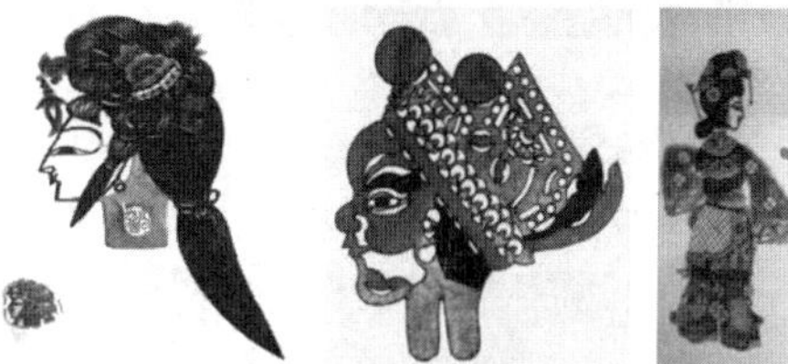 
（3）色彩：以红、黄、青、绿、黑为主，颜色丰富，绚丽饱满。皮影人物的忠、勇、狡、奸分别用红、黑、白、黄来表现。

【设计思路】培养学员自主学习的能力，温故知新。同时对活动的重点有深刻的认识。进一步认识皮影的美术设计特点，感受中华民族深厚的文化底蕴。
3. 皮影的制作
（1）学员展示在以往的活动中用废旧的卡纸、挂历纸制作的皮影。请皮影艺术家点评学员作品，并细致讲解皮影的制作步骤。
【设计思路】对学员的学习成果给予肯定，树立学习的自信心和敢于探索创新的学习精神。
传统皮影的制作材料：较多使用牛皮、羊皮、驴皮、猪皮等等，其中牛皮是目前中国市场上应用最广泛的材质。
传统皮影制作步骤：
</td>
</tr>
</table>

续表

活动过程及思路	选皮—制皮—浆皮—画稿—镂刻—着色—熨平—连缀合成（此环节学员有疑问随时向老艺术家提问）。    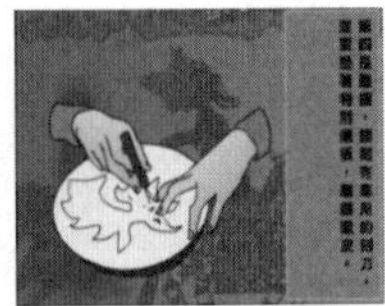 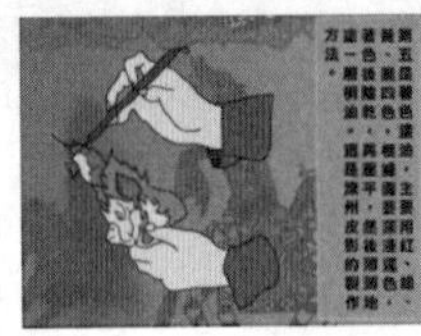   制皮 → 浆皮 → 画稿 → 刻制 → 着色 → 皮影结构图解 → 连缀合成。 （2）请皮影艺术家示范刻制皮影的刀法及工具。 工具：垫板、刻刀、线绳、旧报纸、饮料盒、旧卡纸、剪刀、子母扣等。 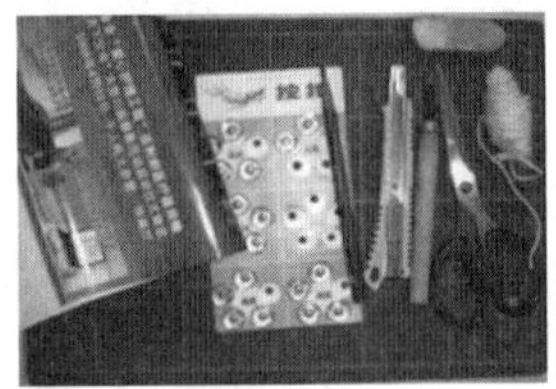 （3）学员动手体会用仿羊皮材质的材料刻制皮影的过程。 简要制作步骤：画稿——刻制——连缀及安装操作杆——完成（操作杆用旧报纸制作或一次性筷子）。 展示教师制作好的范例：     （4）学员以小组的形式来实现合作精神，交流探讨皮影的刻制刀法、花纹的设计及彩绘的知识。同时，要根据本组制作的皮影形象来共同讨论，在下一步活动环节中要表演的影戏故事情节，及表演者的确定（在此环节中由皮影艺术家随时指导并点评学员作品，增强学员的自信心）。 【设计思路】理论结合实际，培养学员动手能力，体验专业的制作材料和工具，提高制作皮影的技能技巧，并对皮影的制作过程有更深入的了解。同时也培养学员的协作精神。

续表

活动过程及思路	4. 皮影的演出 （1）请皮影艺术家示范表演，重点是示范执竿技巧、动作操作要点。 （2）学员可以单独到舞台上模仿皮影艺术家的执竿方法及表演的动作要领。由老艺术家指导并点评。 （3）学员正式分组表演，比一比哪一组的表演最精彩。皮影艺术家当裁判员。 【设计思路】让学员体会合作的重要，感受成功的喜悦，增强自豪感和责任感。 5. 交流访谈 （1）皮影艺术家总结，对学员的作品和表演给予肯定和鼓励，并对皮影艺术的继续传承和发扬寄希望于学员们。 【设计思路】增强学员的成就感和责任感，更重要的是培养学员坚韧不拔、勇于克服困难的精神。 （2）学员和皮影艺术家的交流访谈，主要是针对如何传承皮影艺术来交流。 【设计思路】在思想上能够让学员对老一辈皮影艺术家们孜孜不倦、执着追求艺术的精神而产生深深的敬佩之情。这对于学员树立对传承祖国和家乡优秀传统文化具有深刻的教育、启迪作用。 **（三）教师总结** 感谢皮影艺术家的精彩讲解和示范，我们要学习他对传承祖国优秀文化、弘扬家乡的皮影艺术的坚持不懈的精神。我们要继续继承、发扬老一辈艺术家的精神，让祖国的灿烂文化传扬下去。
效果评测	（1）请学员谈谈自己参加此次社会实践活动的收获和感想，自己该怎样传承和发扬祖国和家乡的优秀文化。 （2）请皮影展览馆的馆长谈谈感想，并把学员自己制作的影人留在展馆内供后来者参观，为皮影的发展做出自己的贡献。
备注	活动安全预案附后表（略）

活动自评

此次活动设计的初衷

第一，根据学员的知识需求和充分开发我区的美术教育资源、弘扬民族传统文化为立足点而设计，激发学员对家乡、对中华民族传统文化艺术的研究兴趣。学员在受到传统文化滋养熏陶的同时，能够提高美术技能和综合素养，学习的兴趣也会大大提升。

第二，美术教育侧重的是素质教育，单一的以绘画技能为中心的旧教学模式是不可取的。要培养学员的综合素质，开阔学生视野，陶冶学员情操，激发学员的创造力。要引导学员通过自身的体验、思考、讨论、实践等方法，来提高他们的审美情趣。基于此宗旨，从活动的设计到实施的各个环节，我都是本着以学员为主，探究式的教学方式来实施本次活动。

活动亮点

第一，活动目标明确，结构清晰，层层递进，组织有序，效果显著。从活动前的组织到实施过程的每一个环节我都做了精心的准备，一丝不苟。活动内容主次分明，重点突出。以学员为主体，使学员能够在有限的时间里更深一步了解皮影的专业制作过程和相关知识，并体验了表演的乐趣。与老艺术家的交流亲切热烈，深受教育。使活动目标得以圆满完成。

第二，真正体现“学员为主，教师为辅”的教学模式。从活动前的准备到实施到互动式的问答，从皮影的制作到表演的编排演出，都充分体现了学员为主的原则。在活动前，同学们根据老师的指导对家乡皮影的历史、现状等方面的知识做了进一步的了解。也因此，学员在活动中能够有的放矢地深入了解皮影知识。在活动中，学员的花纹设计能够融汇所学知识，图案生动合理，大胆创意，富有童真童趣。雕刻的线条流畅、自然、概括。体现了活动的实效性。

第三，小组分工合作，提升综合素养。从回答问题到制作再到表演的各个环节，同学们充分发挥了团结合作的精神。在有限的时间里同学们自主分工，制作影偶。在表演环节，他们自主编排，串词，分配角色。此环节我没做过多指导，我希望学员可以通过共同的努力来实现这一环节，体验自己亲手制作的作品来合作表演的乐趣，而不是处处以自我为中心或者不敢参与。在表演前我还很担心他们演砸了，结果，同学们表演得非常精彩，使活动目标有了质的提升，体现了全面提高素质教育的精神。

活动不足

由于活动时间有限，在实施环节上还不够精细。在体验传统制作环节上由于条件限制也没能尽善尽美。在表演环节上同学们也意犹未尽，没能够每位同学都上台表演。在接下来的皮影系列的教学活动中，我会针对此次活动中的重点环节给予补充，以弥补不足。

《二十四节气之惊蛰》活动方案

乌日娜

一、理论依据

（一）体现《全日制义务教育美术课程标准》的思想与要求。《全日制义务教育美术课程标准》第四部分实施建议："教师应以各种生动有趣的教学手段，如电影、电视、录像、范画、参观、访问、旅游，甚至故事、游戏、音乐等方式引导学生增强对形象的感受能力与想象能力，激发学生学习美术的兴趣""教师应尽可能尝试计算机和网络美术教学，引导学生利用计算机设计、制作出生动的美术作品；激励学生利用国际互联网资源，检索丰富的美术信息，开阔视野，展示他们的美术作品，进行交流"。

（二）人的全面发展学说。根据人的全面发展的理论，要把"人的目标"放在美术教育的首位。信息技术环境下的教学能调动学生学习的积极性，使学生由被动接受知识转为主动学习，动手又动脑，从而促进学生个性、潜能和创新能力的发展。

（三）以构建主义学习理论和互动理论为支柱，在实施开放式课程体系的过程中充分表现各要素的互动，使学生在与网络情境的交互作用过程中自行建构知识，实现教师与学生、学生与学生、教师与教材、学生与网络、师生与教材的互动。而信息技术特别是信息网络技术的发展，为美术教学提供了现代化手段，为建构主义理论提供理想的教学平台。

（四）学校信息教育是培养学生"信息处理能力"的教育活动。信息处理能力是指学习者在信息化社会活动中选择地利用信息工具，有效获取信息、运用信息、创新信息的基本能力。其内容包括信息技术、信息运用、信息理论等。教学信息多元化、教学内容立体化，使师生增强获取处理信息的能力，以适应未来社会的需要。

二、课程分析

本课以传统文化为载体，依托多媒体信息技术，让学生认识“惊蛰”这个节气的气候特点、物候特点，知道冬眠的小动物都有哪些，并能主动地表现出来。

学生情况：学生学习过两年的国画课程，掌握了基本的绘画技巧与画面组织能力，具有一定的技术功底和绘画表现能力。在这节课之前，学生已经对二十四节气有了一定的认识与了解，也学习过“立春”“春分”等节气。动物是学生喜欢的素材，因此本节课的安排会激发学生的兴趣和探究的欲望。

三、教学目标

（一）知识与技能：①初步了解惊蛰的相关知识；②掌握动物的基本绘画步骤；③掌握背景搭配的相关知识；④运用中国画技法完成作品一幅。

（二）过程与方法：①采用自主、合作、探究、体验的教学方法，发挥自主性；②通过观察、欣赏、创作、合作过程使学生学会思考，发现问题并解决问题。

（三）情感态度与价值观：1. 通过学习、表现，了解中国的传统文化；2. 保护中国传统文化，加强民族自豪感。

四、重点与难点

教学重点：小动物的表现。

教学难点：背景如何与主体小动物结合，并且突出节气的主题。

五、教学过程

教学阶段	教师活动	学生活动	设置意图	技术应用	时间安排
温故知新引入“惊蛰”	1. 引入： 提问：我们都画过“二十四节气”中的哪几个节气？（立春、雨水）接下来应该表现哪一个节气了呢？（惊蛰） 2. 针对课前作业（惊蛰知识小问卷），让学生四人一组交换意见，并派代表发言。 小结：惊蛰是3月5日或6日；惊蛰的意思是天气回暖，春雷始鸣，惊醒蛰伏于地下冬眠的昆虫；这是春耕开始的日子；有唐诗：“微雨众卉新，一雷惊蛰始。田家几日闲，耕种从此起。” 3. 导入本节课的主题——惊蛰。	主动思考，积极回答问题。	预留知识问卷，让学生能够主动地参与学习，激发学习兴趣。	利用PS软件制作精美课前知识问卷，让学生体会到美无处不在。	5’
探究构建学习新知	1. 仔细观看视频，说说视频里出现了几种小动物？小动物苏醒时周围是怎样的环境？他们又有什么表现呢？你还知道其他冬眠的小动物吗？				

续表

教学阶段	教师活动	学生活动	设置意图	技术应用	时间安排
探究构建学习新知	 从冬眠中醒来的小动物 教师小结：视频里出现了青蛙、小松鼠、蛇还有熊；有河水、有青草、有鲜花，都是春天的颜色。它们经过冬眠之后都很高兴，还有的动物不相信春天到了。冬眠的动物还有刺猬、昆虫等等。 2. 欣赏名家和青年画家所画的动物作品，让学生分析画面的内容、构图、表现形式，让学生从中吸取灵感。  齐白石《松鼠葡萄》  齐白石《芦花青蛙》	学员探讨交流。初步感知作品中的形象特点，看一看画家是怎样画的。体会墨色的浓淡变化在作品中的不同效果。	通过分析名家作品，拓宽学生思路，增强学生主动学习，观察、对比和分析的能力。并体验和感受水墨画的基本方法和艺术情趣。青年画家作品可以开阔学生的绘画思路，不用局限于传统水墨。但是不做重点学习。	播放视频，让学生从视觉、听觉上感受“惊蛰”到了。利用PPT课件授课，让学生观看更多的名家名作，开阔眼界。	8’

续表

教学阶段	教师活动	学生活动	设置意图	技术应用	时间安排
探究构建学习新知	 **黄永玉**  **黄永玉** 青年画家作品赏析 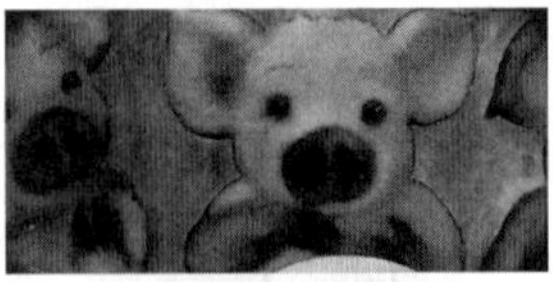  **胡杨《谢谢你》** 教师小结：本节课的主题是画惊蛰节气苏醒的小动物，在表现手法上，不局限于传统的笔墨形式，可以双沟添				

续表

教学阶段	教师活动	学生活动	设置意图	技术应用	时间安排
探究构建学习新知	色，也可以使用没骨技法。 3. 教师演示： （1）位置安排及起笔位置； （2）抓住小动物的形象特征进行表现； （3）步骤示范，强调笔墨变化及动态的多样性突破重难点； （4）添加适当背景。				
创作感悟激发兴趣	教师拿出准备好的冬眠小动物的照片，让学生根据兴趣自己选择。 作画提示： （1）先观察小动物整个外形是什么形状； （2）要强调小动物的形象特征，如小松鼠的大尾巴，小刺猬的刺等等； （3）突出小动物的主体地位，可以画一个，也可以画几个，让他们有互动； （4）背景可以根据惊蛰的气候特点，如具体的景色或者用颜色特征来表现。也可以结合动物苏醒时的周边环境来表现。	主动完成作品。	拓宽思路，培养学生的创造力和想象力。	利用互联网搜集图片，并打印出来。	27’
活跃思维展示评价	1. 展示学生的作品，让学生互相欣赏，并挑选出自己最喜欢的作品进行评价。 2. 教师点评，以表扬鼓励为主。	学生互相交流自己的想法和构思。并主动说出自己想法。	让学生感受成功的喜悦，通过互相交流、合作学习，体	鼓励学生利用社交平台展示自己的作品，进行交流。	5’

续表

教学阶段	教师活动	学生活动	设置意图	技术应用	时间安排
活跃思维展示评价	3. 让学生将自己的作品展示在社交平台上，让家人、朋友进行评价。		会集体的力量和合作的价值。提高评价与判断能力，并促进绘画技法的提高。		

六、学习效果评价

采用多元评价方法，通过学生自评、互评、教师评价来评价学生的作品。首先请同学讲出自己的画面立意、自己对“惊蛰”节气的理解和画面的表达几个方面来阐述自己的作品。同学和教师从主题表达、画面构图、画面内容立意、动物形态特征表现、笔墨表现手法、画面完整性等几个方面来评价作品。

活动自评

《惊蛰》一课的教学，是让学生在了解中国传统二十四节气的基础上，根据美术知识，依托国画技法，围绕着主题进行创作，从学生完成情况看，确实实现了这一目的。本课的教学设计合理、有趣，激发了学生浓厚的兴趣。学生从利用搜索引擎，自主完成知识小问卷，观看冬眠小动物的动画视频、观看名家名作、在互联网络展示自己的作品等环节，都用到了信息技术。这让学生从多角度、更加立体地接受本课所学的内容，并留下深刻的印象。

本节课的教学情境设计新颖，激发学生浓厚的兴趣。本节课涉及到的动物都是学生熟悉的，学生有很高的学习与创作欲望。

首先，在认识都有哪些动物冬眠的环节，采用了动画影片展示，不仅可以让学生知道冬眠的环境与小动物的种类，还能充分激发学生的绘画兴趣。

其次，欣赏传统国画作品和当代画家作品，目的是让学生从多角度认识中国画，不能完全拘泥于一种表现方法，要让学生打开思路，大胆表现。

最后，让学生在社交平台大胆展示自己的作品，目的是把美术融入他们的生活当中，同时也能在别人的表扬中获得信心，在别人的建议中获得成长。

教学评价还应设计具体评价标准，应加强指导，发挥评价的激励作用。在教学示范上，应采用多种呈现方法。

“追鼓”太平鼓社团小组实践活动方案

尤利娜

一、活动依据

京西太平鼓是我区最具代表性的民间艺术之一，被列为国家非物质文化遗产，作为一名门头沟区教师，有义务和责任将这门具有区域特色的民俗民间文化传承与发扬下去。因此确立了“京西鼓舞少年”这个项目，并以此为契机开展了教学“追鼓”动作小组实践活动，使其自觉成为传统文化的传承者与推动者。

二、学情分析

参与本次活动的对象是舞蹈中级班学员18人，作为太平鼓梯队重点培养对象。平均年龄在11岁左右，在少年宫学习舞蹈近5年，具备了一定的专业素养和能力。在过去一年的教学活动当中，以民族民间舞蹈和太平鼓双向教学内容贯穿于整个学期，隔周调换教学内容进行小组活动。在此期间，学员学习并掌握了太平鼓打鼓的入门相关知识和技能，以及小揙鼓、圆鼓基本动作与套路组合，学员无论从身体素质、认知能力、技能水平等方面均具备了此次活动的基本条件。

三、设计理念

“追鼓”动作节奏欢快，表演形式多样化，且表现内容主要体现在人与人之间相互追逐嬉戏的娱乐场面，能够与学生们的现实生活相结合，也便于理解和发挥。通过下发蓝、红两个任务卡片、解析PPT视频内容、模仿教学基本动作、分组讨论进行创编及成果展示、自评互评等多种教学模式开展本次活动。参与实践活动的整个过程中，让学员在一种轻松愉悦的教学环境中有所收获，激发学习兴趣的同时，进一步调动和挖掘其想象力、创造力、合作力等综合能力。引领学员在学会基本动作技能前提之下，积极参与创编环节，培养其自主学习的良好行为习惯，并提升学员的团队合作意识，加强团队凝聚力的建设，以发挥教书育人的双重教育职能。

四、活动目标

1. 通过下发任务卡、观看PPT视频资料、教师的引导，培养与提升学生观察力和感受力、捕捉动作特点等能力，学习并掌握"追鼓"的基本动作及风格要领。

2. 通过学员自主创编，开发其想象力与创作力，更进一步拓展和丰富太平鼓学习领域和内容。

3. 通过分组讨论、相互合作活动的方式，充分发挥学员各自职能，以强化团队合作意识和团队凝聚力。

五、活动内容及形式

1. 活动内容：

①教授"追鼓"组合的基本动作动作。

②创编舞段并展示成果进行评价。

2. 活动形式：启发、讲授、示范、指导、分组合作、成果展示、自评互评等方法。

六、活动重难点

重点：通过学习能够掌握太平鼓"追鼓"动作的基本打法，且能够结合动作要领做动作。

难点：在动作规范熟练的基础上，能够自主积极地参与创编，小组成员相互合作，完成创编任务。

七、活动准备

多媒体设备、PPT视频文件、任务卡片、太平鼓、服装。

八、活动方案

	教学结构	教师活动	学生活动	设计意图
活动过程及设计意图	一、导入（15分钟）	一、下发任务卡、欣赏舞段、激发求知欲，完成任务单。 1. 下发蓝色任务卡，播放PPT视频文件，组织学员观看学习。 引导："同学们，今天的活动主要是让你们完成两个任务单，大家看1号任务为蓝色卡片，2号任务为红色卡片。我们先来领取1号任务。（下发任务卡）。请仔细阅读并理解所要完成的任务内容，一会大家要认真观看视频，从中找到答案，然后回答问题，努力完成任务。" 2. 及时肯定和补充学员的回答的问题答案。明确在视频当中出现的新组合动作"追鼓"为本次活动的重点内容。并根据回答的问题细致的讲解"追鼓"动作表现的内容是人们在耕种闲暇之余，相互追逐戏耍的欢快情境。其表现形式可以创设为单对单、双对双等，强调脚下刨土踩地与手上重击鼓的基本要领。	领取任务卡，明确任务内容，带着任务去观看太平鼓舞段视频。 认真思考并积极思考和回答问题。明确本次活动的主要内容及方向，通过观察、聆听与思考，去领悟太平鼓民俗艺术的文化内涵。 1. 认真观摩教师示范、聆听讲解，对所学动作有一个整体的印象。 2. 注意教师提示的动作要领。熟悉动作风格、运动路线。	在观看视频的同时，布置任务，可以提升学生的专注力，激发学生主动学习的兴趣。在提出问题、找出答案的过程中培养他们主动思考和积极回答问题的习惯。通过播放视频，使学生从视、听、感受等多方面快速进入到学习的环境中，更直观地了解此次活动的学习内容和目标，引发学习兴趣。 通过讲授"追鼓"的动作背景、表现形式等

续表

	教学结构	教师活动	学生活动	设计意图
活动过程及设计意图	二、新授新知（25分钟） （一）分解教学动作	二、教学"追鼓"的基本动作，通过教师示范动作，引领学员进行学习。强化脚下刨土、人鼓合一的风格要领，结合学员回答得答案，引导运用眼神、身体以及鼓对鼓对打的形式进行情感交流，调动情绪。激发学员以鼓代情所抒发的打鼓热情。 1. 教师打出鼓点，以言传身教的直观教学方式实施教学。 鼓点： 咚咚咚咚｜咚咚 咚○｜咚咚咚咚｜咚咚咚 ○｜咚咚咿｜咚咚¶ 2. 做示范，对上肢动作进行分解教学。 动作做法及要点： 双臂胸前持鼓，肘关节弯曲，鼓面向内侧。上体前附与地面成140度。头的转向与鼓面的朝向保持一致，打出鼓点。要求在打鼓过程中，双臂自然地向前后抽拉，肘关节放松。快速清晰地按照鼓点节拍做动作。 3. 示范分解教学下肢动作。以言语和示范动作的方式启发学员，脚下做出刨土的动作，强化动作动作要领。	3. 结合要领做练习，突出风格韵律的把握，突出表演性。 学习鼓点，认真听、看、记、老师的示范鼓点进行练习。 认真观看和模仿教师的示范动作，鼓点清晰准确，姿态标准对比着教师的动作进行学习和演练。 用心聆听和观看老师对下肢动作的讲解与示范，结合老师所描述出的情景理解着做练习。 随教师一起进行完整动作学习和演练。在练习中明确鼓点且准确清晰，动作规范到位，结合联想中的情境做练习。	内容，为后面教学内容的实施做好铺垫，能够有效地帮助学生感受和认知所要学习的内容，并能够了解其动作背后深刻的文化内涵，激发学生主动求学的欲望。 通过教授基本动作套路，从鼓点、上肢动作、下肢动作直至整合动作，全面提高学生的观察力、模仿力和想象力。由浅入深、循序渐进帮助学生进一步领悟太平鼓独具特色的民间艺术魅力，使表现能力加以提升。以学会"追

续表

	教学结构	教师活动	学生活动	设计意图
活动过程及设计意图	三、进行小组讨论和创编。（30分钟）	引导：“孩子们，过去人们生活和劳作的地方，地面都是土质结构，相对我们现在的瓷砖啊，木地板啊要松软得多。你们幻想一下，将自己置身于沙土地里去完成后踢步，脚下应该是什么样的感觉呢？会不会打滑或者有用不上劲的感觉。所以我们在做脚下动作的时候，大家就幻想自己是在沙土地上前行和后退。” 动作做法及要点： 双膝自然弯曲，要保持松弛状态，向前、后两个方向后踢步。做出刨土的感觉。强调脚跟先落地，且要落实。 4. 引领示范，将“追鼓”上下肢动作相结合，完整进行教学。教师边示范边强调和引导着学生们做出动作的要点以突出民间艺术的风格特点。在练习的过程中，关注到每一位学员，不断加以规范。 三、让学员自由结合成3个小组，由组长领取红色任务卡，并组织组员讲解任务内容，进行分工。 引导：“孩子们，刚才蓝色任务大家都完成的非常好。接下来你们要完成下	自由组合小组，选派组长，组长进行解读与分工。进行游戏、讨论与创编。积极参与，认真讨论，相互合作，按照规定时间和动作要求完成创编任务。	鼓”基本动作的阶段目标，为创编环节做铺垫。 把握动作的规范性，强化要领，提升学习效率，完成教学重点内容。 以游戏的方式，设置任务单内容，为乐让学员在参与活动过程中，从娱乐向学习过渡。学员为主体，以激发学习兴趣为出切入点，充分调动主动参与活动的积极性。为创编活动奠定基础。同时通过创编任务的布置，让学员在体验实践过程中，创造力、

续表

	教学结构	教师活动	学生活动	设计意图
活动过程及设计意图		一个红色任务，相信大家会更加出色。需要以组长为核心，仔细阅读与理解任务单当中的任务内容和要求，相互间友好积极地进行合作，共同完成这次任务，加油！”		想象力、团队合作等能力得到提升，进一步体现出全面育人的核心教育理念。
	四、成果展示（5分钟）	四、组织学生分组进行展示，学员相互之间观摩学习。	结合所设置的游戏情境，自信的将创编的成果进行展示，认真观看其他小组所创新的舞段内容，相互学习。	通过展示成果的方式，树立学员的自信心。在相互观摩的学习过程中，弥补自身的不足，增强自信心和表演能力，进一步拓展学习内容。
	五、自评互评（5分钟）	五、组织学员在观看完小组展示成果之后，结合自己与其他小组在表演过程中有哪些亮点与不足，说说自己的想法。	积极发言，说出自己对创编成果有哪些新的认识与启发。	利用自评与互评，可以使教师更好地了解学员的学习情况，培养学员养成课后反思总结自身的良好行为习惯，同时也增加学生之间相互协作学习与交流的机会，使语言表达能力得
	六、颁发奖状（5分钟）	六、为全体学员颁发小奖状，以资鼓励。在肯定活动成果的同时鼓励她们继续努力学打太平鼓，担负起太平鼓这门民间艺术的传承使命。	开心、自豪的接受奖状。	
	七、活动小结（5分钟）	七、进行课后小结。1. 在学员参与学习和小组创编、成果展示以及评价环节内容方面给予充分的认可。强化团队合作意识。2. 肩负起“太平鼓”民间艺术的传承使命。3. 布置作业，课后练习“追鼓”的基本动作，要求课后上传视频作业，下次活动进行检测。	认真听老师做总结，反思自身所存在的问题，课后认真练习。	

续表

	教学结构	教师活动	学生活动	设计意图
活动过程及设计意图				到训练。能够加深学员对所学内容的理解与拓展。以授予奖状的形式来肯定和鼓励学员们参与活动的良好表现。增强学习与传承太平鼓的自信心与责任心。 对本次课的学习情况有更清晰的认识，对今后的学习有更明确的方向与前行的动力，强化传承人的责任意识。留课后作业能够帮助学生养成坚持练习的好习惯。可以将所学的知识技能加以巩固，为后期的教学奠定坚实的基础。

续表

	教学结构	教师活动	学生活动	设计意图
效果测评	1. 通过学生参与创编讨论的体验以及所展示成果，检测活动内容设置的作用与效果。 2. 借助微信讯息功能，以上传课后练习视频及下单元回课方式来检测本次活动的重点。			

活动自评

本次活动以学生兴趣为主线，贯穿太平鼓“追鼓”动作为基本知识点。同时在进行分组讨论进行编创环节当中，突出学生在学习中的主体地位，鼓励和引导学生积极动脑参与创作，实践所学知识点，并将其真正转化为自身能力。在教授“追鼓”基本动作中注重规范性、美感意识、民俗文化相结合，使学生在感受舞蹈带来的美感和愉悦的同时达到训练的目标。活动准备充分，活动中气氛活跃，学生表现出积极参与的愿望，精神饱满、情绪高涨。并通过掌握“追鼓”动作特有的风格特点进行了创作，使教学难点得以突破。

1. 激发学生兴趣

①本次活动选择了具有娱乐性较强的内容为主脉，符合这个阶段学生的年龄特点。同时，在教学过程当中多以表演形式进行引导，从而激发学生的学习热情。

②在“追鼓”的学习中，采用多媒体教学方式。播放了具有主要动作元素舞段、民俗知识以及风格特点内容介绍进行引导，同时通过设置问题来充分调动了学生学习“追鼓”动作兴趣且为创编内容打下基础。

2. 突破单一模仿式教学，引导学生主动学习

通过播放PPT视频资料，使学生主动观察到“追鼓”动作及表现形式等方面的特点。改变了以往老师教，学生单纯模仿的形式。在肯定学生观察能力的同时鼓励学生大胆提取来源于生活中的肢体动作元素，运用自己的所学、所见转化成创编的内容，提高了学生想象力与创造力。同时，变被动学为主动学，培养了学生的自学、主动思考问题的学习能力。

3. 关注每一个学生的发展，渗透品德教育

①活动中引导学生进行了小组创编。启发每一名学生的积极参与，同时在分组讨论、组织创编内容的过程中注重同学间相互有职责、有任务的团队合作意识的培养。

②在展示创编动作及参与评价活动时，教师充分鼓励、肯定每一名学生，促使学生更加踊跃地投入活动，进一步提升学生自信心以及传承京西太平鼓这一民间艺术的责任意识。

4. 本次活动的不足之处

由于时间的原因，学生在参与展示、相互观摩之后所引发的新的构思没有进行更深层的挖掘与实践，将作为后期课程中的延续拓展内容继续实施。

《西风的话》小提琴钢琴合奏活动方案

李 波

一、设计思路

1. 活动依据：《中国学生发展核心素养》中提出以培养“全面发展的人”为核心，培养学生的音乐素养和审美情趣。“三个一”活动项目建设，旨在以项目建设为平台创设育人环境促进学生全面发展。“一带一路音乐汇”的活动项目，所编写的教材曲目筛选了“一带一路”（中线）沿线地区及国家的音乐元素，体现各民族音乐的不同特点，符合学生音乐素养发展愿望。

2. 教育理念：《中国教育改革和发展纲要》中提出美育的根本目的在于促进人的审美发展。在器乐教学中要以学生的兴趣爱好为动力，重视音乐实践，丰富音乐表现形式，提高音乐欣赏能力。本着以学生能够掌握多样性的音乐形式为主线，以创新、活泼、生动的内容，让学生在新鲜与好奇中感受合奏所带来的魅力，并结合“三个一”的活动项目，用以往不同的活动形式，学生为主体，教师引导辅助，来激发学生的学习兴趣，逐步提高学生欣赏音乐的能力，而创新器乐教学的形式也是教育的重要目标。

3. 学情分析：本次活动学员年龄在7~11岁之间，学习乐器已有半年多，程度是启蒙到初级，已掌握了基本的演奏方法与技能，主要表现在对简单节奏的把握、音高辨别能力的提高、表现能力的改善等方面。本次小组活动以小提琴钢琴合奏学习为主要内容，首先通过多媒体介绍器乐的音乐表现形式，让学生对多种音乐表现形式有了更多的认识，拓展知识；其次通过音频、教师示范及观看自己的演奏视频让学生体会合奏的形式及效果，体会自己演奏带来的成就感与喜悦，这样能很好地激发学生在一起合奏的兴趣。通过合奏练习乐曲《西风的话》，从单声部合奏到双声部合奏的形式，均由学生自己完成，使这种合奏过程成为情感体验和能力表现的过程。

4. 活动概述：环节一：通过提问并用多媒体播放后让学生探讨回答问题。环节二：通过教师合奏的形式引出新知并拓展知识。环节三：通过多种合奏形式以及现场播放学生演奏视频，引导学生相互学习相互给予评价，提高学生的合奏能力与合作意识。环节四：学生分享收获、体会、感受。

二、活动目标

1. 通过活动使学生了解和认识更多器乐的音乐表现形式。

2. 通过分部练习、合奏练习、单声部练习、双声部练习等形式，激发学生们的学习兴趣并提高学生的合奏能力。

3. 通过活动，培养学生共同参与的主体意识和相互尊重相互学习的合作意识与合作精神。

三、活动内容

《西风的话》合奏能力训练。

四、活动重点、难点

重点：合奏训练。

难点：合奏训练中音准的把握以及节奏的配合。

五、辅导方法

讲解法、示范法、比较法、辅导法、讲练法。

六、活动资料

小提琴、钢琴、谱架、乐谱、图片、音频资料、视频。

七、活动过程

教学过程	教师活动	学生活动	设计意图
设置情景导入课题（5分钟）	**（一）活动开始阶段** 1. 教师通过多媒体播放两段不同的乐曲片段，提问：有谁告诉我乐曲听上去有几个乐器在演奏？有谁能听出来都是什么乐器演奏的？ 提问：谁能告诉老师器乐在音乐表现形式上都有哪些？	师生相互问好 1. 学生听乐曲。 2. 学生可以相互交流并给予回答。	通过听了解学生对乐器表现形式的认识和掌握程度。
主动探究学习新知（10分钟）	**（二）导入新知识的学习** 两位教师进行示范，合作乐曲，引入新知识的学习。 1. 提问：同学们欣赏后有谁能告诉老师，刚才我和姚老师在一起合奏的是什么形式？ 2. 提问：你们知道这些乐器在一起合奏分不分声部？ 3. 教师归纳学生的回答，引出新知识并拓展知识音乐表现形式有交响乐、室内乐等（图片展示并列举三个形式的音频播放）由老师引导学生回答。	学生欣赏教师与以往不同的演奏形式。 1. 学生欣赏教师的示范，回答问题，说出了解知道的演奏形式。 2. 学生们回答看、听后的感受，了解新知识。 3. 学生回答通过学习认识后巩固知识。	通过不同形式的演奏引发学生想学习合奏的兴趣。 通过学习讨论提高知识。 通过回答巩固知识。
合奏能力训练（35分钟）	**（三）合奏能力训练（录音）** 1. 独奏形式：哪位学生愿意尝试与钢琴老师合奏；请一位钢琴学生与小提琴老师合作，调动参与的积极性（从速度、节奏、呼吸、音乐性质四个方面提出简单问题由学生回答）。	1. 学生踊跃参加，观察聆听相互学习，并能够回答出所提问题。	学生亲自体验合奏的魅力。

续表

教学过程	教师活动	学生活动	设计意图
合奏能力训练（35分钟）	2. 合奏形式：两位学生分三组合奏、全体学生共同与两位钢琴学生合奏，播放学生自己演奏的视频，学生相互评价。 3. 重奏形式训练（加入二声部） （发二声部谱子，给五分钟练习时间）教师指导两位学员与钢琴合作在请两位学生与钢琴学生合作，播放学生重奏的视频并由学生自己互评。 4. 合作形式 全体学员共同参与合作 找出难点：合奏时对音准、节奏的把握 解决难点：合奏过程中，出现的音准问题通过听辩比较解决，节奏不准通过模唱速度，不断重复合奏练习，相互学习改进问题	2. 全体学生共同参与通过聆听自己的演奏，体会成就感。 3. 学生短时间熟练二声部谱子后与钢琴合作。通过聆听感受不同表现形式所带来的魅力。 4. 经过多种训练，提高合作能力，感受合作魅力。	一起合奏，体验感受。 通过合奏以及现场观看自己的演奏，对自己的表现有所认识了解，更好的改进不足。 通过多种形式让学生感受到无论形势如何改变，合奏的能力是需要训练的，体会更多合奏的魅力。
总结评价（10分钟）	**（四）总结** 1. 巩固复习知识：了解认识器乐演奏形式。 2. 谈谈这节合奏课的体会。 3. 回家练习巩固乐曲，期待下一次的合奏。	学生抢答 在教师引导下，积极讨论合奏后的感受，畅谈自己在本次活动中的收获和体会。	通过讨论和总结加深对音乐变现形式的掌握，同时也是对活动效果的检测。

八、效果检测

略。

活动自评

本次活动的设计中，参加活动的学员年龄在7~11岁之间，学习乐器已有半年多，我结合自己对校外器乐教学的认识，力求探索改进教学的各种有效手段、方法和方式，把两个乐器相结合，改变已有的教学模式，学生用多种不同的形式展示自己，使学生们由被动学习变为主动学习，激发学生自主学习的积极性，努力提高教学活动的质量。

练习是教学活动中的重要组成部分，尤其是器乐教学，需要大量反复的练习，才能巩固好技巧并能够很好地掌握技巧。然而，单调的重复性的练习会使学生产生疲劳和枯燥感，降低学习效率，并且会让学生失去学习兴趣，更加不愿意主动去练习和学习。所以设计了多种形式，如：单人、双人、三人、集体等形式，既达到了练习的效果，又不会让学生产生疲劳和枯燥感，更能激发学生主动学习的兴趣，而且还得到了合奏技术上的训练。在合奏过程中遇到的难点是音准和节奏上的准确把握，通过听辩比较和模唱速度逐一解决了合奏中的问题，这让学生们在技术上也得到了很好的提高。

本次活动亮点是活动形式新颖，改变传统的单一的教学模式，两种乐器的学生共同参与，学习氛围新鲜，参与积极性强，合奏出来的旋律从听觉上更加丰富，在相互配合中更需要专注，这就与以往的学习感受非常不同。学生演奏时现场录像，演奏结束播放视频，学生看到自己的演奏，状态兴奋，眼神流露出满足与喜悦。通过视频观看，学生之间相互交流，既能发现彼此的优点同时也能说出彼此的缺点并主动积极改进。不足之处是个别学生回答问题时语言表达能力不够好，展示自己时也有些胆怯，不够自信，今后我会在语言方面对学生加强锻炼，提供更多的演奏展示机会，使学生不但能锻炼提高自信，更能提高综合的音乐素养。

走进琉璃之乡　感受中华国粹

——公益性科普教育体验活动

全月强

一、活动主题

走进琉璃之乡，感受中华国粹。

二、确定主题的依据

1. 落实《少年儿童校外教育机构工作规程》，通过多种形式，因地制宜，扬长避短式教学活动具备特色，向少年儿童进行以爱祖国、爱家乡、爱劳动、爱科学、爱社会主义为基本内容的思想品德教育。

2. 本区琉璃渠村的琉璃烧造技艺传承至今，已有740多年的历史，被列为国家级非物质文化遗产保护项目。充分挖掘地区教育资源，展现地区传统琉璃工艺特色，让学生了解家乡，了解琉璃文化。

三、活动目标

1. 知识目标

（1）走进琉璃村，了解琉璃的历史文化。

（2）通过参观欣赏琉璃制品，感受琉璃的华美神韵。

（3）通过观看琉璃制作的视频了解琉璃制作流程。

2. 技能目标

通过亲身体验模印、泥条盘筑、注浆成型等琉璃制作工艺，使学生掌握一些基本的琉璃制作技能，提高学生的动手动脑、创造、协作等能力。

3. 情感态度价值观目标

（1）通过对琉璃村及琉璃文化的了解，使学生领略中华民族的灿烂文明，培养学生爱祖国、爱家乡的道德情操。

（2）通过本次活动，培养学生对琉璃的兴趣，弘扬和传承中华文化。

四、活动对象规模

小学中高年级学生50人。

五、活动时间地点

活动时间：2015年10月31日下午14：00~16：30。

活动地点：门头沟区琉璃渠劳动艺术教育基地。

六、活动内容

游览参观、历史介绍、知识问答、观看短片、亲身体验模印、泥条盘筑、注浆成型。

七、活动准备工作

略。

八、活动过程

1. 开始阶段

简要介绍琉璃渠村烧制琉璃的历史背景，与本次活动的目的、意义。

琉璃渠村是中国琉璃文化的发祥地之一，被誉为“琉璃之乡”。为什么被誉为琉璃之乡呢？主要有以下三个原因：一是烧造琉璃有着悠久的历史，至今已有740多年的记载，二是琉璃渠村有着丰富的琉璃原材料资源“黑坩土”，三是中国的官式琉璃诞生于琉璃渠村。天安门、故宫博物院、紫禁城这些大家熟知的伟大建筑所使用的琉璃制品都是出自琉璃渠村。我们应该对我区有着这样的光辉历史感到由衷的自豪。

今天带大家来到琉璃渠素质教育基地，就是为了让大家近距离的接触这些漂亮而又神秘的琉璃，亲身体验制作琉璃制品的一些环节，从而对琉璃制品的制作和生产有一个更加清楚的认识。

2. 参观游览

带领学生到基地的后花园“琉璃园”以及琉璃展厅进行参观游览。

在游览的过程中边向学生提问（如：①这个东西叫什么名字？②在我国，皇家九龙壁有几座，分别都在哪里？），边向学生介绍各种琉璃制品。

（1）大鸱吻，大家仔细观察会发现，其表面饰龙纹鳞甲，四爪腾空，龙首怒目，张口吞住正脊，脊背上插有一柄宝剑。在古代建筑中，龙吻不但是一种重要的装饰物，而且由于它衔接了殿顶正脊与垂脊之间的重要关节，从而起到了使殿顶更加封闭，牢固，防止雨水渗入之作用。我们看到的这个是天安门大修工程的备用件。

（2）九龙壁是影壁的一种，壁上九龙采取浮雕技术塑造烧制，极富立体感；并采用靓丽的黄，蓝，白，紫等颜色，色彩甚为华美；使得九龙翻腾自如，神态各异，栩栩如生。壁上九龙，形体有正龙，升龙，降龙之分，黄色正龙居中，左右两侧各有四条升龙降龙。阳数之中，九是极数，五则居中。“九五”之制体现了皇权至上，唯我独尊的思想。

提问：大家知道我国现存的皇家九龙壁有几处？（北京故宫九龙壁，大同九龙壁，北海九龙壁）。

（3）艺智亭，是由素质教育基地的教师们自行设计修建的中式琉璃建筑，屋顶部分大量采用了琉璃材料，在阳光的照射下琉璃瓦件折射出夺目的光芒。修建它的主要原因为了激励后来的学生及教师不断进步。

（4）琉璃展室参观（各种琉璃瓦，琉璃工艺品等）。

要求：有序入场，仔细观察，不许触碰展品。

提出问题：

①琉璃制品有哪些特点？例如：不易腐蚀，色彩艳丽，表面光滑，用途广泛。

②在生活中还有哪些是琉璃制品或艺术品？

3. 观看短片

在参观完“琉璃园”以及琉璃展厅陈列的各种精美而神秘的琉璃展

品后，学生已经对琉璃产生了浓厚的兴趣。为了满足学生的好奇心，为学生播放了一部琉璃制作的短片，详细介绍琉璃制作过程中选料、配料、洗料、炼泥、模印、素烧、施釉、彩烧等流程。

在观看短片前给学生布置作业，观看完短片后老师进行提问。

1. 琉璃烧制需要哪些步骤。

2. 在制作过程中都需要注意些什么。

4. 体验模印、泥条盘筑、注浆成型三个制作工艺

（1）模印

介绍：模印成型法，也称压模法或者印坯法，是利用模具来成型的方法之一。随着社会的发展，大量的宫殿和寺庙建筑需要大量的琉璃瓦当勾头和其他装饰构件，模印成型能够保证琉璃构件规格大小一致且图案清晰，同时也提高了琉璃制作的生产效率。工具的介绍：石膏模具、刷子、雕刻刀、刮板、海绵、泥料。

制作过程：清洁石膏模具→滚压泥板→用雕刀抹平泥板→将泥板贴在模具内并按压泥板，使其紧密地附着在磨具内→用刮板刮去多余的泥料→出模。

注意：要将泥板表面揉成光滑无褶皱，用双手拇指反复按压泥板，排出多余空气。

（2）泥条盘筑

介绍：是以泥条按照设想中的雕塑外形形体变化，一圈一圈围筑起来进行造型的一种工艺。传统工艺多用此方法做规则的器皿造型，能够充分显示材料性能和工艺制作特点，表现创作的随意性，具有古朴、粗放、流畅的特点。

制作过程：底板的制作，将适量的泥揉成球形，用手掌反复按压成表面光滑平整的泥板→再取适量的泥搓成粗细均匀的泥条→将泥条与底板向链接→单环盘筑（盘筑时将一根泥条收尾相接，成为一个泥圈，在按顺序一圈一圈地将同样的泥条粘接起来进行盘筑）或连续盘筑（盘筑时一根泥条盘完一圈后继续往上盘，直到将这根泥条盘完为止）或花样盘筑（盘筑时改变泥条的形状产生不同的效果）。

注意：揉泥挑的时候双手均匀用力，保持泥条粗细均匀。

学生充分发挥想象力创造力，制作出自己的作品，在完成后可以向大家展示。

（3）注浆成型

介绍：将调好的泥浆灌注到现成的模具里面，利用模具制作成型的工艺叫做注浆成型。优点是生产效率高，成本低，模具可重复使用，作品无须大规模修整。

制作过程：清理模具→固定模具→灌注泥浆→及时补浆→控出泥浆→取出作品→修整作品。

注意：补浆要及时，以免造成作品薄厚不均匀，控出多余泥浆后，要等作品充分干燥后才可以出模。

4. 活动总结

同学们通过今天的参观和亲身体验，相信大家对琉璃渠村烧制琉璃的历史以及琉璃的烧制过程已经有了一定的了解。琉璃既是一种工艺，更是中华民族灿烂文明的一部分，是劳动人民智慧的结晶，我希望大家能够将琉璃文化在我们这代人身上继续传承下去。

活动自评

本次活动紧扣“走进琉璃之乡，感受中华国粹”这一主题开展，通过游览参观、历史讲解、知识问答、观看视频、亲身体验等小学生乐于接受的方式，将中国传统文化层层深入地灌输给学生，使学生在轻松愉悦的氛围中了解了历史，掌握了知识，培养了兴趣，树立了理想。

通过游览参观以及老师的讲解介绍，使同学们知道了很多关于琉璃渠村以及琉璃文化的悠久历史，当有些同学听说北京的紫禁城、故宫博物院等建筑所用的琉璃制品都是出自琉璃渠这个小山村的时候，甚至瞪大了眼睛，感叹道原来我们的家乡还有这么令人骄傲的历史。

在体验模印、泥条盘筑、注浆成型的环节中，学生们充分发挥了自己的想象力和创造性，通过老师的例子能够举一反三，特别是泥条盘筑这一环节，许多孩子表现出了浓厚的兴趣，自行设计的作品非常精美。

通过本次活动，使学生能够近距离感受和接触中国的传统文化，在玩中受到民族文化的熏陶，从小培养对传统文化的热爱。

“感恩母亲、祝福妈妈”母亲节公益性主题教育活动方案

韩金军

要素	内容
活动标题	“感恩母亲、祝福妈妈”母亲节公益性主题教育活动
活动依据	1. 依据《中共中央国务院关于进一步加强和改进未成年人思想道德建设的若干意见》，将感恩教育作为学生思想道德建设的重要组成部分，切实把感恩教育渗透到社会活动、家庭生活等各个环节中去。让学生常怀感恩之心，不忘父母恩，精心培育学生“感恩文化”，塑造学生的健全人格，养成学生良好的道德品质和行为习惯。 2. 当前，学生的感恩意识缺失非常普遍。正如一位教育专家所言：孩子们不知道感谢自然的滋养之恩，不知道感谢父母的养育之恩，不知道感谢老师的教导之恩，不知道感谢祖国、社会的培育之恩。 3. 在学生中开展感恩教育，弘扬优秀文化，是教师最基础、最根本、最重要的一项德育工作内容。父母是孩子最亲近的人，在感情上最容易融合。如果把握住了感恩父母的主题，就容易使学生动心、动情。
活动目标	1. 了解母亲节的相关知识，知道母爱的伟大，让学生懂得每个人的成长离不开父母养育之恩、懂得“感恩”是一种生活态度，是做人的起码修养。 2. 为学生家长创建一个亲子沟通交流的机会。通过学生与妈妈共同完成一幅书画作品，增进孩子与家长之间的沟通和交流，培养协作意识。通过我是妈妈的眼互动游戏，进行角色互换，体验到妈妈养育自己的不易，引导学生从理解、关心父母开始，增强学生的感恩意识，并从亲身体验感悟中，培养对家庭、对父母、对亲人有热爱、有责任、愿奉献的良好情感。

续表

要素	内容
活动目标	3. 为同学们提供一次表达感激母爱的机会，以此促进同学们铭记母爱的无私，母爱的伟大。同时也希望他们在平时的学习、生活中能够学会感恩，学会用心灵去关怀，能为家庭、班级、学校、国家、社会作出自己应有的贡献。平常的日子，孩子们可能羞于对自己的妈妈大声地说出“我爱您，您辛苦了”这类语言，通过本次活动，为学生创设一个特定的环境，在母亲节这个特定的时间，特定的场合，大声地说出“妈妈我爱您，您辛苦了”，并由学生为妈妈献上一束康乃馨，也让妈妈感受到自己的辛劳付出是值得的，将活动推向高潮。
活动内容及形式	**一、活动内容** 1. 首先通过主持人的开场词引出当天的活动。2. 学生和家长共同在少年宫前广场完成书画作品（包括粉笔画、粉笔字、地书笔完成软笔字）。然后由大众评委也就是家长通过点赞的方式评选出15副优秀作品，由获得优秀作品的学生为自己的妈妈献上一大束康乃馨，其余学生为自己的妈妈献上一支康乃馨。3. 学生与自己的妈妈互动游戏。（我是妈妈的眼）4. 教师领唱、学生妈妈共同唱响歌曲（感恩的心）。5. 教师代表宣读我们的倡议。6. 合影留念 **二、活动形式** 主持人主持、学生家长互动、教师代表领唱宣读倡议书。
活动对象规模	少年宫书画组中级班学员150名代表及他们的妈妈共300人。
活动时间及地点	时间：5月11日母亲节 地点：少年宫室外前广场
活动准备	**一、教师准备** 1. 撰写活动方案；2. 与书画组教师协商，确定参加活动的学生及妈妈名单，布置活动当天所书写绘画的内容；3. 撰写征集启事、挑选孩子与妈妈的合影以及孩子的感恩留言、妈妈的寄语；4. 搜集整理14块展板的内容；5. 与广告公司协商主题背景与展板的相关事宜；6. 购买活动所需各种物品，订购康乃馨；7. 撰写开场词及串词；8. 落实工作人员岗位分工，进行应急安全培训；9. 活动前一天进行场地布置；10. 制定安全预案；11. 邀请参与活动领导及嘉宾。

续表

要素	内容
活动准备	**二、学生准备** 1. 要求学生根据活动主题提前构思活动当天自己所书写的内容，并提前练习，书法笔体主要以楷书和隶书为主，绘画主要以感恩母亲为主题进行创作；2. 及时上交照片和感恩留言以及妈妈的生活寄语；3. 熟记自己活动当天所占位置的编号，当天按号入位绘画和书写。 **三、经费预算** 1. 主题背景：3000元；2. 展板14块：2800元；3. 康乃馨：1500元；4. 书画颜料、笔、游戏用其他物品1000元。
活动过程	1. 主持人开场词8：30—8：32 2. 介绍领导嘉宾8：33—8：35 3. 领导讲话8：36—8：40 4. 学生家长共同完成书画作品（循环重复播放歌曲——我爱妈妈、母亲、妈妈的吻、鲁冰花、感谢你、天下的妈妈都是一样的、烛光里的妈妈、妈妈与我、妈谢谢你、跪羊图）8：41—9：10 5. 提前完成作品的学生和家长参观展板（母亲节的起源、节日特色、各国习俗、名人感恩母亲的故事、名人感恩母亲的名言、我们征集学生对妈妈的祝福、母亲对孩子的寄语、我们的倡议）（循环重复播放歌曲——我爱妈妈、母亲、妈妈的吻、鲁冰花、感谢你、天下的妈妈都是一样的、烛光里的妈妈、妈妈与我、妈谢谢你、跪羊图）8：41—9：10 6. 大众评委（家长）为自己欣赏的学生作品点赞（循环重复播放歌曲——我爱妈妈、母亲、妈妈的吻、鲁冰花、感谢你、天下的妈妈都是一样的、烛光里的妈妈、妈妈与我、妈谢谢你、跪羊图）9：11—9：16 7. 学生家长亲子游戏（我是妈妈的眼）重复播放歌曲（我会听话和妈妈的眼睛）9：17—9：32 8. 少年宫主任宣读大众评委评选结果9：33—9：35 9. 学生为妈妈献康乃馨，重复播放歌曲（感恩有你）9：36—9：38 10. 主持人引领学生共同大声说出"妈妈，我爱您！您辛苦了！"9：39—9：40 11. 教师领唱学生家长共同唱响歌曲"感恩的心"9：41—9：45 12. 教师代表杨琪宣读我们的倡议9：46—9：：49 13. 主持人代表少年宫所有教职员工祝福今天参加活动的妈妈与全天下所有的母亲健康、快乐、幸福、平安。9：50—9：51

续表

要素	内容
活动过程	14. 合影留念（播放歌曲七朵莲花）9：52—10：00 活动结束 10：00
活动效果检测方法	1. 活动前家长的支持情况 2. 活动当天学生家长的参与情况及参与热情以及活动现场对学生及家长的现场采访 3. 活动当天所请嘉宾的现场反馈情况

活动自评

回顾和反思本次“感恩母亲、祝福妈妈”母亲节公益性主题教育活动，虽然在天公不作美的情况下只能启动应急预案，仍然完成了此次活动，基本上达到了活动的目的，取得了预期的教育效果。

1. 活动亮点

（1）充分利用特殊的日子对学生进行感恩教育

家庭是孩子幸福的港湾，孩子所有的快乐与幸福都离不开家庭。但长期以来，我们的孩子却将这一切视之为理所应当。从没有想过或者从不愿去想，为了自己的健康成长，父母吃了多少苦，受了多少累，更没有想到自己应该为父母做些什么。我设计、策划的以“感恩母亲，祝福妈妈”为主题的公益性教育活动的主旨就是想通过活动让学生们知道并了解母亲节的来历，了解到妈妈的艰辛，体会到母亲的伟大，懂得欣赏妈妈，从而进一步增强母子、母女之间的感情，让亲情更深更浓。更希望通过活动唤起学生的感恩之心，让学生知恩于心，感恩于言，报恩于行。让每个学生真正做到感恩从自身做起，从现在做起，从实事做起。

现在的孩子在平常的日子里可能羞于面对面地对妈妈说出“妈妈我爱您，您辛苦了”这样的话语。在母亲节这天，给孩子们创设了这样的环境，在特殊的日子，特殊的场合、在特定的环境下，为妈妈送上一束康乃馨，面对自己的妈妈并大声地说出“妈妈我爱您，您辛苦了”，并紧紧地和妈妈拥抱在一起。活动中，妈妈们激动地抱紧自己的孩子，眼眶里满是激动喜悦的泪水，深深感受到孩子成长所带来的快乐，整个剧场里弥漫着浓浓的爱意。当时很多妈妈都感动得落下了幸福激动的泪水。活动后，很多妈妈也给我发来了短信，对活动给予了充分的肯定。

家长短信1：孩子长大了，懂事了。这样的活动促进了父母与孩子的沟通，拉近了父母与孩子的距离。看似只是小事，却可以给家长和孩子提供一个交流平台。家长短信2：看着，听着，感动着，教会孩子拥有一颗感恩的心，要让孩子从内心深处学会感谢自己的亲人、朋友，还有许许多多认识和不认识的人。学生只有内心真正有所触动，活动才会有效。你们今天的这个主题教育活动，相信每个参与活动的学生内心都会有所触动，活动效果一定会显现。谢谢你们，少年宫的老师们。

（2）在设计主题背景板时进行了大胆的创新

为了使活动更有亲和力，更贴近学生的生活，我们从学生们中征集了大量的孩子们同自己妈妈的生活照，将母子之间最温馨的美好瞬间经过处理后喷涂在主题背景上展示。在活动前也征集了很多的孩子对妈妈的感恩留言，后面再附上妈妈对孩子的寄语，挑选出优秀的作品做成展板在活动当天进行展示，将母子之间最温情的语言与大家进行分享。

（3）活动中注重发挥参与者学生及家长的主体性

为了充分调动孩子与妈妈们的热情，作品完成后，让他们当大众评委，对学生及妈妈们合作的作品进行评选，目的也是让他们切实看到哪些孩子的作品比较优秀，他们之间的差别在哪里，学生们今后也就有了努力的目标和方向。而且我们还考虑到从小一直是妈妈引领着孩子们做这做那，妈妈既像是孩子们的眼睛，又像是孩子们的拐杖。所以特意安排了一回角色互换的小游戏，“我是妈妈的眼”。让孩子们当一次妈妈的小拐杖，切实体会到平时妈妈的艰苦。

（4）发挥活动的辐射带动作用

短短一次活动的教育效果是有限的，为了充分发挥本次活动的辐射带动作用，将本次活动的教育有效延续下去，经过与学生沟通，调研，我们制定了学生切实可行的十几条倡议，在活动最后，由教师代表现场发出，要求我们的孩子在今后的日子里按照我们的倡议去做。并且今后也会有回访，会和妈妈们进行沟通，了解孩子们的表现。

2. 活动不足

由于当天天气的原因，活动没有能按照准备好了的方案在室外进行，虽然我在制定安全预案时考虑到了这一点，为此也专门设计了极端天气下的应急预案，但从内心还是没有想到活动当天真的会出现极端天气，所以将精力全部投入到了室外，人员安排也完全是按照正常情况下进行的，在进行孩子与妈妈的互动游戏“我是妈妈的眼”时，由于在室内没有那么大的场地，而且学生也没有按照原来的分组坐在一起，所以在进行游戏时，我们的老师找不到学生，学生上台以后也有些仓促混乱。所以我深刻体会到，组织活动时安全预案绝不只是形式，一定要把安全预案的每一条落实到实处，非常有必要在活动开始前进行演练。

“牵手筑梦共唱未来”合唱交流音乐会

李建芝

<table>
<tr><th colspan="2">活动主题</th><th colspan="6">“牵手筑梦　共唱未来”合唱交流音乐会</th></tr>
<tr><td>项目类别</td><td>精品项目</td><td>项目名称</td><td>小百花童声合唱团</td><td>教师姓名</td><td>李建芝</td><td>活动时间</td><td>2018. 1. 21全天</td></tr>
<tr><td>参演团队</td><td colspan="4">门头沟少年宫小百花童声合唱团
怀柔区学生活动管理中心合唱团</td><td>活动地点</td><td colspan="2">门头沟少年宫剧场</td></tr>
<tr><td>活动依据</td><td colspan="7">1. 依据“三个一”精品项目的建设要求，充分发挥校外教育活动育人的作用，组织学生开展丰富多彩的艺术实践活动，发展精品项目。
2. 依据本专业特点，采用合唱最佳的成果展示方式，使课堂教学成果在音乐会这样的展示活动中得到提升，从而实现全面育人。
3. 舞台演出锻炼学生的心理素质，培养表演能力和合作精神，通过歌曲本身蕴含的深刻思想感情，潜移默化地把社会主义核心价值观植根在孩子心中。</td></tr>
<tr><td>设计思路</td><td colspan="7">1. 这次活动抓住了北京市合唱展演这个契机，各团队有高质量的作品，具备交流条件。
2. 合唱团在发展的过程中，团队之间需要互相学习、借鉴提高。
3. 音乐会是课堂教学的延伸，也是最佳的呈现方式。以家长汇报演出的形式，让家长看到孩子的成长，同时起到打造品牌、惠及社会的作用。</td></tr>
<tr><td>学情分析</td><td colspan="7">1. 参加本次音乐会学生42人，年龄在10~14岁，在合唱团中学习二至三年半的时间。音乐基础知识扎实，和声音准准确，声音统一，音色甜美，用声能力强。
2. 小百花合唱团常年保持高水平训练，十多次登台演出的经历，锻炼出学员们丰富的舞台实践经验。
3. 本学期我们在训练艺术节展演两首曲目的同时，还温习和排练了4首难度较高、风格各异的作品。</td></tr>
</table>

续表

活动主题	"牵手筑梦　共唱未来"合唱交流音乐会
活动目标	1. 通过边讲解边表演的形式，加深学生对作品的理解和把握，引导学生用动听的声音、良好的状态演唱歌曲。 2. 通过舞台实践，锻炼学生的心理素质，培养表演能力和合作精神。 3. 通过轮流演出的形式，提高学生的鉴赏水平，达到相互促进、共同提高的目的。
重点难点	重点：情绪饱满、自信、大方地演唱。 难点：学生对作品深入地理解、准确地诠释。
活动方法	表演法、讲解法、欣赏法。
观众组成	两个演出团的学生和家长，小百花合唱预备团的学生和家长，两团领导和协助教师，约300人。
活动准备	1. 我团七首歌曲教学准备，怀柔团七首歌曲教学准备。2. 两团领导和教师接洽，确定日期、场地、主题和形式。3. 收集节目单内容，印制节目单。4. 通知家长志愿者和学生。5. 协调后勤服务订餐、用餐场地。6. 剧场安排及人员分工：座位分区；灯光、音响；钢琴、合唱台摆放；照相、摄像；各区域和安全出口指定专人值守。7. 怀柔团的准备工作由张爽老师负责。8. 蓬勃教授准备讲解稿。
活动环节	活动过程
准备阶段 8：00 至 2：30	**一、召开家长志愿者工作会8：15—8：30** 布置全天时间节点和工作要点。进行分组、分工。 目的：使家长清楚工作内容，做到心中有数。 **二、签到、发演出服8：30—9：00** 班干部负责签到，家长志愿者负责发放演出服装。 常规培养：要求孩子自己更换演出服，并收拾好自己的衣服，训练学生的条理性和自我管理能力。 **三、训练声音、排练作品9：00—11：30** 1. 教师指导学生进行气息训练、声音训练和和声训练。 要求学生做到气息深沉而稳定，声音通透而明亮，和声准确和谐。 2. 教师指挥，在钢琴伴奏的烘托下排练七首歌曲。 要求做到声音统一，音量均衡，声部清晰，音色和谐，咬字吐字饱满。背记歌词。

续表

活动主题	“牵手筑梦　共唱未来”合唱交流音乐会
	四、午餐、化妆11：30—14：30 由家长志愿者负责学生午餐、化妆。 常规培养：安静就餐，就餐时保持演出服干净整洁，珍惜粮食，餐后收拾餐盒放到收纳箱。化妆时安静排队，有礼貌，互相帮助。
进行阶段 14：30 至 16：00	**一、开场：15分钟** 1. 李主任宣讲演出注意事项和剧场安全保障。 2. 致欢迎词，介绍参加活动的两宫领导和观众组成。 设计思路：由少年宫副主任来介绍赛场注意事项和与会嘉宾、领导和观众，更能体现少年宫对此次活动的重视。 3. 蓬勃教授介绍两个团的成长与发展。 设计意图：蓬勃教授作为两团的特聘专家，对两团的学生、教师、作品都很熟悉，由他做讲解，更具权威性。 **二、第一节：15分钟** 怀柔团登台，蓬勃教授向观众介绍怀柔的教师和演唱的作品： 1.《留给我》；2.《老师在绿荫中走》；3.《当我们小的时候》 设计意图：怀柔团演唱的作品是我团孩子会唱的，在蓬勃教授讲解的前提下再听怀柔团演唱，孩子们对作品有了多角度的理解，孩子会不由自主跟着唱，形成台上台下呼应的效果。 **三、第二节：15分钟** 我团登台，蓬勃教授向观众介绍我团的教师和演唱的作品： 1.《长城谣》：通过领唱和小军鼓激越的鼓点开场，学生在我的指挥下，声情并茂地开始演唱。 2.《山野间》：欢快活泼。 3.《葡萄园夜曲》：空灵静谧。 设计意图：三首风格迥异的作品，通过蓬勃教授的精彩讲解，团员们再演唱时对作品的把握更加精准，理解也更加深刻。孩子们的演唱使观众沉浸在合唱艺术的享受中。 **四、第三节：15分钟** 怀柔团再登台，蓬勃教授介绍作品： 1.《我的根，在中国》；2. “CanYouHearMe”；3. “SingGloria” 设计意图：这组歌曲里有两首歌是我们没有唱过的，孩子们通过蓬勃教授的讲解，再欣赏怀柔团的演唱，对新作品很快熟悉，丰富了曲目，为今后的学习做了准备。

续表

活动主题	“牵手筑梦　共唱未来”合唱交流音乐会
	五、第四节：15分钟 我团再登台，蓬勃教授介绍作品： 1.“LetThereBePeaceOnEarth”（让世界充满和平）旋律优美动听，似天籁。 2.“MySong”旋律和和声难度极大的作品。 3.《飞向梦想》边唱边表演，培养学生的表演能力。 设计意图：前两首歌曲是英文歌，使学生了解英语歌的旋律特点，并通过背记歌词，提高外语表达能力。我团学生拿出最好的状态，精神饱满地演唱，观众爆发出热烈的掌声。 **六、第五节：10分钟** 两团一同登台由蓬勃教授指挥，一起演唱《少年强中国强》。 设计意图：在两团没有一起排练过的情况下，合唱一首歌曲，让学生在合作演唱的过程中加深交流体验，检验学生的合作能力。在蓬勃教授的指挥下，在孩子们动听的歌声中，把整场音乐会推向高潮。 音乐会气氛热烈、和谐，两团的学生、家长及教师在优美的歌声中度过了一段愉快而难忘的时光。活动达到了两团互相学习、促进提高的目的。 **七、合影留念：5分钟** 1.预备团学生给专家和教师献花，表达敬意。 2.两宫领导、教师、学生合影留念，留下美好的回忆。
音乐会结束后16：00至16：30	1.与怀柔师生道别，欢迎下次再来。 2.教师采访部分学生和家长谈感受和收获。 设计意图：通过访谈，了解活动的效果，产生的影响。 3.家长志愿者负责收回演出服。 常规培养：学生换下演出服并整理好上交。收拾好自己的物品与家长一同离开。
效果检测	1.通过观察学生和家长在音乐会过程中的反应，检测活动的效果。 2.通过活动后访谈，了解活动带给学生和家长的感受。 3.通过公众号信息的点击率，确定活动的关注度和影响力。

活动自评

合唱项目是少年宫项目管理制度第一个试点项目。自成立以来，多次组织形式多样的艺术实践活动，使学生的演唱技能不断提升，同时培养学生的合作精神和团队意识。在学生对歌曲的倾情演唱过程中，充分体验作品蕴含的丰富的思想感情，从而产生强烈的情感共鸣。在活动过程中以学生为主体，以审美体验为核心，通过演唱歌曲使学生养成健康、高尚的审美情趣和积极乐观的生活态度，进而获得自信，热爱生活。

项目管理制度充分调动教师工作的积极性，促使教师主动性、创造性地开展工作。艺术实践活动既体现教师的专业能力和教学能力，又体现教师的策划能力、组织能力和创新能力。

1. 活动亮点

（1）活动过程全面育人

任何教育活动都是以育人为最终目的。在活动中从学生的日常行为培养到演唱技法的提升，从舞台心理素质的培养到对作品的深刻理解和倾情演唱，对学生能力培养是全方位的，也是贯穿始终的。

比如孩子自我管理能力，自己换衣服，并把换下来的衣服整理好，做到不丢不落。在用餐的时候不说话、不打闹、不浪费粮食，吃完餐盒自己收拾干净等等，这些是合唱团的常规培养内容。

互助友爱、团结协作精神的培养在合唱活动中尤其重要。比如教师在演唱前的声音要求，所有团员必须都想好，才能发出漂亮的声音，如果有几个学生走神或者没有努力去做，声音就会大打折扣。

艺术实践活动，锻炼学生的心理素质，培养表演能力以及应变能力。学生在活动中全面成长，达到全面育人的目的。

（2）充分利用专家资源，提升活动效果

蓬勃教授作为特聘专家，在演唱前对每一首合唱作品的创作背景、创作意图、艺术表现等进行了详细介绍，还穿插了有趣的合唱见闻，引导学生主动学习、勤于思考、乐于实践，演唱时更能充分把握和表现作品，表演时更加投入，与作品深刻的思想内涵产生共鸣，受到艺术的感染和熏陶，达到丰富情感、培养核心价值观的目的。

教师和学生一同成长，在指挥学生演唱的过程中，教师的专业技能得到规范和提升。

边讲解边演唱的形式使观众更容易理解作品，从而产生共鸣和美好的审美感受、体验。

（3）打造精品，提升品牌

此活动是打造精品社团的系列活动之一。此活动在两区教师、学员及家长中产生了巨大的影响，并在全区乃至全市范围内产生关注效应，实现了打造精品项目、提升品牌效应的目的。

2. 不足之处

第一次组织两团之间的同台交流演出，虽然进行了多次情景预设，但在进程中还是出现了失于调度的情况，在两团上下换场过程中有些许混乱。这是宝贵的经验，在以后的活动中将予以避免。

本次艺术实践活动是两宫交流的一次尝试，也是好的开始，以后我们将会在各个领域进行深度交流。此次音乐会也为以后开展各宫、团之间的交流提供了借鉴。

立夏时节芍药开

乌日娜

一、活动依据

（一）非遗传承项目

利用美术教育开展非遗文化传承项目始于2015年。针对北京市“三个一”项目要求，申报了市级特色项目。本项目以二十四节气的气候、物候、农耕和民俗等为内容，以美术为载体，关注立德树人，以培养“全面发展的人”为核心，通过活动，提高学生的核心素养，引导学生学习和传承非遗文化。项目分为三个阶段：第一阶段是2015年1月~2017年7月，此阶段是以二十四节气为内容的中国画创作学习；第二阶段是2017年8月~2019年7月，此阶段的内容是节气色彩的表现。重点选择季节分明、色彩鲜明的八个节气，用多种方式表现节气色彩的变化。第三个阶段是从2019年8月~2020年7月，此阶段是将二十四节气相关内容与手工艺制作相结合，如用剪纸、插花、陶艺等形式表现二十四节气。本次活动选取的是第一阶段的立夏节气。

（二）学情分析

本班学生通过对非遗文化课程的学习，对中国传统文化有了深厚的兴趣，学生能够运用自己的语言阐述“二十四节气”的时间、气候特点、民间习俗等内容，能够在生活中主动观察大自然的物候变化，能主动以二十四节气为内容进行绘画创作。

本班共有17名学生，年龄在9~11岁，他们热爱绘画，有深入学习的意愿，能够主动地投入到美术学习当中。其中8名学生学习了三年的中国画，有较多的知识储备和较强的造型能力；5名学生有两年的中国画学习经验，能够熟练掌握笔墨的变化；其他4名学生接触了一年的中国画，热爱绘画，虽然初识笔墨，但是有学习儿童画的经验。

学生能够自如地调出墨色的深浅变化，能熟练运用中锋和侧锋。观察能力强，但是也会被细节干扰，从而忽略对整体的把控。本节课在芍药花的绘画过程中，需较强的整体意识。中国画班学生大多热心，乐于助人，但是他们都比较安静，不善于沟通、交流。本节课有宣传立夏的环节，重点培养学生的沟通与交流能力。

二、活动目标

（一）能够了解立夏节气的物候特点、插花艺术的概念和流派，能说出芍药花的基本特点和结构，学会插芍药花、画芍药花的方法。

（二）通过分组探究，提高主动学习的能力。

（三）通过本次活动，学生能主动与同学交流，积极投入创作，乐于助人，能主动传承非遗文化。

三、活动重点与难点

重点：以芍药插花作品为对象，运用中国画技法，完成长卷创作。

难点：利用毛笔的用笔变化，表现芍药花花瓣层叠的效果。

四、活动准备

（一）学生准备：小树枝、花瓶、剪刀、国画用具。

（二）教师准备：①插花工具：花瓶、花材。②教学用具：多媒体、视频、PPT、范例。③国画用具：毛笔、墨汁、国画颜料、宣卡纸、笔洗。④宣传用品：展板、宣传卡片。

五、活动过程（时长120分钟）

（一）认识立夏，导入课题（5分钟）

1. 教师活动

（1）了解立夏。课前让学生自主学习立夏相关知识，请学生运用PPT分享学习到的内容。

（2）感受自然。引导学生说出大自然的物候变化。

（3）导入课题。课前让学生查阅资料，寻找立夏前后开放的花卉以及传说，请学生回答问题，并导入本节课的学习内容——插芍药花，并根据花艺作品进行绘画创作。

2. 学生活动

（1）一位学生进行学习汇报，其他学生补充。

（2）分享自学内容。

3. 设计意图

培养学生自主学习的能力，观察、感受生活的能力。

（二）体验插花，确定素材（20分钟）

1. 教师活动

（1）认识插花。花艺的概念；花艺的流派和特点。

（2）探究插花方法。引导学生分组进行花艺实验，自主探究插花方法和构图方式；总结插花方法和构图方法。

（3）完成作品。引导学生自主完成作品，鼓励学生表现自己想法，过程中提示如下：①每组同学共用一套花材，每位同学根据自己的花瓶大小来选择花材，使用的时候要互相沟通；②使用剪刀要小心，不好剪的地方要寻求团队合作。

（4）点评作品。

2. 学生活动

（1）认真学习花艺知识。

（2）观看教师示范，学会插花步骤。

（3）能够自主完成作品，主动帮助同学或者寻求同学的帮助。

3. 设计意图

激发学生的学习热情，感受构图的重要性，提高学生的动手能力和团队合作能力。

（三）主动探究，学习新知（55分钟）

1. 教师活动

（1）分析芍药结构。引导学生分析芍药的枝干、花瓣等的结构特征。提出问题：面对花瓣繁多的花，应怎样去表现，是否照搬照抄？如不是，应该怎样概括？

（2）名作赏析。欣赏名家的芍药花作品，引导学生分析画面的颜色、笔墨等内容。

（3）画芍药。①教师播放课前录制好的芍药花绘画步骤的视频，引导学员直观地感受芍药花的画法；②教师示范并讲解芍药花、枝、叶的画法，提出作画要求，引导学员运用概括的方法画芍药。

2. 学生活动

（1）观察、分析芍药的结构特征。

（2）思考芍药花瓣的画法。

（3）欣赏名家作品，分析画面。观看视频和示范，掌握绘画方法，进行艺术实践。

3. 设计意图

突破本节课的学习难点——芍药花花瓣的画法。培养学生分析画面的能力和表达能力。

（四）活跃思维，展示评价（10分钟）

1. 教师活动

（1）展示作品。

（2）学生自评。引导学生自评作品，分析优点和缺点，分享绘画时遇到的问题，并说出改进的方法。

（3）教师点评。强调学生的特点和优势，并进行鼓励。在技法上提出不足和解决方法。

2. 学生活动

点评自己作品，并选择自己喜欢的作品进行评价。

3. 设计意图

让学生感受完成作品的喜悦，提高学员的评价与判断能力。鼓励学生的个性发展和创新。

（五）活动拓展（30分钟）

1. 教师活动

（1）布置展板、宣传节气。

（2）引导学生现场教音乐班的学生绘画青蛙、芍药等物候元素，用实际行动传承非遗文化。

（3）总结活动。

2. 学生活动

（1）学生代表讲解立夏知识。

（2）教音乐班的学生画明信片。

3. 设计意图

锻炼沟通能力、表达能力。引导学生懂得用实际行动传承非遗文化。

六、效果测评

①学生积极参与比率。②学生艺术实践完成比率。③学生自评。④学生对节气和插花艺术理解的比率。⑤拓展任务完成比率。

活动自评

本节课是“二十四节气非遗传承项目”中的第七节课。我的设计理念是引导学生通过学习立夏知识，了解立夏，学习非遗文化，然后从立夏时节芍药开花这个物候变化，引出本节课插芍药花、画芍药花的学习内容。最后学生在少年宫里展示作品，共同宣传立夏节气的内容，亲身投入到传承非遗文化的活动当中，激发学生对非遗文化的热爱。学生的作品得到了展示和认可，学生的行动得到了鼓励和表扬，这能充分建立学生的文化自信。

一、成功的方面

（一）将插花艺术与国画课程相结合，能够提高学生的审美情趣和学习乐趣，提升学习效果。美术学科的学习范畴广泛，技法和形式多样。但是中国画一直给人以严肃的印象。将插花艺术与国画课程相结合，能够丰富教学内容，使教学过程生动、立体。全班学生的参与度都极高。课前认真准备上课需要的花瓶、树枝等材料，遇到不明确的问题，如花瓶的大小和款式是否合适，都能够积极跟老师沟通。插花的过程中能做到积极参与、主动寻找自己的问题并且提出解决的方法。学生在插花阶段不但解决了画面的构图问题，还将学习热情带入到绘画环节中，认真投入，画面效果完整生动。

（二）通过宣传展示，让学生亲身融入到传承非遗文化的过程中，增强学生的文化自信。学习非遗文化的目的是让学生了解文化和传承文化。本节课最后一个环节是让学生宣传立夏节气知识，展示芍药花作品，将亲手制作的节气卡片送给学生和家长。学生通过此环节，能够明确自己学习二十四节气文化的意义所在，他们认真投入，主动讲解立夏的节气知识，积极宣传节气文化。学生的芍药作品在展示过程中得到了一致好评，提高了学生的自信心。

（三）学生和家长能够主动展示花艺作品，将美育渗透到学生的生活之中。学生对自己的花艺作品很满意，体会到学习带来的快乐。课后学生将插花作品摆放在家里，有的放在了漂亮的画框前面，有的搭配了漂亮的桌布，家长也主动在朋友圈里展示孩子的作品，表达了孩子的成长给他们带来的喜悦。所谓美育，就是培养学生认识美、爱好美和创造美的能力。学生通过本节课的学习，将美带回了家里，将美融入到了日常生活之中。

二、感到的不足

（一）在插花环节中，教师主导作用发挥不够，节奏控制不够紧凑。在插花环节中，学生积极性很高，反复调整花的摆放位置，导致动手时间过长，节奏不够紧凑。因此应该在此环节控制好时间，在学生插花之前明确时间要求。

（二）在引导学生绘制长卷作品的时候，没有充分说明长卷画芍药的意义。长卷是中国传统的绘画形式，让同学们共同绘制长卷，目的一是培养学生团队合作的能力，二是让学生体会“芍药盛开”的场景。所以，在学生完成芍药写生作品之后，应引导他们对长卷作品进行补充，并点出“芍药迎夏”的内涵，明确立夏时节画芍药的意义所在。

小狗·钢琴·圆舞曲

——小百花舞蹈社团活动方案

张晶雪

一、活动依据

2014年教育部研制印发《关于全面深化课程改革落实立德树人根本任务的意见》，提出“教育部将组织研究提出各学段学生发展核心素养体系，明确学生应具备的适应终身发展和社会发展需要的必备品格和关键能力”。

《2016年国家教育改革和发展规划纲要》提到“把改革创新作为教育发展的强大动力，教育要发展，根本靠改革。要以体制机制改革为重点，鼓励地方和学校大胆探索和试验……”

中国学生发展核心素养提出培养学生的实践创新能力，依据北京市校外教育“三个一”，2015年小百花舞蹈社团申报了精品项目——少年宫舞蹈社团活动的创新研究课题，不断探寻社团活动创新的方法，培养学生适应个人终生发展和社会发展所需要的创新实践能力、团结协作意识以及审美情趣。

二、学情分析

参加本次活动的成员为舞蹈社团学员共20人，均为7~8岁左右的儿童，在少年宫学习舞蹈六个学期。这个年龄阶段孩子的特点是活泼好动，喜欢小动物，想象力丰富，喜欢编故事，对舞蹈表演有着很高的兴趣，具备舞蹈初级表演水平及表演意识。

本次活动为全学期十六次活动中的一节，从教学设计上选择最贴近学生生活的主题，通过每周一次的编创课，用不同的动物主题启发引领学生，帮助学生在创造与合作中，学习掌握舞蹈编创的基本方法与手段，充分发挥想象力，大胆编创实践，参与舞蹈编创全过程，从而最终完成舞蹈作品《动物狂欢节》并进行呈现。本次活动更加强调交流、讨论与合作，激发学生自主性，诱发其积极参与的情趣，提高他们主动编创舞蹈的积极性，潜能得以充分发挥，从而提高学生参与的积极性和主动性，提升舞蹈编创以及表演能力。

三、设计理念

为了培养学生的创新实践、合作交流能力，此次活动以“小狗·钢琴·圆舞曲”为主题。通过一个开放性的问题，引发学生展开想象。活动中教师力求通过创设问题情境，帮助学生调动生活经验，构建自己想象的小狗，并根据音乐展开想象与编创，在小组讨论与合作中，引导学生开发想象、勇于编创、乐于表现，使他们以积极、饱满的情绪参与学习的全过程，学会艺术编创的手段及过程，从而完成舞蹈作品。

本活动过程设计为五个环节。

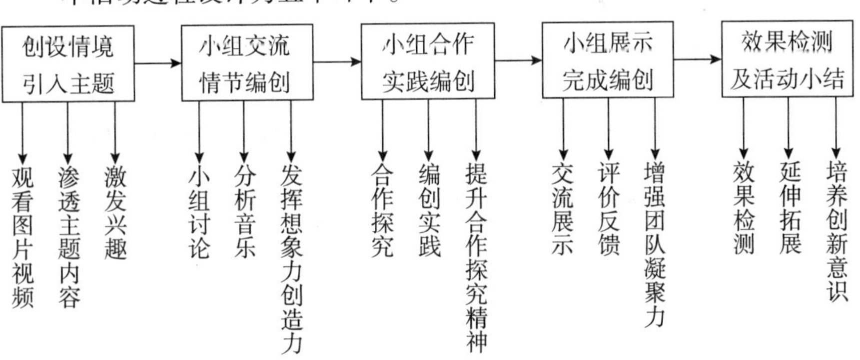

四、活动目标

（一）准确捕捉小狗的动物形象，根据其形态特点与音乐结构进行情节编创，完成小组作品《小狗·钢琴·圆舞曲》的编创与展示。

（二）通过分组讨论交流，提高舞蹈编创能力，锻炼想象、合作、语言表达能力。

（三）能主动投入到小组创作中，体验合作的乐趣，体会舞蹈编创带来的成就感。

五、活动重点、难点

重点：在编创中能够发挥想象、交流讨论。

难点：小组合作，在交流协调中能够完整展示编创作品。

六、活动准备

（一）知识经验的准备

调动学生的生活经验，对看过的动物形象——小狗进行回忆、描述并模仿，将动物形象拟人化。

（二）技能的准备

具备一定的舞蹈表演水平以及身体条件，能够将自身感受用舞蹈动作准确展示。

（三）思想准备

告诉学生这是主题编创课，需要学生发挥想象，大胆表现自己。

七、活动实施（90分钟）

活动环节	教师活动	学员活动	设计意图
（一）创设情境激发兴趣（10分钟） 1. 导入	· 展示图片："你喜欢小狗吗？为什么？" · 播放视频。 · 模仿。 · 展示图片：	调动生活经验，回忆、描述头脑中的小狗。 观看小狗的视频，捕捉形象，抓住小狗的形态特性。	通过一系列问题，展示小狗憨态可掬的图片、视频，调动学生生活经验。 通过观察思考，提升认知水平，激发学生好奇心，调动积极性。 捕捉动物形象，初次编创，进而产生联想与想象。

续表

活动环节	教师活动	学员活动	设计意图
（二）交流探究小组合作（25分钟） 1. 新授 2. 小组讨论 3. 修改完善	“如果小狗跳到了钢琴上，会发生什么事情呢？” ·播放《小狗圆舞曲》：“请听一听，他是如何表现的？” ·介绍音乐作品背景 ·再次听音乐，分析音乐结构。 ·将学生分组布置任务，限定时间。 ·“你觉得小狗跳上钢琴之后，会发生什么有趣的事呢？” ·从人物角色、故事情节发展变化、故事丰富性等方面进行指导，及时反馈。	提出元素，尝试模仿。 观看照片，直观感受，激发想象力。 聆听音乐、熟悉曲调，感受音乐的不同表现方式。 了解音乐文化内涵，加深理解。 学生了解ABA乐曲结构，明确编创舞蹈结构。 任务明确，时间安排合理。 充分发挥想象，积极参与讨论交流，构思情节发展。 根据反馈进行完善，不断优化编创内容，丰富故事情节，增强故事性。	引导学生在头脑中将小狗与钢琴建立联系，进入到创设的情境中，提出关键词“小狗钢琴舞蹈”，明确本次活动的主要内容及方向，主动思考。 通过欣赏，感受音乐中不同的情绪变化，激起丰富的遐想，从中获得情趣的感染。 丰富学生音乐知识，提升音乐感知力。 从音乐的速度、节奏、情绪等方面一步步引导，深入理解音乐，明确乐曲结构，确定舞蹈结构。 明确小组任务、实施步骤与时间要求。 根据“小狗钢琴圆舞曲”的关键词以及A+B+A的乐曲结构，讨论编创故事情节。 充分发挥学生的主体作用，激发学生探究的主动性，大胆假设，自由编创，构建自己的《小狗·钢琴·圆舞曲》。 在师生交流中，加深对编创的认识，提高语言表达能力、想象力、逻辑思维能力以及交流合作能力。以积极饱满的情绪投入到小组讨论中，形成自导的编创实践。
（三）实践练习加深理解（35分钟）	·布置小组任务，限定时间。	明确任务，合理安排时间。	通过小组讨论合作，编创舞蹈动作，了解编创重点，编创要求，个性编创，有步骤地将头脑中的虚拟故事转化为舞蹈动作，达成自演的编创目标。

续表

活动环节	教师活动	学员活动	设计意图
1. 分组编创，完成作品 2. 修改、完善	·从形象、空间、队形、动作、情绪等方面进行指导。	不断优化表演内容，提高编创能力及舞蹈表现力。	将空间编创方法、造型、流动等基本概念运用到编创实践中，掌握编创的基本方法，完成舞蹈作品编创。
（四）小组展示自评互评（12分钟） 1. 小组展示 2. 自评互评 3. 集体展示编创作品	·组织学生分组展示，提出问题，引发思考。 ·引导学生相互评价："这组表现得好吗？好在哪？" ·教师评价。 ·提示：注意情绪、动作与队形的整体配合。	小组展示编创作品，互相观摩、借鉴。 交流分享编创的经验，从小组互评中学习别人的优点，弥补不足。 加深对编创的认识与体验。 尽情展示，将自己对编创主题的理解融入表演中。	通过展示成果，互相观摩，提升学生的团队意识与合作能力，体会到团队合作带来的乐趣以及表演成就感。 在教师问题的引导下积极参与到活动评价中，并对自身或他人编创的作品形成明确的认识。在互评中懂得欣赏他人，学习别人的优点，思考自己的改进方式。 从教师评价中获得积极的鼓励，了解到编创的独特性与丰富性，为后续的编创学习提出了努力的方向。 课堂更加轻松自由，学生大胆表现，体会到编创带来的乐趣及成就感，将创新精神融入到头脑中。
（五）活动小结（8分钟）	·提问："如果让你重新编排一段舞蹈，有注意哪些事项？" ·布置作业："近距离观察小狗，提升动作形象性"。 ·小结，提出希望。	积极发言，结合活动内容进行回答。 课后拓展与延伸。	对本次活动效果进行检测，认识到交流、合作、创新的重要性，每个人都有舞蹈编创的能力，创新就在身边。

八、活动效果测评评价方式

（一）教师通过问答形式观察学生参与活动的情况。

（二）学生间小组讨论，检测学生创造力的发挥。

（三）小组间的交流展示及互相评价。

活动自评

本次活动以“小狗·钢琴·圆舞曲”为主题，通过捕捉形象、分析音乐、构思情节、小组编创，引导学员开发想象、勇于编创、乐于表现，使他们以积极、饱满的情绪参与学习的全过程，学会艺术编创的基本要素及规律。活动中教师充分尊重学生的年龄特征及接受能力，恰当安排活动内容。活动过程严谨、循序渐进，活动重难点在各个教学环节中一一突破。课堂气氛始终轻松愉悦，充分发挥了学生主体与教师主导作用。活动基于学生对编创对象的理解和认识的基础上，改变传统教授编创技法的教学方法，通过让学生自导自演的创新实践，充分调动学生积极性以及创造性，体会到编创的乐趣以及成功的喜悦。

我认为活动最突出的亮点具体表现在以下三个方面。

一、自导自演的编创实践，激发学生探究的主动性

本次活动坚持学生“自导自演”的原则，将编创的主动性交给学生，即故事情节发展、动作编排均由学生自我承担与完成，教师仅进行指导与反馈。教师通过创设情境，引导学生根据生活经验捕捉形象，发挥想象。这种教学方式，真正确立了学生的主体地位，让学生自主探索，不仅可以诱发其积极参与的情趣，提高他们主动学习的积极性，更有利于培养学生自主探究的能力，将创新精神融入到头脑中。

二、小组讨论的编创形式，提高学生交流合作的积极性

活动中，每一步骤的向前推进需要依靠小组讨论完成。学生必须发挥想象，大胆假设，充分讨论，选取最佳方案，共同完成编创任务。在小组讨论中，学生敢于突破自己，交流与合作的意愿增强，个

性得到充分展示，能够以积极饱满的热情参与到小组讨论中。并在相互交流中，学会倾听，乐于表现，提高语言表达能力、逻辑思维能力以及交流合作能力。

三、团队合作的编创展示，提升学生编创能力及团队意识

本次活动的编创成果以小组展示的形式呈现。学生在构思、编排、展示中互相配合，有计划有步骤地将头脑中的虚拟构思转化为舞蹈动作，在合作中体会到团队的重要性，增强了团队凝聚力。同时，通过教师指导、反馈以及小组间的自评与互评，加深对于编创的认识，提升编创能力，丰富了舞蹈表现，提高了表演水平。体会到每个人都有编创能力，创新就在身边。

不足之处：在此次活动设计方案时，我力求通过让学生自主构思情节、小组交流讨论来激发学生的创新意识。但在具体实施过程中，由于学生语言表述能力不一，使得个别学生在讨论、交流环节并没有达到预期的效果，留下了一些遗憾。因此在未来的编创中，更要运用多种方式促进学生间的交流、讨论，让学生的主观能动性得到最大的发挥，让教师主导、学生主体编创应用到日常社团活动中，激发学生的创造力，提高学生编创能力。

蝶舞京西

——蝶翅画综合实践小组活动

阚秋影

一、活动依据

1.《北京市校外教育机构工作规程》中要求少年宫要充分利用社会资源开展各种形式的专业社会实践活动。

2. 落实《全日制义务教育美术课程标准》:“教师在教学过程中要处理好传授知识与培养能力的关系，注重培养学生的独立性和自主性，引导学员质疑、调查、探究，在实践中学习，使学习成为教师指导下主动的、富有个性的过程。”同时要培养学生“逐步形成热爱祖国优秀文化传统的价值观”。

3. 学员知识和技能的需求：蝶翅画社团学员已经具备一定的制作蝶翅画的基础，需要在实践中借助丰富的活动形式，提升学员的绘画能力、制作能力、审美能力和创造能力。

二、学情分析

1. 社团学员是经过测试选拔的美术基础较高的学员，通过一年多的系统的蝶翅画学习已经掌握了蝶翅画基本的制作技能。

2. 社团学员具备一定的自学能力，能够完成对资料的搜集整理。

3. 综合分析学员的日常学习情况，他们具备一定的合作能力，对新鲜事物有较强的探求欲望，个性发展需求明显。

三、活动目标

1. 知识与技能：通过速写创作和蝶翅画制作两大环节，提升学员技能并促进学科之间的融合。

2. 过程和方法：采用集体讨论、小组合作的形式，将写生素材进行整理，创作出一幅蝶翅画长卷作品。

3. 情感态度与价值观：通过活动了解和热爱家乡丰富的物质文化遗产，并在交流与合作中增强团队意识，培养学生的核心素养。

四、活动时间及地点

活动时间：2018年4月22日。

活动地点：门头沟区少年宫313美术教室。

五、活动对象及规模

美术社团学员15人。

六、活动内容和方式

活动内容：整合实践资料，速写长卷内容，完成蝶翅画创作。

活动方式：讲授式、探究式、讨论式、合作式。

七、活动重点及难点

活动重点：蝶翅画的制作。

活动难点：蝶翅画制作中蝶翅花纹和颜色的巧妙运用。

八、活动准备

（一）教师准备

1. 运用多媒体整合实践活动资料供学员参考。

2. 准备蝶翅画制作的相关用具及教室的环境布置。

3. 提前和学员沟通本次活动内容并让学员查阅一些相关资料。

（二）学生准备

1. 搜集整理实践活动中的文字资料、写生作品、创作作品等以备参考。

2. 提前梳理在各项实践活动中的内容，初步在头脑中形成创作的画面内容。

九、活动过程及设计意图

活动过程	师生互动		设计意图
	教师活动	学生活动	
活动第一阶段（速写长卷的创作）			
活动导入	**（一）前情回顾，整合实践活动内容** 1. 明确本次活动目的，简要概述活动过程。 本次活动是围绕蝶翅画的制作，结合我区地域文化，通过多样的实践活动，丰富蝶翅画的创作素材，最终完成表现我区特色的蝶翅画长卷的创作。  2. 展示与本次活动有关的实践活动相关资料。 	1. 展示自己在实践活动中整理的资料及速写作品。   2. 回顾自己在参与实践活动过程中的收获体会。 	让学员明确自己的学习目标，主动思考问题并敢丁表达自己的想法。

续表

<table>
<tr><th colspan="4">活动第一阶段（速写长卷的创作）</th></tr>
<tr><td>整合资料</td><td>（二）合作探究，思考速写长卷内容
1. 整合学生的速写作品及资料，围绕创作主题，师生共同探究，启发学员创作思路。
2. 根据学员的学习、组织能力，分组合作，明确每个小组的创作任务。

</td><td>1. 师生一起研究速写作品及相关资料，大胆提出自己的见解和思路。
2. 各组组长和组员沟通交流后，自行分配每个人的任务，筛选资料。
</td><td>创设学员主动学习、参与到教师教学当中的情境，使每一位学员都能够得到充分发展。</td></tr>
<tr><td>速写创作</td><td>（三）分组协作，画画速写长卷内容
1. 讲解合作画速写时所要注意的要点，结合每个小组相关作品提出问题、分析问题、解决问题。

</td><td>1. 根据老师的要求和前面探讨交流的结果，回答教师提问，并说明本组的创作思路和构图安排。

2. 掌握速写创作要点，学员在画的过程中要注意组员之间的合作交流配合，使画面完整，突出主题。</td><td>通过速写过程启发学员对蝶翅画创作内容深入思考。多种绘画形式表现活动主题，体现了活动内容的丰富性，更易于激发学员兴趣。</td></tr>
</table>

续表

活动第一阶段（速写长卷的创作）			
速写创作	2. 引导学员整合实践活动并结合写生作品创作出一幅速写长卷。突出表现每一个地域的文化特征。   掌握速写要点： （1）造型准确，构图合理。 （2）层次清晰，疏密得当。 （3）突出重点，抒发情感。 教师针对以上要点进行具体的讲解示范并在学员创作过程中给予指导。 3. 学员画完之后，教师引导学员将每组作品组合在一起，共同整理画面。  	 3. 合作探究，整理画面。 	

续表

<table>
<tr><td colspan="4">活动第一阶段（速写长卷的创作）</td></tr>
<tr><td>展示作品</td><td>**（四）师生赏评，品读速写长卷内容**
1. 欣赏作品：引导学员互相展示欣赏完成的速写作品。
2. 评价作品：将完成的长卷作品，从活动主题、构图、线条运用、整体效果等方面进行评价，以鼓励和肯定为主。

</td><td>1. 学员间相互评价，点赞同学的优点，不足之处给予修改建议。

2. 针对老师提出的评价建议再整理完善作品。
</td><td>提高学员鉴赏能力，激发学习美术的积极性，增进学员的情感体验和文化的滋润。</td></tr>
<tr><td>活动小结</td><td>在这一阶段的学习中，我们把实践活动的资料进行了整合，并用速写长卷表现了家乡的文化和自然风光，抒发了我们的情感。为蝶翅画的制作作了充分准备。</td><td>思考蝶翅画的制作要点及表现形式和方法。</td><td>明确下一阶段学习目标。</td></tr>
<tr><td colspan="4">活动第二阶段（制作蝶翅画长卷）</td></tr>
<tr><td>活动导入</td><td>**（一）承上启下，深入创作**
回忆速写阶段活动内容，明确蝶翅画活动的目标及要求。</td><td>学员根据老师的要求，主动思考创作思路。</td><td>让学员对活动有更明晰的认识。</td></tr>
</table>

续表

活动第二阶段（制作蝶翅画长卷）			
蝶翅画制作	**（二）提炼要素，抓住主旨** 根据学员创作的速写作品，教师引导全体学员再次深入交流探讨蝶翅画创作要素。分组合作、探究、制作蝶翅画。 创作要素主要包括：标志性的建筑、主要人物、风景等，注意构图合理，突出主体。  	每个小组组员都要积极提出自己的想法，之后每组派一名代表说说本组的创作思路。 	通过反复实践、构思及创作，让学员主观深入地思考。
	（三）小组合作，创作蝶画 1. 在制作蝶翅画过程中针对难点给予指导，同时注重鼓励学员之间通过探讨交流来解决问题。  	根据本组的创作思路进行蝶翅画制作。灵活运用蝶翅画的知识和技能。组员之间要互帮互助，协同进步。 	实践蝶翅画的制作要点，解决活动的重点和难点。学员间的探讨交流、互相学习，能够提升学员制作技能，并增强积极的情感体验。

续表

<table>
<tr><th colspan="4">活动第二阶段（制作蝶翅画长卷）</th></tr>
<tr>
<td>蝶翅画制作</td>
<td>制作要点指导：
（1）准确画出物体造型。
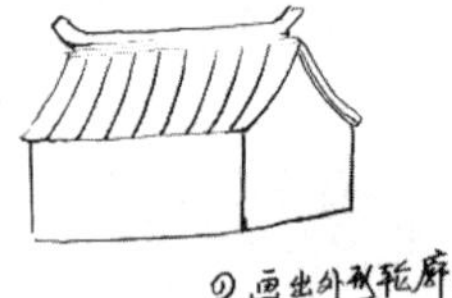
（2）细致分解物体各部分结构。
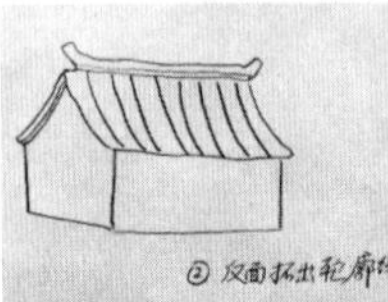
（3）巧妙运用蝶翅纹理（图案、色彩、质感）表现物体。
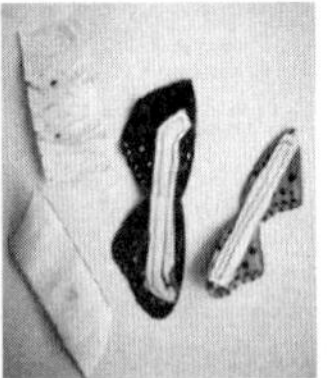
（4）耐心组合粘贴蝶翅到背板纸上。

2. 课堂管理须知：
（1）学员之间要保持安全距离，防止剪刀等工具的误伤。
（2）保持教室的整洁。
3. 每个小组制作完成后，教师指导全体学员对长卷整体布局进行整理。</td>
<td></td>
<td></td>
</tr>
</table>

续表

<table>
<tr><th colspan="4">活动第二阶段（制作蝶翅画长卷）</th></tr>
<tr><td>展示作品</td><td>（四）展示作品，师生共评
1. 欣赏作品：将学员制作完成的蝶翅画长卷作品进行展示。

2. 评价作品：学员评价，教师点评。对学员的成绩给予肯定，对不足给予指导。
</td><td>学员之间互评，针对制作的技能以及内容进行评价。谈谈自己在制作过程中有哪些收获和体会。

</td><td>培养学员的鉴赏力及评价能力，同时也体验自己成功的愉悦。</td></tr>
<tr><td>活动总结</td><td>通过实践活动、速写创作、蝶翅创作三个环节，我们实践了美术知识和技能，并了解了家乡丰厚的物质文化，用自己的作品表达了对家乡的爱和传承优秀文化的责任感。今后我们仍然围绕京西“百里画廊”开展丰富的实践活动，最终完成蝶翅画长卷。</td><td>领会老师的教学意图，并深入思考自己的学习目的。</td><td>激发学员持续学习的兴趣和积极的情感体验。</td></tr>
<tr><td>活动拓展</td><td>把制作完成的作品在少年宫内展出，让学员向大家介绍长卷内容及蝶翅画制作的相关知识。
</td><td>介绍长卷内涵及蝶翅画制作方法等。
</td><td>让学员感受成功的喜悦。</td></tr>
</table>

续表

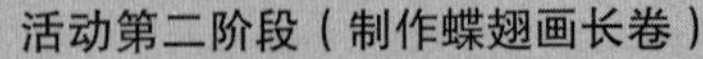

活动第二阶段（制作蝶翅画长卷）			
效果评测	1. 通过问卷调查及访谈了解学员的收获体会。 2. 采访观众对学生作品及活动形式的评价。  	填写问卷，谈自己的学习收获、体会，和老师、同学交流。 	对本次学习效果的反馈，为师生的教与学提供依据。

活动自评

本次活动主要是基于我的“三个一”项目《蝶翅画》实施过程中所开展的一次中期的总结活动，是学员的认识、记忆、想象和创造过程的展示。活动紧紧围绕京西“百里画廊”地域文化展开，挖掘、认知和体验其中所蕴含的丰富的自然景观、人文历史、艺术特色等内涵，最终实践蝶翅画的创作技能。本次活动是培养学生综合素养、拓展校外教学资源的有力体现。

1. 本次实践活动效果

（1）通过蝶翅画制作过程，同学们对前期的实践活动进行了再次的梳理和认识，并能够自主完成速写长卷和蝶翅画长卷的创作，促进了学科之间的融合，提升了学员的绘画与制作能力。

（2）活动中同学们互帮互助，交流合作，主动充当小老师，提升了学员积极的情感体验。

（3）同学们把自己的作品展示并介绍给观众，这一过程让学员充分体会到了用自己的美术技能服务他人是多么自豪的事情，提升了学员的自信心和荣誉感。

2. 本次活动亮点

（1）地方资源与教育资源的融合。将地域发展体系即京西“百里画廊”与蝶翅画课程相结合，通过实践活动过程中的查阅资料、速写采风、蝶翅制作等内容，构建以蝶翅画这一“点”带动学员对区域文化了解及多种美术相关技能的体验，进而形成一个“面”的教育资源。

（2）美术技能与情感教育的促进。通过走一走、看一看、查一查、画一画、做一做等环节，为学员创设了认知—感受—速写—制作的完整的认知过程。在这一情境中，体现的是实践活动、启发引导、发展个性、情感熏陶的教育思路。艺术来源于生活，学员的成长和教师的活动也要融于生活。

（3）探究学习与合作学习的体验。整个活动过程中，同学们都是在不断地发现问题，研究问题、解决问题、互帮互助中成长的。速写过程中不知如何组织画面，制作过程中遇到没做过的东西等，这其中很多问题都是在学员不断的自我尝试，和同学、老师的交流中获得解决的办法，而这一交流体验过程，正是学生自主学习和提高创新意识的过程。

3. 本次活动不足

（1）对于地域文化研究不够深入。由于我区历史文化积淀深厚，师生在研究过程中还不够深入透彻，在今后的实践活动过程中，我会带领学员继续从多角度深入挖掘。专家引领，开阔思路，拓展活动内容。

（2）制作蝶翅画的精细程度仍需提升。由于蝶翅画材料的特殊性，学员对于技法的整体把握仍有不足，作品的精细程度有待提高。在今后的教学活动中我会引导学员深入学习，通过丰富的实践活动提升学员的制作技能和综合素养。

总之，每一次的活动并不是一个句号，而是教师探究与发现新的教法和进步的一个新起点。一个好的活动必定是要选择适合学员的切入点，学员有兴趣，才有探求的欲望，才能学有所获，学有所用。

夏至：一起来吃面

乌日娜

一、活动依据

（一）《二十四节气非遗传承项目》

利用美术教育开展非遗文化传承项目始于2015年。针对北京市“三个一”项目要求，申报了市级特色项目。本项目以二十四节气的气候、物候、农耕和民俗等为内容，以美术为载体，关注立德树人，以培养“全面发展的人”为核心，通过活动，提高学生的核心素养，引导学生学习和传承非遗文化。项目分为三个阶段：第一阶段是2015年1月~2017年7月，此阶段是以二十四节气为内容的中国画创作学习；第二阶段是2017年8月~2019年7月，此阶段的内容是节气色彩的表现，重点选择季节分明、色彩鲜明的八个节气，用多种方式表现节气色彩的变化；第三阶段是2019年8月~2020年7月，此阶段是将二十四节气相关内容与手工艺制作相结合，如用剪纸、插花、陶艺等形式表现二十四节气。本次活动选取的是第一阶段的夏至节气。

（二）学情分析

本班学生通过对非遗文化课程的学习，对中国传统文化有了深厚的兴趣，学生能够运用自己的语言阐述二十四节气的时间、气候特点、民间习俗等内容，能够在生活中主动观察大自然的物候变化，能主动以二十四节气为内容进行绘画创作。

本班共有17名学生，年龄在9~11岁，他们热爱绘画，有深入学习的意愿，能够积极主动地投入美术学习当中。其中8名学生学习了三年中国画，有较多的知识储备和较强的造型能力；5名学生有两年的中国画学习经验，能够熟练掌握笔墨的变化；其他4名学生接触了一年的中国画，热爱绘画，虽然初识笔墨，但是有学习儿童画的经验。

学生能够自如地调出墨色的深浅变化，能熟练运用中锋和侧锋。观察能力强，但是也会被细节干扰，从而忽略对整体的把控。本节课在面条的绘画过程中，需较强的整体意识和细节处理能力。

二、活动目标

（一）能够了解夏至节气的物候特点和民间习俗，说出中国十大面条的名称；学会画面条的方法。

（二）通过自主探究，提高主动学习的能力。

（三）通过本次活动，学生能热爱生活、表现生活，积极投入创作，热爱非遗文化。

三、活动重点与难点

重点：面条的画法。

难点：表现一根根面条的线的穿插关系。

四、活动准备

学生准备：毛笔、生宣纸、墨汁、调色盘、笔洗、画毡、中国画颜料、画好自己头像的卡纸。

教师准备：毛笔、生宣纸、墨汁、调色盘、笔洗、画毡、中国画颜料、ppt课件、范画、图片。

五、活动过程

活动过程	教师活动	学生活动	设计意图
设置情境确定主题	1. 以提问的形式，复习所学内容。 我们之前学过哪些节气，都画了些什么内容？ 2. 导入本节课课题——夏至。 播放讲解夏至节气的视频，针对视频提出问题。 （1）夏至是哪一天？ （2）夏至的三候都有什么？ （3）夏至有什么习俗？ 3. 由夏至这天北京地区吃面的习俗，确定本节课的绘画主题是画面条。 提前设定好“餐桌”（教室墙上的蓝色展板）和准备吃饭的“小朋友”（将学生提前画好的自画像沿边剪下，粘在展板周围），让学生自己做“一碗面”（用中国画的表现手法，在卡纸上画一碗面，并沿边剪下来，粘在展板上）。  	1. 主动思考，积极回答问题。 2. 学员仔细观看视频后回答问题。 3. 认真观察，回答问题。	1. 复习所学节气知识，激发学生的学习欲望。 2. 带着问题观看视频，锻炼学生的观察能力。 3. 引导学生主动学习，激发探求新知的欲望，并导入下一环节。
学习新知教师示范	1. 讲解面食文化，拓展学生的思路。 提问1：你能说出几种面条的名称？	1. 观看图片，了解中国十大面条的种类和	1. 通过了解多种面条，让学生分析不同面

续表

活动过程	教师活动	学生活动	设计意图
学习新知教师示范	提问2：你最喜欢吃哪一款面条，能形容一下它的颜色吗？ 提问3：你还知道其他的面条吗，能不能形容一下是什么样的？	特征，认真思考，积极回答问题。	条的特征，有助于增强学生的观察能力。
学习新知教师示范	教师小结： 中国上千种的面条，我们可以概括一下，一种是有汤的面条，一种是没有汤的，如干拌面。汤色也分为清汤面条、浓汤面条和红汤面条。有的面条里面有肉，有的有鸡蛋，有的有蔬菜，所以我们在画面条之前一定要确定好画的是哪一种面条，面条里面有什么辅料。 2. 教师演示： （1）确定碗的透视关系，用墨勾出碗的外形；给碗添加上自己喜欢的花纹。 （2）用淡的焦茶＋曙红（或者赭石＋墨色）画出肉的外形，等到快干的时候，再用重的颜色勾出肉上面的纹理。 （3）用墨线画出不同种类的面条。 （4）上色。藤黄＋水（大量）调出面条的颜色，用赭石＋曙红＋水画汤汁，用绿色画葱花。	2. 学生认真、投入地观看教师如何表现食物的特征，注意面条的画法。	2. 让学生明确了解绘画的方法和步骤，才能在绘画时做到胸有成竹。直观的示范使学生更清晰地感受用笔用墨的变化。通过示范、讲解面条中线的穿插，解决本节课的难点。

续表

活动过程	教师活动	学生活动	设计意图
教师提示自主创作	启发学员表现自己喜欢的面条，引导学员表现出不同口味面条的特点。 作画提示： 1. 注意突出自己画的面的特点。 2. 墨色要有变化，线在转折的地方要方一点。 3. 先画面中的配菜，按照从大到小、从主到次的原则。之后再画面条。葱可以最后点。 4. 画面条的时候要一根一根画，并且注意叠压关系。 5. 涂色时注意水分的控制，水分太多，容易晕开。 6. 画好之后用剪刀剪下来，可以留一点白边。 7. 可以根据自己的喜好做配菜、水果和饮料。	学员自主完成作品，表现自己喜欢吃的面条。	培养学生的观察能力、表现能力、创作能力。
活跃思维展示评价	1. 展示学员作品，让学员相互欣赏作品，并挑选出最有食欲的面条、最漂亮的碗、口味特征最明显的面条。 2. 教师点评，以表扬为主。 	互评：学员找出自己喜欢的作品进行评价，交流感受。	让学员感受完成作品的喜悦，提高学员的评价与判断能力，并促进绘画技法的提高。鼓励学生的个性发展和创新。
活动拓展	夏至这一天跟家人一起吃面条，并参与到煮面的过程中，感受节气习俗，体会劳动带来的乐趣。	全心全意投入到做面条的过程当中。	此环节重在让学生传承夏至的民俗，培养学生帮长辈做家务的好品质。

六、效果测评

（一）学生积极参与比率。

（二）学生艺术实践完成比率。

（三）学生自评。

（四）学生对节气理解的比率。

（五）拓展任务完成比率。

活动自评

《夏至：一起来吃面》是《二十四节气非遗传承项目》中的一次活动，活动恰逢夏至时节开展，能够加深学生对节气习俗的认识和理解。活动环节衔接紧密，学生态度积极，充满热情，是一次成功的活动。

一、教师示范步骤清晰，易于学生快速掌握表现技巧。教师将面条的画法分为六个步骤，清晰地展示在黑板上，示范过程又能跟展示步骤结合起来，学生学习效果好，能很好地完成作品并且富有新意。

二、活动展示形式新颖，能充分调动学生的积极性。师生共同在教室墙上的展板周围摆上班级同学的自画像，将展板当成“饭桌”，让学生将画好的面条剪下来，摆在“饭桌”上面，还可以画好其他想吃的东西，如西瓜、可乐等等，添加在上面。学生画了很多丰富的食物，参与度特别高。

三、知识点衔接可以更加紧密，应加强对学生活动的过程性评价。活动开始教师讲解了中国十大面条的种类和特点，在后面的学习过程中应以任务单或者测评卡的形式巩固知识点，评价学生对知识的掌握，加深学生的学习印象。

《北京欢迎你》小提琴钢琴合奏活动方案

姚　旺

一、设计思路

1. 活动依据

《中国学生发展核心素养》中提出以培养“全面发展的人”为核心，培养学生的音乐素养和审美情趣。“三个一”活动项目建设，旨在以项目建设为平台，创设育人环境，促进学生全面发展。“一带一路音乐汇”的活动项目，所编写的教材曲目筛选了“一带一路”（中线）沿途地区及国家的音乐元素，体现各民族音乐的不同特点，符合学生音乐素养发展愿望。

2. 教育理念

器乐教学中以学生的兴趣爱好为动力，重视音乐实践，丰富音乐表现能力，鼓励音乐创作。以学生能够掌握多样化的音乐形式为主线，形成创新、活泼、生动的内容，以学生自主性合作为主，探究式的学习为辅，激发学生的学习兴趣。

3. 学情分析

本次活动学员年龄在7~11岁之间，学习乐器已有半年多，程度是从启蒙到初级，已掌握了基本的演奏方法与技能，主要表现在对简单节奏的把握、音高辨别能力的提高、音乐表现能力的改善等方面；在合奏过程中也逐步学会了相互聆听、相互配合，提高了合作的质量和效果，而这些技术技巧与能力还需要长期的不断提升。

本次活动通过附点节奏、跨小节连线节奏学习，进行多次的节奏重组练习，提高学生们准确掌握节奏的能力，同时提升学生们的演奏技能和伴奏水平。通过多种形式的分声部练习、合奏练习和提速练习，使学生控制演奏速度的能力以及配合能力得到不断提升。

本次小组活动以小提琴、钢琴合奏学习《北京欢迎你》为主要内容，在原谱基础上创编了小提琴二声部和钢琴伴奏谱，创编过程中钢琴伴奏和声融入了北京地方民族音乐的典型特点，使乐曲更加突出中国民族的音乐特点，丰富了合奏形式。

4. 活动过程概述

环节一：通过观看视频，让学生感受歌曲表现的浓厚的北京地方民族音乐特征，同时体会音乐速度和节奏的变化带来的音乐风格和效果上的变化，从而激发学生学习兴趣。

环节二：把学生分成几组，学生自主性组合学习附点节奏型，经过探究式的练习，发现问题（拍打节奏是否准确），相互交流解决问题（最终节奏拍打准确）。

环节三：通过多种合作形式以及现场播放学生演奏视频，引导学生互相聆听、互相学习、互相给予评价，在提速练习过程中提高学生快速演奏的能力以及配合能力。

环节四：学生分享体会、感受和收获。

二、活动目标

1. 知识与技能

钢琴学生学会附点节奏型，能够重组并灵活运用；小提琴的学生准确完成连弓、分弓的演奏技法；钢琴学生熟练运用和弦的弹奏技术，通过合奏练习提高相互倾听、相互配合的能力。

2. 过程与方法

通过小组活动中的节奏训练、合奏中的速度练习，学生对于节奏和演奏速度的掌控能力、相互配合的默契程度均得到较大幅度提高。

3. 情感态度价值观

培养学生认真专注的学习态度，引导学生愿意与同学交流并能够勇于表现自我。

三、活动重点、难点

重点：提高学生合奏时的合作质量。小提琴声部与钢琴声部分别演奏旋律时，其他声部要注意配合，彼此要有对话呼应的感觉，节奏与句法要注意协调统一。

难点：重点节奏型的掌握，快速练习合作中的配合。小提琴声部快速练习需要双手协调统一，左右手动作灵敏迅速，钢琴声部的和弦转换要快速准确。

四、活动准备

小提琴、电钢琴、鼓、节奏型示例图片、录播仪器、谱架、乐谱（创编小提琴二声部与钢琴伴奏谱）、北京风土人情图片、音频资料（《北京欢迎你》两个版本）。

五、活动过程：（60分钟）

教学过程	教师活动	学生活动	设计意图
设置情景 导入课题 （5分钟）	**设置情景** 教师播放《北京欢迎你》的演唱版本，让学生说出乐曲里面出现哪些他们印象深刻的地名或者词语。	学生欣赏演唱版本进行回答。	让学生感受体会到乐曲里渗透北京民谣的风格特点。
主动探究 学习新知 （10分钟）	**学习新知** 通过学生回答引出节奏型图片 1. 分别展示两种附点节奏型和一种跨小节连线节奏型，首先请同学们分别打出三种节奏型，并让学生们相互评价、相互学习。 2. 学员分成两组，学生自由组合三种节奏型，小组练习，最后派代表把组合的节奏型展示出来。	1. 学生学习切分节奏，进过练习正确打出节奏，并相互给予评价。 2. 学生们通过分组，相互讨论组合节奏，经过练习，派代表展示正确节奏型组合。	引导学生主动参与，通过自由组合节奏型，让学生感受节奏的特点。

续表

教学过程	教师活动	学生活动	设计意图
合作能力训练（35分钟）	两位教师展示合作乐曲 1. 单独合奏形式： 小提琴学员分别与钢琴学员单独合奏。 2. 多人组合形式： 小提琴学员两人、三人或五人一组与两位或四位钢琴学生合作（从速度、节奏、呼吸、音乐性质四个方面进行合作练习），播放学生合作演奏的视频，学生自己评价自己。 3. 重奏形式训练： （加入二声部）（发二声部谱子，给五分钟练习时间）两位学员与钢琴合作，再请两位学生与钢琴学生合作，播放学生重奏的视频，由学生自己给予评价。 4. 全员合作形式： 全体学员共同参与合作（齐奏合作、重奏合作）。 找出难点： 合奏时对音准、节奏以及速度的把握，逐渐加速练习。 解决难点：通过不断重复以及由慢到快、用附点节奏练习帮助提速，解决速度问题合作练习，相互聆听。	1. 学生踊跃参加，观察聆听，相互学习。 2. 全体学生共同参与，通过聆听自己的演奏，发现不足，加以改进，体会成就感。 3. 学生短时间熟练二声部谱子后与钢琴合作。通过聆听感受不同表现形式所带来的魅力。 4. 经过多种训练，提高合作能力，感受合作魅力。	学生体验合作的魅力，通过合奏以及现场观看自己的演奏，对自己的表现有所认识了解，更好地改进不足。 通过多种形式让学生感受到无论形式如何改变，合作的能力是需要训练的，需要不断地进行练习才能做得更好。
总结评价（10分钟）	1. 畅谈这节课的收获和体会，学生努力的程度，学习过程中自己有没有提高。 2. 最后展示演奏效果。	学生在教师引导下谈谈自己的收获感受体会。	通过自我评价提升学习动力以及学习兴趣。

活动自评

“一带一路音乐汇”的教学活动持续了一学年，学生对这种合奏课的模式很感兴趣，积极性非常高。我改变了之前以老师为主导的教学模式，转变为以学生为主导的课堂模式，启发、引导学生真正体验到合奏的乐趣和价值。同时，探究性学习能够更好地开发他们的创造能力，促进学生综合能力的提升和发展。

本次活动中，我上的是第一学期的第二次合奏课内容《北京欢迎你》，课堂气氛活跃，学生积极参与，教学效果良好。整堂课的教学我以学生为主导，采用“情景引入—发现探讨—深入研究—实践提高—小组展示—归纳小结”的教学过程和策略。教学方法上应用了分析讨论法、讲授法、演示法、学生课堂实践法，引导学生主动思考，参与学习并互动，体验合奏的乐趣，有效地提高了相互合作的能力。

情境引入部分，学生通过观看《北京欢迎你》视频，了解这首歌曲的内涵和创作背景，激发他们学习的兴趣，产生主动学习的渴望和动机，为后面真正实现学生主体性学习做了很好的铺垫。

发现探讨部分，引导学生小组自由讨论学习重点节奏型——大反附点，将其与大附点进行对比练习，学生找到两种节奏型之间的区别和联系，并将已经学习过的节奏型进行自由组合。最后小组之间用比赛的形式，进一步巩固强化重点节奏型。

深入研究部分，学生通过观察钢琴小提琴的总谱，找到重点节奏型所在的片段。教师带领学生一起演唱《北京欢迎你》的歌曲旋律，引导学生深入分析每一个乐句中钢琴小提琴之间的关系（主奏和伴奏），使得学生对于乐曲结构有更深层次的理解。

实践提高部分，学生通过一对一合作、一对多合作、重奏合作、集体合作等多种形式的训练，有效地提高了互相协作的能力，并通过自评与互评的方式相互交流学习，课堂气氛积极活跃，学生的综合能力被很好地开发挖掘。这种综合多样的教学模式使学生的学习从被动变为主动，最大程度激发起学生浓厚的学习兴趣。

小组展示部分，学生通过课堂上仔细认真的反复练习，相互之间的配合也有了一定的默契度，我们让学生自由地以一对一合作、一对多合作、重奏合作的形式进行展示，并互相评价优缺点。最后是集体合作的展示，学生们把自己最优秀的状态和水平表现出来。

归纳小结部分，在最后热烈活跃的讨论中，学生们慢慢学会了分享和互动，他们主动跟大家谈自己的收获和感受、跟他人合奏时自己遇到的困难和演奏的优缺点。这样的轻松氛围，使学生们更能够及时找到自己的不足，以便在下次的合奏课中进一步提升自己能力，更好地投入到合奏训练中。

本次活动的一个亮点是对于现代多媒体设备的灵活多方位的运用。课堂上，我们将孩子们的演奏即时录制下来并当场播放，孩子们能够客观地聆听自己及他人的演奏，及时发现存在的问题。运用这样新颖的手段，孩子们的上课效率会大大提高，合奏方面的问题也会得到及时的解决，主动性更强，积极性更高，内在的兴趣被大大激发出来，越来越享受课堂，享受音乐。

整堂课的教学活动，我的总结如下：

1. 学生的交流互动非常频繁，教学方式和教学手段由教师的“手把手”变为学生的“我要学”，充分发挥学生的主体作用。

2. 学生的乐理基础知识、识谱能力、演奏技巧、倾听能力和合作能力在轻松愉悦的合奏气氛中得到很大程度的提升，极大地激发了学生的兴趣和求知欲。

3. 课堂教学手段和现代教学技术运用多样灵活，新颖富有创意。

走进端午

——学唱《和端阳》教学活动方案

朱智楠

一、活动依据

1.《中国学生发展核心素养》中提出：以培养“全面发展的人”为核心，培养学生的音乐素养和审美情趣。注重艺术知识、技能与方法的积累；能理解和尊重文化艺术的多样性，具有发现、感知、欣赏、评价美的意识和基本能力；具有健康的审美价值取向；具有艺术表达和创意表现的兴趣和意识，能在生活中拓展和升华美等。

2. 教育部《完善中华优秀传统文化教育指导纲要》中指出：加强中华优秀传统文化教育，是培育和践行社会主义核心价值观，落实立德树人根本任务的重要基础。加强中华优秀传统文化教育，对于引导青少年学生增强民族文化自信和价值观自信，自觉践行社会主义核心价值观具有重要作用。

3. 在“三个一”教育教学活动项目推进中，我创办了“诗词乐坊”社团，开发了以中国传统节日诗词为题材，根据学员特点谱曲的《咏经典》校外音乐活动课程。通过音乐与经典诗词的融合，让中国传统节日相关的经典诗词穿越时光的长河，在音乐中焕发新的生命力，用音乐传承经典、传承优秀文化，使之扎根在学员的心田里，形成对中国文化的认同感，使民族文化血脉延续、发展。

4. 学情分析：本次参与活动的是诗词乐坊社团的学员，共18人，年龄在7~11周岁间，性格活泼开朗。他们基本音乐素养较高，具体表现为：声音条件较好，音准与节奏感较好，在c1–d2音域范围内能够顺利地完成演唱（童声音域）。但由于他们没有学习过声乐，目前尚处于学习基础的发声方法与基本乐理知识的阶段。

在搜集端午节相关诗词时，为了迎合社团学员的年龄特点，选择《和端午》这首诗作为核心内容。其一，它是北宋诗人张耒的七言绝句，有很高的艺术价值；其二，这首诗的主题明确，篇幅短小，语言精练，结构方整，十分符合学员的年龄特点和实际演唱能力。在此基础上加以扩充，将端午节的时间、由来、自然景象以及学生生活中能够触及的内容融入歌词中，使音乐的整体内容轻松、活泼，贴近学员的情感世界和心理特点，易于学员接受。

二、教学目标

1. 通过学唱歌曲《和端阳》，学生能够认识八分休止符、五声调式的名称与结构。

2. 根据学生身心发展规律和审美心理特征，以丰富多彩的教学内容和生动活泼的教学形式激发学生的学习兴趣。同时，通过以小组为单位的游戏，培养学生的沟通与合作能力。

3. 通过学唱《和端阳》，了解民族精神，传承中国优秀传统文化。

三、活动重难点

重点：有感情地、完整地演唱《和端阳》。

难点：掌握五声调式的名称与结构。

四、活动准备

1. 教师准备：乐谱、钢琴、打击乐器、多媒体设备、视频片段。

2. 学生准备：了解端午节的由来与习俗，提前预习歌词中不认识的字。

五、活动过程（90分钟）

活动过程	教师活动	学生活动	教学设计意图
预备阶段	组织学生以游戏形式进入教室，分组坐。	根据教师的要求，与同学组队，并按分队情况坐好。	分组合作。
效果检测：学生在之前的课堂中玩过音符时值的游戏，能够达到熟悉音符时值、增强学生沟通与合作的目的。			
导入阶段	1. 播放赛龙舟的视频并提问：这是什么样的运动？是哪个节日的习俗呢？ 2. 教师提问：端午节是纪念谁的节日？有同学还能背出关于端午节的其他诗词吗？	1. 学生回答：赛龙舟、端午节。 2. 个别学生回答。	引出端午节。
效果检测：1. 学生能够准确地说出端午节的习俗；2. 有一名同学背诵了陆游的《乙卯重五诗》，其余同学能够分辨出是五言或七言的诗句。			
新授阶段	1. 引导学生有感情地朗诵《和端阳》。 2. 自主学习，在黑板上板书出学生练习的节奏；熟练掌握后，引导学生加入肢体动作。 3. 讲解五声调式的基本知识与特点。 教师组织游戏：下面我们再来玩一个游戏“找不同”，大家分组讨论（在乐谱中找到不同的唱名，并按照从低到高的顺序排列起来后，每组派一名代表写在黑板上。看哪个组	1. 有感情地朗诵。 2. 学生准确地读出节奏后加入肢体动作；加入打击乐。 3. 学习五声调式： 学生记住了五声调式只有五个音； 学生在游戏中分组进行探究（组长组织队员进行分工合作：部分同学负责找第一行的唱名，其余同学负责找第二行、第三行的唱名）；	1. 熟悉诗词、歌词。 2. 节奏的训练。 3. 掌握五声调式的名称与结构。

续表

活动过程	教师活动	学生活动	教学设计意图
新授阶段	写的答案正确、用的时间又短），快快行动起来吧！ 将五声调式音阶完整呈现在学生面前。以唱名和“中国名字”相对应的方式让学生们记住五声调式中每个音的名称。 4. 教唱旋律： 提问：大家记住五声调式一共有几个音了吗？下面我们学习的这段旋律就是用五声调式的音阶来创作的，让我们一起来学习一下吧。 为学生进行完整的范唱与伴奏，训练学生的音准与节奏。 5. 引导学生将朗诵、歌唱、肢体动作结合在一起，有感情地演唱。	两组学生都能够找出乐谱中的五个音，将正确答案写在了黑板上； 学生将音符－唱名－中国名字对应起来记忆五声调式中每个音的名称。 4. 学生学唱旋律： 学生在游戏过程中寻找不同唱名，已经对乐谱有一定了解，再根据教师的范唱与钢琴伴奏演唱时能够迅速掌握旋律的音准与节奏； 学生在教师伴奏中演唱得更加动听，速度更稳。 5. 先进行整体演唱，熟悉歌曲的各个部分； 学生互动：一组唱、一组打节奏（互换）； 学生互评； 将歌曲完整地、有感情地呈现出来。	4. 学会歌曲的旋律； 感受音乐的整体氛围； 5. 通过分组练习与整体练习的不同方式，提高学生聆听他人演唱的长处与不足的能力，加深对歌唱的理解。
效果检测：1. 学生通过分层学习与分组练习能够将歌曲完整地、有感情地演唱出来；2. 学生能够准确地说出五声调式是由五个音构成的，并能够说出五个音的名称；3. 在探究过程中能够感受到同学们为团队的荣誉十分努力，注意力集中，同学间也能够顺畅地交流。4. 学生在互评时能够准确地说出对方演唱的长处以及可以改进之处。			
拓展阶段	为学生播放《北京欢迎你》的音频与乐谱。引导学生思考：这首歌曲是否也是由五个音组成的？	聆听歌曲并仔细读谱。	巩固五声调式。

续表

活动过程	教师活动	学生活动	教学设计意图
效果检测：1. 学生能够在乐谱中发现这首歌曲也是运用五声调式创作的；2. 学生能够按照从低到高的顺序将《北京欢迎你》中的音符排列起来。			

六、效果测评

1. 学生能够完整而有感情地演唱歌曲，有3名学生甚至能够把歌词和旋律背下来。

2. 学生能够准确地说出五声调式是由五个音组成的，并且能够说出每个音的名称。

活动自评

本次活动是诗词乐坊社团学员《和端阳》的第一课时，我的设计理念是：以学生为主体，教师为主导，以小组合作为主要形式，面向全体学员把传统节日诗词以学生喜闻乐见的形式进行呈现。在教学过程中从学生熟悉的节日入手，引出端午节，知道端午节是中国的传统节日。在学唱《和端阳》歌曲时，先通过打节奏的形式掌握诵读，再逐句教唱，在学生能够熟练掌握后以小组合作、比赛等多种形式进行深化。不单学会了本首歌曲，而且学生能够有感情地唱出此歌曲，进一步弘扬了中国的传统文化。

1. 亮点特色

（1）有创新：在“三个一”教育教学活动项目推进中，我创办了“诗词乐坊”社团，开发了以中国传统节日诗词为内容，根据学员特点谱曲的《咏经典》校外音乐活动课程。目前，我已经梳理了8个传统节日，预计创编16首歌曲，现已创编了8首歌曲。这样通过音乐与经典诗词的融合，使传统和现代握手，让中国传统节日相关的经典诗词穿越时光的长河，在音乐旋律中焕发新的生命力，用音乐传承经典、传承优秀文化，使之扎根在学员的心田里，形成对中国文化的认同感，使中华民族的基因、民族文化血脉延续、发展。

（2）有文化：在传统节日诗词与声乐课程开发中，做到了“教育活动化、活动课程化、课程特色化、特色系列化”。以音乐中的演唱与诗词中的传统节日为两个着力点，丰富了学生对传统文化的理解，真切感受到我国优秀传统文化绽放出的魅力之花，描绘出音符与诗词碰撞出的艺术火光，引导学生在参与和体验中将传统文化内化与心、外化于行。

（3）有效果：通过学生自主学习、分组合作、教师示范等形式，学生积极地学习，达成了本次活动的教学目标。学生在轻松的课堂氛围中攻克了教学中的重难点，最后歌曲整体呈现的效果非常好。在教学过程中凸显了学生的主体性，引导学生将已学会的知识运用到新的学习过程中；学生在学唱这首歌曲时，经过逐句的学习与几次反复就能够准确的演唱出歌词与旋律，而且有家长反馈孩子在家时也会不时地哼唱起来，这也是歌曲强大的教育功能的展现。

2. 存在的不足与改进

（1）教学环节不够紧凑。本次活动中设计了两处游戏环节，分别在预备环节与新授环节（教授五声调式），意在调动学员参与活动的积极性。在预备环节时，由于学生们在之前的活动中已经玩过这个游戏，所以游戏进行十分顺畅。但在新授环节中，学生们讨论如何在乐谱上找音名时，其中一个组有年纪稍大一点的同学有条理地分配了任务，这样既让每个组员都能参与到游戏中来又减轻了每个人的任务量，最后将每个小分队的结果汇总经过总结与讨论很快将正确答案写出来。另一组的同学由于没有一个这样的领导者，在游戏过程中处于比较混乱的状态，并且由于组员的年龄偏小，在理解游戏规则方面还有一些困难，所以在游戏中没有取得胜利。

改进：虽然是根据游戏结果分组，但在设计游戏时要考虑得更加全面，想办法将基础比较好的同学分到不同的组，构成实力均衡的分组，为学生们搭建更良好的沟通交流平台。

（2）没有完全考虑到学员心理上的需求。在演唱过程中需要三只鼓作为伴奏，考虑到鼓的音量较大，与学员朗诵和演唱的音量不匹配，所以只配了三只鼓。在分配鼓时自然就有没有拿到鼓的同学，部分年纪比较小的同学认为自己的节奏打得也很准却没有得到打鼓的机会，情绪有点低落。为了不打击小朋友的积极性，马上对情绪低落的他们加以安慰并鼓励他们只要节奏打得好，大家可以轮流打鼓。在完整演唱完一遍后马上重新分配打鼓的任务，他们才走出失落的情绪。

改进：在计划活动时只考虑了音乐呈现的整体效果，却没有考虑到这种行为会影响小朋友的积极性。再有类似的设计时，可以加入一些音量小、容易掌握的打击乐器，让每个学生都能体会到音乐的不同表现形式。

了解地震常识，学习自救技能，掌握逃生本领，减少自身伤害

——公益性科普教育体验活动

韩金军

一、活动依据

1. 地震是可怕的，地震带来的灾难是毁灭性的。本次活动的目的是提高学生对地震的认识及掌握地震发生时的逃生技能，深入开展灾害知识的科普、应急避险、自救互救以及逃生知识的宣传教育活动，进一步普及防灾减灾知识，增强防灾减灾意识，全面提高师生的防震减灾意识和自救自护能力，努力构建和谐平安的校园环境，切实提高广大师生安全防范能力。

2. 我国是一个地震多发的国家，历史上曾发生过多次强烈地震，尤其是1976年的河北唐山大地震和2008年5月12日的四川汶川大地震，给我们大家留下了深刻的记忆，也极大地震撼了我们的心灵。虽然地震预报在今天还是个世界性科学难题，但我们完全可以通过一些科学的方法，有效地把地震灾害的损失减小到最低程度。地震离我们并不遥远，中小学生作为未成年人，在地震灾害面前的自救、互救和逃生能力都比较弱，因此，加强中小学生防震减灾宣传教育，确保在地震发生时能够做到科学避险，减轻地震灾害造成的伤害和损失，具有十分重要的意义。

3. 国家地震紧急救援训练基地作为全国第一座专业化的地震灾害紧急救援训练基地，内设有世界先进的设备设施，是中小学生进行地震知识普及和抗震自救与技能训练的最佳场所。

二、活动目标

（一）知识目标

1. 能说出两种以上地震成因。
2. 能正确说出地震的类别和震级的类别。
3. 能说出三种地震发生前常见现象。
4. 初步掌握避震自救知识。

（二）技能目标

1. 掌握在学校、家中，平房、楼房中避震逃生的技能技巧。
2. 锻炼学生应对突发事件的应急反应能力。

（三）情感态度价值观目标

1. 提高学生对地震灾害的科学认识，能正确对待地震天灾。
2. 通过体验活动使学生团结协作意识得到加强。
3. 通过本次活动学生能够认识到生命的珍贵。

三、活动对象规模

小学中高年级学生50人。

四、活动时间地点

2015年10月31日上午9：00~12：00，国家地震紧急救援训练基地。

五、活动内容

知识普及、知识竞赛、参观、逃生模拟演练、观看4D电影。

六、活动准备工作

1. 考察国家地震紧急救援训练基地，商讨确定活动环节，确定接待指导教官。

2. 撰写活动方案，制定安全预案，搜集整理地震知识试题，编创拓展地震逃生自救游戏。

3. 确定参加活动的学生并进行安全教育，并为学生购买意外伤害保险。

4. 联系车辆，制作横幅，购买奖品。

5. 明确工作人员分工。

七、活动过程

（一）开始阶段

介绍本次活动的目的、意义，对活动基地进行简单介绍。

要求学生注意倾听，以了解本次活动目的，对活动场所有个初步认识。

（二）了解感受地震阶段

1. 参观模拟震后废墟楼。教师边介绍边带领同学们参观。通过本环节使学生初步对地震强度有一个直观认识。

2. 听讲座。让同学们在理论上对地震的基本知识有一科学、正确的认识，并与教官交流互动。

3. 知识竞赛。与教官探讨试题答案。为优秀学生发奖。作为奖励，获奖学生与教官合影留念。

4. 观看4D影片《灾害警示录》。观看前讲观看要求，并简单介绍影片大致内容，观看后学生自由讨论，发言谈感受。学生通过观看电影，从视觉上感受地震来临时的情境，并通过教师采访表达真实情感。

采访题目：

（1）你以前看过4D电影吗？今天你看了《灾害警示录》有什么感受？

（2）万一地震中不幸被困你该如何自救呢？你觉得你现有的知识能不能成功逃生？你想了解并学习一些逃生知识吗？

（三）防震避震训练阶段

1. 19度倾斜楼内逃生体验。简介建造这种斜楼的目的及进入楼内的注意事项。在体验同时采访学生：①楼内问："此时有什么感觉？"②楼外问："现在感觉怎么样？"同时教师对教官进行提问：①"为什么人在楼内外感觉会不一样？"②"处在这种楼内正确的上下楼行走姿势？"本环节让同学走进斜楼亲身体验震后人们慌不择路、迷失方向的原因，并掌握斜楼内正确上下楼行走姿势。

2. 避震逃生演习。对同学所学避震逃生知识与技巧进行实地检测。

3. 参观基地救援工具陈列室。了解地震发生后救援所用工具，亲身感受各种生命探测仪等高科技仪器在灾害救援中的重要作用。还有能几秒钟就剪断钢筋的救援剪、能顶起百吨重量的小小的一个千斤顶、能切开水泥墙的用金刚石做的切割刀、能承受住若干吨重量的绳索等等。直观上让学生们对救援工具有个感知，开拓学生视野。

4. 互救拓展游戏。把地震互救技能的掌握融入游戏当中，让同学在轻松愉快的氛围中获得知识，符合同学的认知特点。

（四）活动总结

通过教师的全面总结，使同学对这次活动的目的意义更明确。

（五）学生代表向基地赠送为本次活动创作书写的书法作品

（六）家长采访

八、活动效果检测方法

1. 采访法（每一环节一访问）。
2. 知识问答法（通过问答了解孩子们对知识的掌握情况）。
3. 演习（实地训练）。
4. 游戏（学生们的喜好及参与程度）。

活动自评

本次活动是面向我区小学中高年级学生开展的一次科普教育体验活动。本次活动的主题是“了解地震常识，学习自救技能，掌握逃生本领，减少自身伤害”。活动以“地震—逃生”为主线，通过参与多种形式的体验活动来获取知识，提高技能，同时激发同学珍爱生命、与自然和谐相处的情感。我认为本次活动实现了活动目标，取得了预期效果。

1. 充分利用校外教育资源，为学生学习地震知识搭建平台

针对学校地震教育，很多社会教育资源有着得天独厚的优势条件。在活动筹备过程中我先后考察了多所社会地震教育基地，亲身体验了基地内的多种地震教育设备设施，最终在区地震局的帮助下选定了位于海淀区的国家地震紧急援救训练基地作为活动地点。主要考虑如下：一是该基地是国家级、一流的，设备设施都是根据实际演习训练不同需要而专门购置建造的，是其他科普基地无法比拟的；二是体验内容较适合小学高年级孩子参与；三是通过了解，没有学生去过这个基地，对于学生来讲有新鲜感，容易激发他们的参与兴趣；四是基地的教官都是由参与过多次国际国内救援的人员来担任，具有丰富的实战经验，他们所讲的知识、教授的方法应该是最实用、最权威、最接地气的。活动实践证明我们的选择是对的。

2. 专业教育设备设施为学生提供立体、全方位逼真体验

近几年，北京地区没有大的地震发生，孩子们没有亲历地震的考验和经验，对地震所具有的破坏程度，只是从书中或电视等其他媒体中了解，感受不是很深。本次活动中，同学刚刚进入国家地震紧急救援基地大门，就被眼前的场景惊呆了：倾斜的楼房，瓦砾遍地，各种被破坏的建筑垃圾扭曲地混在一起，似乎刚刚遭遇了一次地动山摇的震荡。这是模拟地震后建筑物的倒塌场景。接下来通过看动感逼真的4D电影《灾害警示录》，从视觉、听觉、触觉全方位直观感受到地震发生时地动山摇、房倒屋塌、海浪呼啸等灾难场面，就像处在真实的地震环境中一样。同学通过看到的这些场景，真切感受到了地震的巨大威力，地震对建筑物的摧毁程度有多大。走进19度倾斜楼，学生通过亲身体验、感受来获取知识，提高了技能，加深了孩子们对地震灾害的认识。

3. 拓展游戏，让学生在快乐中学习

本次活动中，为使同学进一步提高地震中避震、自救互救的能力，我设计了一个游戏。学生们在掌握了避震逃生的理论知识基础上，进行了趣味性浓厚的游戏活动，学生要想在游戏中取胜，首先要注意相互配合，协作完成，其次要注意技能的发挥。整个活动氛围轻松愉快，真正起到了寓教于乐的作用。

4. 整个活动都围绕着学生学习知识、掌握技能为主线，并要求学生作为传播者在活动后将所学传播给周围的人

整个活动，将教授给学生地震知识和逃生自救技巧贯穿到每个环节。无论是听讲座、看4D电影、19度倾斜楼的实际体验还是游戏，以及每个环节结束后教师的总结，都强调让每个学生都作为传播者，将今天的所学传授给身边的人，扩大受众面。

5. 本次活动存在的一些不足之处

（1）参与此次活动的学生范围应该再广泛一些，使更多的中小学生参与进来，在所有的青少年中得到普及。

（2）在自救与互救体验环节应再加强一些。

（3）最后的游戏活动环节学生兴趣很强，但由于时间安排有限，没能够让学生尽兴，而且教师在本环节组织还可以提升。本环节没有完全达到预想效果。

总之，本次活动是一次校外群众性教育活动，活动充分利用了校外资源，为学生在社会这个大课堂中吸取营养提供了平台，学生在实践中体会，在实践中提高。这次活动的开展既是素质教育的重要组成部分，更是社会发展形势的需要。

我和我的祖国“唱响赞歌”

——声乐高级组舞台实践活动方案

李建芝

一、活动依据

1. 以社会主义核心价值体系为导向

在本次活动过程中主要体现两个精神：民族精神和时代精神。民族精神表现在音乐上就是弘扬民族文化，表达爱国思想，抒发爱国情感；时代精神就是选择符合新时代少年儿童健康成长的作品，培养他们积极向上、开朗乐观的人生态度。

2. 凸显艺术实践之于音乐学科的必要性

在音乐课程标准——课程性质里，把实践性单提出来，突出了音乐是一门实践性很强的艺术学科，强调了音乐课程各领域的教学只有通过多种形式的艺术实践才能得以实施的必要性。强调音乐实践，鼓励音乐创作，突出强调了音乐的表演性和情感性特征。

3. 学情分析

这次活动专门为声乐高级A班和B班的学生设计，他们学习声乐有三到七年的时间，已经掌握扎实的音乐基本知识和演唱基本技能，学习过大量不同民族、不同风格的儿童歌曲，在课堂教学过程中得到多次锻炼，比如每首歌曲学完后的独唱测试，学期末的汇报演出和家长开放日等。学生已经达到了一定的表演水平，他们需要通过在专业剧场演唱，适应更大的场面，提高演唱心理素质，向更高演唱水平迈进。

根据学生的学习程度和差异，因人而异地制定指导方案。

高级B班：

序号	姓名	学习情况分析	指导方案
1	略	心理负担重，太紧张	多练习，强大心理素质
2	略	音准不好，声音直	多听多练，模仿跟随
3	略	喉咙紧，气息浅，紧张	多练习，加强基本功训练
4	略	基本功扎实，能力很强	放下包袱，轻松上台
5	略	自身条件好，不够努力	多练习，加强基本功训练
6	略	自身条件一般，很努力	放松，一步一步扎实提高
7	略	缺乏自信和表现力	自信、大方展示自己
8	略	年龄小，音准能力稍弱	慢慢练习逐步跟上
9	略	音准、声音、状态很稳定	继续保持，自信展示
10	略	自身条件一般，不自信	通过努力训练慢慢自信
11	略	口型小，声音小，气息浅	打开喉咙，放声歌唱
12	略	音准有偏差，咬字不积极	逐音逐字逐句练习
13	略	音准、声音、状态很稳定	继续保持，大方展示

高级A班：

序号	姓名	学习情况分析	指导方案
1	略	有些变声，不够自信，山区孩子	鼓励大方、自信、开阔见识
2	略	喉咙紧，气息浅，音量小	深吸气，放松大胆唱
3	略	音准有偏差，咬字不充分	多听多张嘴练咬字
4	略	乐感音准较弱，擅长表现	多听多练，发扬优势
5	略	声音缺乏控制，比较自我	逐字逐句练习，学会控制
6	略	学习时间短，基本功不够扎实	多练习，越熟练越自如
7	略	胆小、胆怯，不够自信	鼓励大方、大胆表现

续表

序号	姓名	学习情况分析	指导方案
8	略	音准、声音、状态很稳定	继续保持，稳步提高

4. 歌唱教学梯度

（1）音乐基本知识：节拍、节奏、速度、力度、旋律、音色、调式、和声等。

（2）音乐基本技能：音乐听觉，对音高分辨的敏锐度。

（3）演唱技能：音准、气息、歌唱状态、咬字吐字等。

（4）歌曲表现：在歌曲掌握到准确完整的基础上进行表现，才能自信大方地演唱，才能更深刻地理解作品。

二、活动内容

1. 学生自选一首喜欢的歌曲独唱。家长观看并打分。
2. 教师打分，对演唱进行点评，对存在问题进行指导。
3. 学生谈感受、感想、收获。

三、活动规模

第一时段2课时：声乐高级B班学生及家长30人。

第二时段2课时：声乐高级A班学生及家长20人。

活动地点：少年宫剧场。

活动时间：2019年4月20日上午。

四、活动目标

1. 通过艺术实践夯实演唱技能，能够准确运用音乐知识和技能演唱歌曲，并能够自信、自然、有表情地演唱。

2. 通过欣赏和演唱相结合的舞台艺术实践形式，培养学生做文明观众、用心聆听的好习惯，同时锻炼良好的舞台表演心理素质。

3. 通过演唱积极向上的爱国儿童歌曲，激发爱国情感，培养爱国情怀。

五、活动重点、难点

重点：准确、完整演唱歌曲。

难点：自然、自信、有表情演唱。

六、活动方法

表演法，访谈法。

七、活动准备

1. 教师准备

（1）向主管领导递交活动申请和安全预案。需要工作人员：后台话筒管理1人，中控放伴奏1人。设备支持：需要手持话筒8支。

（2）协调办公室及中控人员，制作LED背景屏，演出当天打好背景。

（3）准备好伴奏音乐，分好班级，标注好次序号，提供给中控人员。

（4）给家长发通知，让家长给孩子准备演出服、化妆等。

（5）统计能来的家长数量。

（6）制作和打印演唱评分表。制定评分标准。

（7）把证书准备好，写好相关部分，比赛结束后直接填姓名。

（8）聘请摄影兼摄像师1名，跟摄影师沟通活动过程以及需要的画面效果。

（9）通知高级B班8：00到教室，高级A班10：00到教室。

2. 学生准备

（1）每名学生在以往学过的歌曲中挑选一首自己喜欢的歌曲，首选爱国歌曲，在家练熟。

（2）在课堂上进行演练，教师提出改进意见，初步锻炼学生的心理素质和适应能力。

（3）服装、化妆等根据情况准备。

八、活动过程：声乐A班和B班相同流程

活动环节	活动过程
（一）发声训练（15’）	1. 教师带领学生进行发声训练，调整好用声状态。地点：教室。
（二）教师主持，讲要求（5’）	1. 到剧场，安排好座位，学生坐第一排，家长坐评委席。 2. 给学生提要求：做文明观众，认真聆听，别人演唱完要热烈鼓掌。保护剧场环境，喝完水后把瓶盖拧紧。 3. 给家长提打分要求：公平公正，所有孩子一个标准。不允许打无效分。安排两个家长负责算分，把名次标出。 4. 对小歌手要求：自报姓名、歌曲名。交接话筒要拿稳。上下台阶要走稳。站在舞台中央。
（三）演出实践（40’）	教师把舞台彻底交给学生。 演唱开始，按打分表顺序演唱。 学生倾情演唱，教师和家长同时打分。
（四）活动检测：点评及访谈（25’）	1. 教师点评学生在演唱过程中的优点和缺点。 2. 教师访谈，学生谈演唱感受：收获、差距、努力方向等。 3. 家长谈活动感受。 4. 委托两名家长算分。根据家长和教师打的分数，评出冠军、亚军、季军。书写证书，颁发证书。
（五）活动尾声（5’）	1. 全体学生为家长表演《感恩有你》，感谢家长的养育之恩。 2. 教师、学生、家长合影留念。 3. 在公众号发活动信息，扩大宣传影响。

活动自评

本次活动是在学生掌握音乐基础知识和演唱基本技能之后进行的，是教学的延伸，更是学生的需求。他们需要通过这样的活动去适应不同的声场，提高演唱能力，锻炼心理素质，促进舞台表现力。本次艺术实践活动对学生来说是一次锻炼，这次锻炼是在追求艺无止境的道路上必须经历的过程。

1. 亮点

（1）以需求为出发点设计活动。本次活动是依据学生学习的梯度和需求设计，舞台实践是提高学生演唱技能、锻炼演唱心理素质和舞台表现力的必要途径。他们通过聆听和演唱，获得直接经验和丰富的情感体验，以达到夯实演唱技能、提高抗压能力、领悟音乐内涵、提升音乐素养的目的。

（2）抓住有利时机对学生进行爱国教育。本次活动以新中国成立70周年为契机，突出强调音乐的表演性和情感性特征，充分利用歌曲的爱国情怀这一教育属性，对学生进行深刻的爱国主义教育。在演唱时只有演唱者心里有浓浓的情感，观众才能感受到，才能产生共鸣。在活动中学生全情投入，用声情并茂的歌声演绎歌曲，他们情感饱满，感情真挚，获得了充分的情感体验，演唱出感染观众的歌声。

2. 不足

（1）提问缺乏设计。活动检测环节教师的提问缺乏设计，缺少启发性和随机应变的能力。在以后的活动中要提前设计好提问的问题，做好相应的文案和预演。

（2）活动预设不足。活动时间是在全宫都在上课的时候，没有人手，导致我在现场有些顾此失彼、手忙脚乱。比如在访谈环节，学生谈感受谈得很深刻，能感受到这次活动对他们的冲击很大，却因为没有摄像师及时跟拍，所以没有影像记录留存下来，很是遗憾。

3. 本次活动给我的启示

（1）性格内敛、情绪稳定的孩子同样优秀。在这次活动中平时不活跃的孩子反倒表现得很出色，他们演唱完整准确、气息稳定、表现得体。这让我完善了新生面试标准和培养方向。

（2）这样的活动与常规教学相比对教师的组织能力、协调能力以及掌控全局的能力要求更高，对教师来说是挑战。这样的艺术实践活动对于学生的专业成长是非常有利的。在校外教育中这样的活动可以常态化，使教师和学生都可以得到锻炼。

（3）教师就是伯乐，要擅长发现学生的闪光点，比如，有的孩子说别人的问题很准确，很到位，可以鼓励他做音乐评论家。

（4）平时课堂表现好的孩子这次表现欠佳，主要原因是心理负担过重，每一次上台都要给孩子做好心理疏导，让他们轻松上台，不要对结果患得患失，享受过程，尽力就好。

（5）做好性别差异的教学指导。男孩比女孩在舞台上更大胆、更大方，很活跃，很自如，因此有超常表现；女孩普遍胆小、拘谨，要加强鼓励。

"牙刷火车，刷刷刷！"

——民族舞新生班活动方案

杨 潇

一、学情分析

本班学生为少年宫新招学员，平均年龄在6岁左右，几乎所有学员都处在第一次接触舞蹈阶段，所以在教学计划和内容上，较为严谨且丰富。通过前5次课的基础训练，学员们已大致了解了身体的各大关节，包括肩、腰、腿、胯等，这些训练的目的是使学员认识自己，认知身体，同时更好地利用身体进行训练和舞蹈。此次活动方案，大致从两个方面进行授课：舞蹈基本功训练及舞蹈组合训练。基本功训练主要采用地面训练的方式，使学生掌握最基本的活动软开度的方式方法和对于关节、韧带之间关系的认知以及运用。舞蹈组合训练包含了芭蕾基训组合及舞蹈风格组合训练，主要训练学员对于音乐节奏、节拍的掌握以及动作的协调性和艺术表现力，充分挖掘其天性，培养其丰富的创造力及想象力，使其动作可以达到更高层次的协调流畅，从而启发学员如何运用肢体去表达情绪，抒发情感。

二、教学内容

1. 基本功训练（50分钟）

①体前屈；②压胯根；③地面压旁腿；④趴青蛙；⑤横叉；⑥地面踢前、旁腿；⑦跪下腰。

2. 舞蹈组合训练（40分钟）

①芭蕾手位组合；②勾绷脚组合；③《牙刷火车》风格组合。

三、教学目标

1. 基本功训练

通过基本功训练认识肩、腰、腿、胯等几大关节。通过要求及要领，掌握活动软开度的方式方法，从而打下良好的基本功基础，为之后的技巧、舞蹈所需要的各方面能力及素质奠定一定基础。

2. 舞蹈组合训练

舞蹈组合包含芭蕾基训组合及舞蹈风格组合，通过芭蕾基训组合（手位、勾绷脚组合）使学生掌握对于1~7位手的认识，并培养学员手指尖及脚趾尖的意识。通过《牙刷火车》风格组合，培养学生对于音乐节奏、节拍的认知，以及头、手的相互配合能力，并根据特定的环境和情节培养学员丰富的想象力和创造力，将生活中的刷牙再现在舞蹈教室里，使学员在舞蹈课堂中学会生活，认识到艺术来源于生活且高于生活。

四、教学准备

活动方案、多媒体设备、舞蹈服饰等。

五、教学方法

1. 导入法

采用提问及情境引导等方法，发挥学生自主学习能力，培养学生丰富的想象力。

2. 讲解及示范法

通过对每个动作的全面讲解及示范，使学生快速掌握所学内容，从而激发学员的学习兴趣及对舞蹈的认识、认知能力。

六、教学重点、难点

重点：身体几大关节的活动方式及运用要求；对音乐节奏的认识。

难点：对身体各个部位的持续控制能力；节奏、节拍与动作的配合能力；头、手、脚的配合能力。

七、教学过程设计（以勾绷脚组合、《牙刷火车》为例）

（一）勾绷脚组合

1. 动作分解及要领

勾脚：上肢收紧立直，双臂放于身旁，中指轻轻点地，腿和上肢保持90度直角；双脚最大限度地勾起，膝盖伸直，通过脚趾间、脚趾、小脚背、大脚背最后延伸到脚后跟，脚后跟使劲往远蹬，保持脚后跟离开地面。

绷脚：上肢收紧立直，双臂放于身旁，中指轻轻点地；双脚最大限度地绷住，膝盖伸直，通过大脚背、小脚背、脚趾最后延伸到脚趾尖，脚趾尖往远延伸，尽力保持脚后跟离开地面。

2. 组合练习

①双脚绷脚准备做勾、绷；进行分解练习，2拍勾脚趾、2拍勾脚背、2拍绷脚背、2拍绷脚趾，共4个八拍。

②双脚做勾、绷交替训练2个八拍右、左交替勾绷练习、2个八拍左右交替勾绷练习。

③一次体前屈练习，4拍，2拍起、2拍下结束组合。

（二）《牙刷火车》

童谣：小牙刷/手中拿/张开我的大嘴巴/牙刷火车出发啦/戚嚓戚嚓/呜/上刷刷/下刷刷/左刷刷来右刷刷/牙刷火车嘴里跑/戚嚓戚嚓/呜/刷完牙/笑哈哈/露出牙齿白花花。

1. 教学导入以生活情境带入为切入点，进行舞蹈组合导入

教师：同学们好，我们起床后和睡觉前要做什么事情呀？

同学们：刷牙。

教师：对喽，说明同学们都是爱干净的，讲卫生的。那么请同学们给老师演示一下，平时大家都是怎么刷牙的？

同学们：……（上、下、左、右等刷牙姿势丰富多样）。

教师：同学们表现得非常好，那么今天我们就在舞蹈教室里用舞蹈的形式刷一次牙，好不好？

同学们：好！

教师：非常好，那么我们下面即将学习的舞蹈组合，叫做《牙刷火车》。大家思考一个问题，我们缺少一个非常重要的工具是什么呢？

同学们：牙刷！

教师：对了，那么大家思考一下，若是用我们身体的一个部位去代替牙刷的话，应该是哪个位置？

同学们：手的食指！

教师：非常好！有了牙刷，我们就可以进行《牙刷火车》的学习喽！

2. 舞段教学

（1）前奏1个八拍

动作：盘腿坐于地面，上身立直，双手叉腰（1个八拍）。

（2）童谣“小牙刷/手中拿/张开我的大嘴巴”2个八拍

动作：左手叉腰，右胳膊抬起，食指伸直，其余手指收回，小臂往回收且立起，胳膊肘架起，同时头向右倾倒（4拍）；进行反面，动作顺序、要求一致（4拍）；双臂同时收回，右上左下并拢，左小臂不动，右小臂做上下运动，头随动（1个八拍）。

（3）童谣“牙刷火车出发啦/戚嚓戚嚓/呜”2个八拍

动作：左手叉腰，右手五指并拢手掌朝下且每个手指交替做上下运动，从右往左模仿火车运行，同时头向左倾倒（4拍）；进行反面，动作顺序、要求一致（4拍）；左手叉腰，右手食指伸直并平放置嘴前，胳膊肘架起不动，后背立直向前倾，头做左右微小摆动模仿刷牙运动，然后回到原位（1个八拍）。

（4）童谣“上刷刷/下刷刷/左刷刷来右刷刷/牙刷火车嘴里跑/戚嚓戚嚓/呜”4个八拍

动作：左手叉腰，右手食指伸直并平放置嘴前，胳膊肘架起保持不动，头做上、下、左、右四个方向的摆动，干脆且有力（2个八拍）；

左手叉腰，右手五指并拢手掌朝下且每个手指交替做上下运动，从右往左模仿火车运行，同时头向左倾倒（4拍）；进行反面，动作顺序、要求一致（4拍）；左手叉腰，右手食指伸直并平放置嘴前，胳膊肘架起不动，后背立直向前倾，头做左右微小摆动模仿刷牙运动，然后回到原位（1个八拍）。

（5）童谣“刷完牙/笑哈哈/露出牙齿白花花”（2个八拍）

动作：左手叉腰，右胳膊抬起，食指伸直，其余手指收回，小臂往回收且立起，胳膊肘架起，同时头向右倾倒（4拍）；进行反面，动作顺序、要求一致（4拍）；双臂同时收回，右上左下并拢，左小臂不动，右小臂做上下运动，头随动（1个八拍）。左手叉腰，右手食指伸直并平放置嘴前，胳膊肘架起不动，后背立直向前倾，头做左右微小摆动模仿刷牙运动（结束舞蹈）。

3. 课堂小结

教师：同学们今天表现得非常好，不仅掌握了基本功的训练要求，还掌握住了舞蹈动作顺序及节奏，希望小朋友们下去可以多复习今天课上所学习的内容，做到下节课不忘动作，不忘节奏（再次提醒学生本次课的教学重点与难点，让学生有更强更深刻的记忆）。

学生：好！

教师：还有一个，我们今天学的舞蹈叫做《牙刷火车》，它是要告诉我们，一定要做一个讲卫生，爱干净，爱刷牙的好孩子，所以孩子们记得早晚都要刷牙哦！大声告诉我，大家能不能做到呢？

学生：能！

教师：好的孩子们，站队！下课时间已到，孩子们各自穿好各自的衣服。下课！同学们再见！

学生：谢谢老师！老师再见！

活动自评

本班是新生班，平均年龄在6岁左右。由于学员年龄小且是第一学期走进舞蹈教室学习舞蹈，大部分学生还不太适应舞蹈课堂，上课走神，开小差状态时有发生。作为教师，第一要素不是将舞蹈知识教授给学生，而是要引导学生怎样快速适应舞蹈课堂，怎样进行舞蹈学习。

舞蹈基本功训练本身需要学员承受一定的酸、痛，怎样让一个6岁的孩子能够去直面此问题，是做舞蹈教师的一大难题。教师不仅要了解每个学员的性格特征，还要制定不同的引导方案进行引导，目的是让学员可以养成不怕吃苦、勇于面对困难的精神。我们不仅要把本领教给学生，更重要的还要把生活当中做人做事的道理带入其中，通过舞蹈训练，使其养成吃苦耐劳的精神。

在舞蹈组合训练过程中，学员对于节奏、节拍的认知不是那么敏感，常会出现节奏、节拍与动作不统一现象，根据此问题，教师首先要做到有方法、有耐心，同时使用重复教学法，尽量能够让学生在脑海里养成节奏、节拍等意识，为以后的课堂打好基础。同时，还有部分学员有动作不协调现象发生，针对此问题，教师需将动作拆得更细致，从单一动作训练再到动作组合进行教学。有些学生不是真的对节奏不敏感、动作不协调，而是对于课堂以及舞蹈不适应，所以需要教师有耐心、有方法、有爱心地为孩子授课，使孩子快速适应舞蹈课堂，适应舞蹈学习。

《冬至——九九消寒图》活动方案

乌日娜　杨　盈

一、设计思路

（一）活动依据

利用美术教育开展非遗文化传承项目始于2015年。针对北京市“三个一”项目要求，我们对本项目进行了微调，申报了市级特色项目。以非遗为典型代表的中国优秀传统文化是中华民族共同的精神家园，是中华民族的DNA，是我们的根与魂，更是中国文化软实力的内在支撑。学校教育是传承非遗的重要途径与有效手段。此项目是探索非遗“进校园”的一种思路和实践、一种策略与手段，具有丰富与拓展、深化与提升的空间。通过课堂教学的互助实施与教材编写的互补配合，探索和建立非遗教育的特色发展之路。本项目分为三个部分：第一部分是非遗文化中的传统节日文化；第二部分是传统的二十四节气文化；第三部分是非遗文化中能够跟美术课堂结合的少数民族文化。本次活动选取的是二十四节气文化中的冬至。

（二）学情分析

本班学员通过对非遗文化课程的学习，对中国传统文化有了深厚的兴趣，学生能够运用自己的语言阐述二十四节气的时间、气候特点、民间习俗等内容，能够在生活中主动观察大自然的物候变化。

本班共有15名学员，年龄在9~11岁，他们热爱绘画，有深入学习的意愿，能够主动地投入美术学习当中。其中6名学员学习了三年的中国画，有较多的知识储备和较强的造型能力，能够运用笔墨技巧，自主完成国画作品的创作；5名学员有两年的中国画学习经验，能够熟练掌握笔墨的变化，自主完成作品的能力较强；其他4名学员接触了一年的中国画，热爱绘画，虽然初识笔墨，但是有学习儿童画的经验，有较强的造型能力。

学员能够自如地调出墨色的深浅变化，但是对墨色的掌握仍有欠缺，在颜色变化的同时，经常忽略干湿的变化。本节课在梅花枝干、梅花花瓣的画法上笔墨变化明显，希望学员通过此次的学习，能够让笔墨更丰富。中国画班学员大多比较安静，不善于沟通、交流。本次活动以团队合作的形式完成作品，希望学生在团队合作的过程当中，能够有效地沟通与交流，提高合作学习的能力。

（三）设计理念

本次活动以学生为中心，通过探究、合作等方式完成自主学习。活动第一个环节是设置情境，导入课题。通过教师设置“穿越”的情境，引入冬至这个节气。学生介绍课前搜集到的关于节气的内容，从而引出本次活动的主题——冬至画九九消寒图。第二个环节是主动探究，学习新知。引领学生通过探究式学习了解梅花的特征和画法，观看教师示范画梅的步骤和方法，通过自主画梅的过程，学会梅花的绘画技法。第三个环节是团队合作，艺术实践。教师提出创作内容，引领学生通过团队合作的形式完成作品。第四个环节是活跃思维，展示评价。学生以小组汇报的形式展示作品。最后一个环节是活动拓展，馈赠礼物。学生将自己的设计作品转变为新年礼物，赠送给他人，做非遗文化的传承人。

二、活动目标

（一）通过自主探究的形式，知道冬至及九九消寒图的相关知识。

（二）学会梅花的画法。

（三）通过小组合作的方式，完成一幅具有个性的九九消寒图。

（四）通过创作九九消寒图，培养学生传承非遗文化的责任意识。

三、活动重点与难点

重点：画梅花，以九九消寒图为元素进行创作。

难点：梅花的画法。（梅花的干、枝和花瓣都有不同的用笔用墨方法，枝干挺拔，花瓣姿态多样，有学习的难度）

四、活动准备

（一）古代服装。

（二）背景音乐：古筝曲《梅花三弄》（以梅花为主题，表现梅花高洁品质）。

（三）创作工具：毛笔、生宣纸、墨汁、调色盘、笔洗、画毡、中国画颜料。

（四）图片素材：梅花、梅花名作、明信片、书签、新年贺卡、台历等图片资料。

（五）拓展媒介：明信片、书签等半成品。

五、活动过程（时长70分钟）

活动过程	教师活动	学生活动	设计意图
设置情景导入课题（5分钟）	**1. 设置情景** 带领学生一起“穿越”到古代的冬至这一天。古人对冬至节气很重视，我们一起体验一下古人是如何过冬至的。板书《冬至》 **2. 了解冬至及九九消寒图** 请学生分享课前搜集到的冬至的相关知识。引导学生了解九九消寒图的含义和表现形式。 明确学习任务：学会画个性化的梅花图式的九九消寒图。	1. 跟随老师一同“穿越”回古代，想象、感受古人过冬至的感觉。 2. 一名学生进行学习分享交流，其他学生进行补充。	1. 以“穿越”的形式设置情境，激发学生学习的积极性。 2. 培养学生自主学习的能力。
主动探究学习新知（25分钟）	**1. 咏梅** 讲授梅花不畏严寒、傲雪凌霜的高洁品质。	1. 认识梅花的品格。	1. 让学生学习梅花的品格。

续表

活动过程	教师活动	学生活动	设计意图
主动探究 学习新知 （25分钟）	**2. 赏梅** （1）引导学生欣赏梅花，分析梅花枝干、花瓣的结构特征。   （2）欣赏名家的梅花作品，引导学生分析画面的构图、颜色、笔墨、梅花画法。 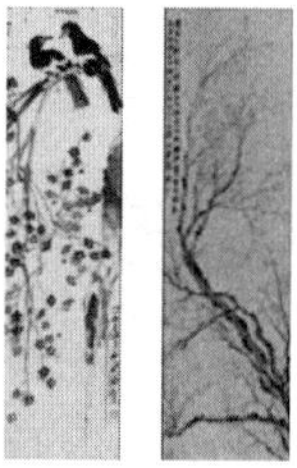 齐白石梅花双喜 **3. 画梅** 教师示范梅花的不同画法，引导学生跟着教师体验传统梅花的画法。 **4. 作品赏析** 教师讲评学生作品，通过对每个学生作品的解析，引导学生发现问题，学会欣赏。 提问：我们能够用传统的笔墨方法画梅花，但是这不能叫九九消寒图，为什么？（没有遵循九和九的规律）	2. 欣赏梅花图片，仔细观察并分析梅花的结构形态。欣赏名家的梅花作品，根据以往的学习经验，分析梅花的表现形式和笔墨变化。 3. 画梅花，掌握一枝梅花的画法。 4. 共同分析作品。学会欣赏。根据教师的引导，了解九九消寒图的绘画规律。	2. 让学生深入了解梅花的特征，为画梅花奠定良好基础。 3. 让学生掌握梅花画法，为后面创作做准备。 4. 过程性的评价有助于学生进步。

续表

活动过程	教师活动	学生活动	设计意图
团队合作 艺术实践 （30分钟）	**1. 出示任务** 各小组合作设计一件以九九消寒图为内容的小礼品。 **2. 作画提示** （1）九九消寒图要遵循九朵梅花、每朵九瓣的规律。 （2）引导学生进行小组合作。 （3）引导学生从资料包里选择素材。鼓励学生大胆创新。 （4）小组展示。 **3. 艺术实践** 针对小组中生成的问题，帮助学生分析问题，引导学生共同解决。	1. 认真倾听作画内容和要求。 2. 认真领会教师提示的内容。 3. 小组合作，组长组织组员共同探讨、分工合作，进行艺术实践。	1. 明确学习任务。 2. 有针对性的提示，能让学生的创作达到事半功倍的效果。 3. 培养学生的团队合作能力。让学生自主创作，激发学生的创新能力。
活跃思维 展示评价 （5分钟）	**1. 展示作品** 引导学生将作品展示在教室的展板上。 **2. 学生自评** 引导学生针对本组作品进行评价。 **3. 教师点评**	主动展示作品。各组陈述本组的主题、创意和分工等。	让学生感受完成作品的喜悦，提高学生的评价与判断能力，促进绘画技法的提高。
活动拓展 馈赠礼物 （5分钟）	1. 引导学生运用学到的技能制作贺卡、书签等小作品。 2. 现场赠送，引导学生做到学有所用。 3. 教师总结。 引导学生热爱中国传统文化，珍惜现在的幸福生活，能够将学到的美术知识运用于实际生活当中。 4. 拓展活动。 请同学们以今天学到的知识，制作一个小礼物。	现场绘制小礼品，并将礼物送给周围的人，用行动传承非遗文化。	此环节重在拓展学生的知识，激发对美术的学习兴趣，引导学生热爱中国传统文化。

六、效果测评

（一）学生积极参与比率。

（二）学生艺术实践完成比率。

（三）学生自评。

（四）学生对节气和消寒图理解的比率。

（五）拓展作业完成比率。

活动自评

一、成功的方面

（一）将非遗文化和美术课程相结合，能够提高学生的审美情趣和学习乐趣，提升学习效果。活动环节层层递进，从简入难，学生能够自然地融入课堂，将学习到的绘画技巧和知识运用到最后的艺术实践中。

（二）通过拓展活动，让学生亲身融入传承非遗文化的过程，增强文化自信，了解文化，传承文化。最后一个环节是活动拓展，馈赠礼物。学生将自己的设计作品转变为新年礼物，赠送给他人。学生通过此环节，能够明确自己学习二十四节气文化的意义所在，他们认真投入，积极宣传节气文化，提高了学习自信。

二、感到的不足

（一）活动时间安排不够合理，学生学习画梅花的时间过长，导致后面艺术实践时间不足，略显匆忙，活动超出预计时间。应注意时间安排的合理性，在规定时间完成任务。

（二）学生材料包内容过多，应再精炼，对学生每一环节的学习起到更好的辅助作用。应在每个环节设计学生任务单和活动评价单，让学生学习目标具体明确、可评可测。

《读帖方法练习一》活动方案

梁 莉

一、设计思路

1. 活动依据

书如其人，自古以来人们就注重书法（写字）能力的培养。良好的书写，能体现一个人做事做人的态度，留给他人一个好的印象。《新课标》对小学生书写的要求是：基本做到能写“规范、端正、整洁”的字，高年级比低年级写得更好。书法的教育宗旨即在此：书正、心正。读帖，即是通过观察、分析、琢磨和体会碑帖字形的过程，对其中的笔画形态、用笔方法和结构特点等进行深入的了解。基于这个问题，我从读帖入手，让学生更清晰地了解“书正”的概念，给学生一个良好的榜样示范，培养学生的规范性和书写兴趣，将学生对读帖与临习技能的掌握和人的思想修养联结起来，做到静思，淡泊，排除杂念，专心致志，追求“人字合一”的境界。这样持久的书法练习必然会使学生淡定从容，养成宽容大度，以诚待人，与他人和谐相处的作风。这样的练习，也能让学生深刻体会到中国书法艺术的博大精深。

2. 学情分析

本班学员共27人，年龄为6~9岁的低中年级学生，目前已经培训一个学期，讲解了基本笔画和间架结构，但书写层次参差不齐，大部分学员能够规范、整洁书写简单汉字，一部分可以整洁临写笔画相对复杂的字；程度好一些的学生已经能够书写七言诗作品，但明显书写还不够沉稳，结构掌握不熟练。整节课全员都能够参与到读帖的活动中来，主动分析字的笔画、笔顺，并能合理判定主笔的位置及书写要领。高年级的同学能够简单说出作品总体章法，读出自己临习作业与范帖的异同，并分析原因。本节课作为本学期读帖的首次细化讲解，着重从读帖“读什么”“怎么读”入手，希望孩子们在学会读帖的过程中，不同程度地在临习上将笔画笔顺规范，在结构上能有所改善，高年级的孩子能够在整体上书写力求和谐。

3. 设计理念

本次活动以学生为中心，通过探究方式完成自主学习。活动第一个环节是设置情境，导入课题。通过教师设置“比书”的情境，引入今天的主题——读帖的有效运用。学生从对比中发现笔画与独字、整体与局部之间的书写问题所在，并能主动探究，主动进行读帖比较。第二个环节引领学生通过探究式学习，观看教师示范书写单字的读帖结构练习的步骤和方法，学习读帖到底都要读什么，怎么读。通过自主临写更好地掌握读帖与临写的结合。第三个环节是艺术实践。教师给出临习内容（七言诗三首）引领临写完成作品书写。简要分析其中一首诗的读帖内容与方法后书写，以初步培养学生专心致志做事，以求人字合一的境界。第四个环节是展示评价，盖闲章（教师提供）。学生将自己的设计作品（作业）展示出来，并分析本节课的收获与不足，体会“书正”的重要性，提高审美能力，从而提升专心一致的优秀品质。

二、活动目标

1. 通过自主探究的形式，学习读帖的相关知识。

2. 学会读帖法。

3. 通过读帖，完成一幅七言古诗临写。（低年级同学临写诗中给定独体字及简单的合体字）

4. 通过完成作品（作业）体会“书正”与“心正”的关系。

三、活动重点与难点

重点：读帖的方法和要领。

难点：通过有效读帖，提高对书写结构的掌握。

（学生分析与实践结合有一定难度，控笔的能力还需要提高）

四、活动准备

1. 学生上节课作品临写作业、字帖。

2. 学习用具：田格本1个、铅笔3支（学生自备）、高年级可用钢笔，低年级可使用橡皮。

3. 图片素材：学生作业、临写字帖、毛笔楷书图片资料。

4. 展示媒介：印泥、闲章、鼓励章（加油、真棒）。

五、活动过程（时长85分钟）

活动过程	教师活动	学生活动	设计意图
设置情景导入课题（15分钟）	1. 设置情景 带领学生一起“比书”（自己对照字帖比、学生相互之间比）。通过比书引出本节课的内容，并板书《有效读帖》 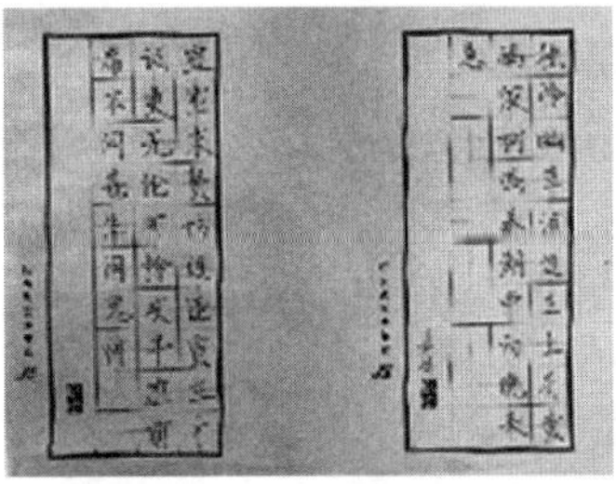 2. 讲故事《米芾用心读帖的故事》，明确读帖的重要性，并引出学习任务：用心读帖，临写得越像越好。	跟随老师一同“比书”，发现、概述问题所在及整幅作品感觉。 一名学生进行分享交流故事感受，其他学生进行补充。	以“比书”的形式激发学生学习兴趣。 培养学生自主学习和分析的能力。
主动探究学习新知（30分钟）	**1. 读帖讲授。** （1）引导学生读帖读些什么？ 读准字的笔画，读好字的结构，读准字的占格位置。 （2）欣赏名家的书法作品，引导学生分析读帖还需要读读范帖的神采特质（介绍）。	欣赏田英章七言古诗字帖图片，仔细观察并分析读帖的内容。欣赏名家的书法作品，根据以往的学习经验，	从欣赏字帖到临写单字，最后到整幅作品，让学生感受读帖的重要性。 开拓学生视野，体会读

续表

活动过程	教师活动	学生活动	设计意图
主动探究学习新知（30分钟）	  欧阳询《九成宫醴泉铭》 柳公权《玄秘塔碑》   颜真卿《多宝塔碑》 王羲之《兰亭序》 **2. 书写** 教师示范例字的读帖及临帖法，引导学生跟着教师体验读帖和临帖的方法。学生临写作品。低年级同学临写指定独体字和简单合体字。 教师讲评学生体验完成情况，欣赏优秀读帖临写的优点，分析问题所在。	分析七言诗的书写结构和布局变化。 跟着教师一起书写，感受笔锋的变化，掌握一个合体字的读帖和书写方法。 共同分析作品。学会欣赏。	帖的精髓更在于读书者的内心与风格特征。 开始动手练习，学习读帖的笔画、笔顺，结构初步提升。
书写实践（30分钟）	**1. 出示任务** 高年级同学完成七言诗的整幅作品临写（三选一），低年级同学临写指定字。 **2. 书写提示** （1）必须将每一个字入脑入心读懂读会再临写，可以指临于心再写。 （2）作品展示。 **3. 再实践、加工** 针对出现的问题，帮助学生分析，引导学生再加以练习。可在原字上	认真倾听书写内容和要求。 进行修改实践。	让学生在安静的环境下完成作品，培养学生的静写能力。 激发学生的创新能力。

续表

活动过程	教师活动	学生活动	设计意图
	小做修改、美化。（仅限铅笔），盖上老师准备的小闲章加以修饰。		
展示评价（10分钟）	1. 展示作品 引导学生将作品展示在教室的投影上。 2. 学生自评 引导学生针对作品进行评价 3. 教师点评	主动展示作品。陈述自己的优势和不足等。	让学生感受完成作品的喜悦，提高学员的评价与判断能力，促进技法的提高。
整理作品（作业），总结，并谈本节课感受（5分钟）	1. 引导学生整理自己的书写作品，不折不压，提升孩子的规矩意识。可送给你想要给的朋友做礼物，引导学生做到再努力再进步。 3. 教师总结。 引导学生热爱中国书法艺术，学会临写老帖、原帖，珍惜书法艺术，热爱中国传统文化，能够将学到的认真态度运用于实际生活当中。	整理，总结，可送给周围的人，提升表达能力，用行动体会、感受文化的博大精深。	此环节重在拓展学员的知识，激发对书法的学习兴趣，引导学生热爱中国书法文化。

六、效果测评

第一，激发学生对新知的求知欲，体会中国文化的博大精深，以增强学生的爱国热情。通过对读帖的内容深层体会，强化良好的书写习惯，培养学生细心、专注、严谨的生活作风，通过学期汇报不同程度的提高，增强学生的自信心。

第二，通过读帖活动，学生在原有基础上有所提高。低龄段（相对薄弱）学生笔画、笔顺规范、正确完成度100%；中段水平学生读帖讲述比书问题所在并自觉改正完成度90%，仍有10%的学生不能叙述清晰问题所在，不能及时改正；高段水平学生能够自觉体会读帖，并出色完成临帖2~3人，占全班人数5%

第三，课后加强联系，随时上传作业，以确保巩固率。

活动自评

本节课活动内容是读帖方法的有效运用的第一讲，重点让学生理解并掌握读帖读什么、如何读，进行临写实践并讲评、再实践。在教学中我结合中低年级学生的特点，让学生主动快乐地读帖、对比，临写，达到了预期的目标。

1. 观察比较，探索新知

在引入新课时，我通过让学生观察，通过“比书”的形式，比较学生作品当中哪个最漂亮，漂亮在哪儿，激起学生通过读帖来临习的欲望。接下来讲授读帖的概念与方法，主要以引导学生观察、探究式教学模式，把课堂探索的空间留给学生，让他们主动学习发掘。这样做，不仅调动了学生的积极性，更能让学生对知识点的掌握更深刻。

2. 读临实践，及时巩固

对新知识我趁热打铁，安排学生及时临写独体字或简单合体字，在他们练习的过程中，我提醒学生注意写字姿势，尽量做到“三个一”，并不停地巡视，帮助他们加深理解读帖，个别指导范写，适时给予表扬和鼓励，学生兴趣很浓，写得十分投入。

3. 联系实际，渗透德育

知识来源于生活，植根于生活。根据低年级学生特点，加强知识与生活的联系是激活课堂、巩固知识的一个有效方法。相碰的地方笔画要注意穿插、谦让，这样整个字结构才好看。就同做人一样，教育学生在平时的生活中也要懂得互相谦让，这样才能和谐相处。

4. 多种评价，激发兴趣

在评价时，我采用“点面”结合的方法及时反馈和评议学生的练习情况。有代表性的作业师生共同进行评述，引导学生从笔画、结构两个方面入手，肯定成绩，指出不足；小组交流评价临写作业，人人动脑，互帮互学，逐步提高他们的观察力、鉴赏力以及审美情趣。评议后，学生自己再纠正，加深体会，提高练写质量。

当然，“学然后知不足，教然后知困难。”在课后我认真进行了教学反思，觉得这节课还有很多地方可以改进，比如：课堂可以更鲜活一点，多找一些教具做补充（例如左中右结构的硬纸板拼凑字形）。我深信：只要不断实践就能发现问题，随时激发思考，让书法（写字）教学活动日臻完善！

蝶舞太平

——蝶翅画小组活动

阚秋影

一、活动依据

1. 全面推动社会主义核心价值观进教材、进课堂、进学生头脑，引导学生掌握扎实的知识本领。培养审美情趣和人文素养，成为德智体美全面发展的社会主义建设者和接班人。

2.《全日制义务教育美术课程标准》中指出：要认识美术与自然、美术与文化、美术与生活之间的关系，发展综合解决问题的能力。

3. 学员知识和技能的需求：蝶翅画社团学员已经具备一定的制作蝶翅画的基础，需要借助丰富的活动形式，提升学员的绘画能力、制作能力、审美能力和创造能力。

二、学情分析

1. 知识、技能的提升

经过本学期的蝶翅画培训与练习，学员已经掌握了蝶翅画制作的基本技能，能够独立进行主观的创作。学员需要进一步提升传统蝶翅画的基本制作技巧。

2. 传统文化认识的需求

京西太平鼓是国家级非物质文化遗产。作为我区优秀的传统艺术，学员所知甚少，教师有责任选择具有一定特征的文化资源并结合蝶翅画技能进行开发，把审美教育和思想道德教育结合在一起。

3. 学生发展的需求

学员具备搜集整理资料和与人合作的能力，对新鲜事物有很强的好奇心和探求欲望，在个性发展上有较强的成长需求。

三、活动目标

1. 知识与技能：利用蝶翅自然天成的图案纹理，运用造型、构图、色彩、剪贴的相关知识创作太平鼓舞蹈人物。

2. 内容与方法：通过集体讨论、小组合作的形式，了解太平鼓知识，画太平鼓人物动态速写，最终完成蝶翅画太平鼓舞蹈人物的制作。

3. 情感态度和价值观：感受京西太平鼓的文化内涵，通过活动了解并热爱家乡丰厚的文化遗产，在交流与合作中增强团队意识，并促进学科间的融合。

四、活动对象及规模

蝶翅画社团15名学员。

五、活动内容和方式

内容：制作关于太平鼓舞蹈人物的蝶翅画。

方式：合作探究、艺术实践。

六、活动重点和难点

重点：太平鼓舞蹈人物组合创作。

难点：如何巧妙地利用蝶翅的图案纹理进行人物的制作。

七、活动准备

1. 教室环境的布置：张贴蝶翅画作品和太平鼓舞蹈人物动作图片，营造良好的教学环境，激发学习兴趣。

2. 教学用具的准备：蝶翅、剪刀、镊子、胶水、背板、ppt、教师范例。

八、活动过程及思路

活动过程及思路		
活动步骤	师生互动	设计思路
导入活动	京西太平鼓是一种民间舞蹈艺术，自明代起流传于北京，历史上门头沟区很多村落家家户户、男女老少几乎都会击打太平鼓。最初它是一种来自满族妇女歌舞的女子集体舞。二十世纪初才在男子中兴起。击打太平鼓象征着“太平安乐”，是对太平盛世国泰民安的期盼，在每年的腊月和正月最为活跃，取其“太平”之意，北京也称太平鼓为“迎年鼓”。将太平鼓和蝶翅画两种我区的传统文化相结合，更能够激发学员学习兴趣，激发对我国传统文化艺术及家乡的热爱之情。 欣赏一段太平鼓视频，创设情境，并让学员对太平鼓的舞蹈动作有初步的认识，激发学员深入探究的兴趣。 导出课题： 板书　蝶舞太平 1. 提问，看完这段太平鼓舞蹈给你什么感受呢？请用几个词来概括。 答：铿锵有力、腾挪跳跃、舒展挺拔、舞姿柔韧、撩腿扭腰、婀娜多姿等。 2. 人物动态有什么特征？ 答：人与鼓交缠在一起，以身体的韵律带动鼓的舞动，身体自然拧扭在对舞交换位置的过程中，步伐以“刨步”为主。脚抬得高，落地很近，步子很小。有“扭劲”“颤劲”“艮劲”“掮劲”。  	让学员了解太平鼓的相关知识，拓宽学员知识范围，激发学员学习的积极性，主动学习，逐步掌握新知。让每个学员都得到充分的发展。
探究活动	1. 看一看 （1）邀请太平鼓舞蹈教师和学员一起为同学们示范几个	让学员直观地感受人物的姿

续表

<table>
<tr><th colspan="3">活动过程及思路</th></tr>
<tr>
<td>探究活动</td>
<td>舞蹈单人动作及组合动作，学员结合导入环节老师讲解的人物动态内容，体会人物姿态的特点。

2. 拍一拍
老师和同学示范时，同学们用手机选取自己喜欢的角度拍照，作为创作的资料。
3. 画一画
用速写的形式画出人物动态和鼓的形状。
要求：（1）人物的动态要准确生动。
 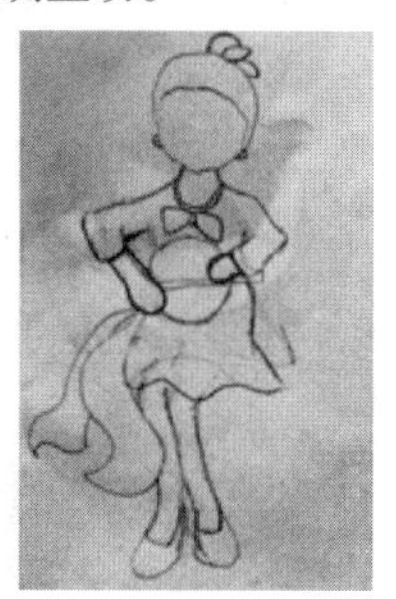
（2）把鼓的各部分特点刻划清楚。（提示：鼓和鼓槌的样子有很多种，同学们可以自己查找资料）</td>
<td>态特点，对其有初步的认识，激发学习兴趣。

创设能引导学员主动参与的教育情境。引导学员主动思考，主动探究。

培养学员自主获取新知识的能力、分析解决实际问题的能力、掌握和运用专业知识的能力。</td>
</tr>
</table>

续表

<table>
<tr><th colspan="3">活动过程及思路</th></tr>
<tr><td>探究活动</td><td>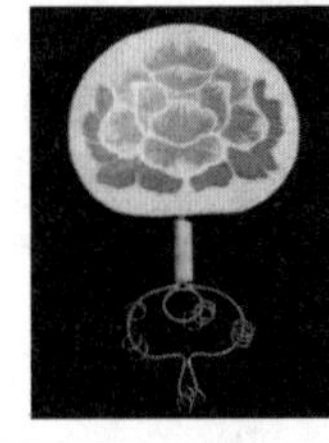 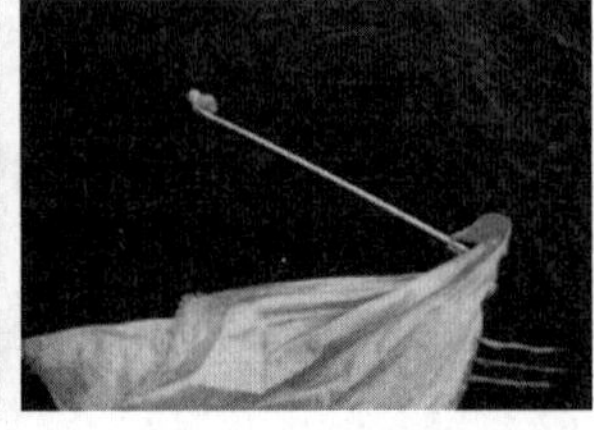</td><td></td></tr>
<tr><td>教师示范</td><td>4. 做一做
教师示范：由于学员已经具备一定制作蝶翅画的基础，所以教师重点强调制作难点部分，和学员共同分析问题、解决问题。师生互动，边演示边提问，让学员积极主动思考，解决难点。
（1）了解服饰特点，巧妙运用蝶翅。
京西太平鼓源于满族，发展至今也是汉族百姓的娱乐形式。在服饰上我们常见汉族是以传统节日服装为主，类似于扭秧歌的服装，色彩鲜艳，装饰着一些荷花、牡丹、鱼等吉祥的纹样，在肩部、袖口、腰部等位置上缀一些流苏或配饰等。衣服的款式多样，丰富多彩，同学们自行搜集资料选择自己喜欢的款式制作蝶翅画。

（2）制作步骤：
准确画出外形，再反面分解各部分结构。
 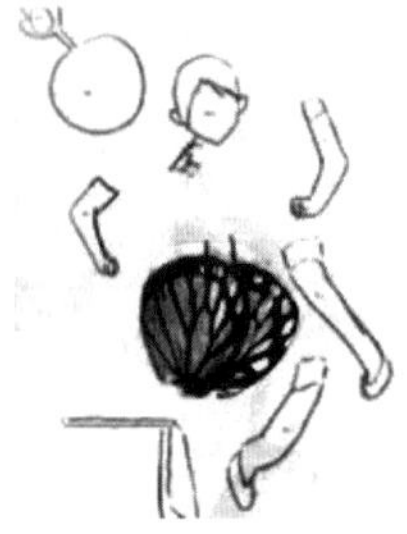</td><td>给学员直观的、技能上的认识，有助于学员深入思考，在头脑中形成具体的解决思路，突破难点。</td></tr>
</table>

续表

<table>
<tr><th colspan="3">活动过程及思路</th></tr>
<tr><td>教师示范</td><td>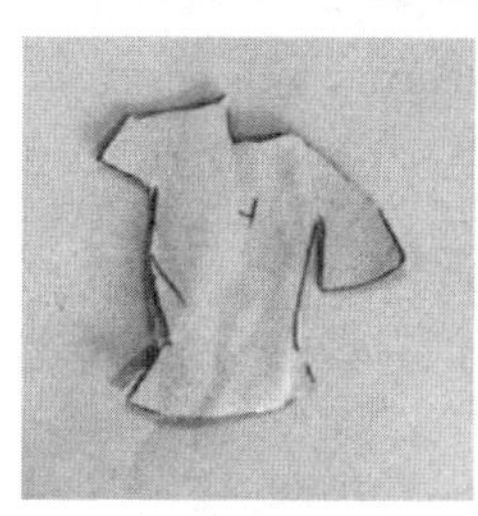  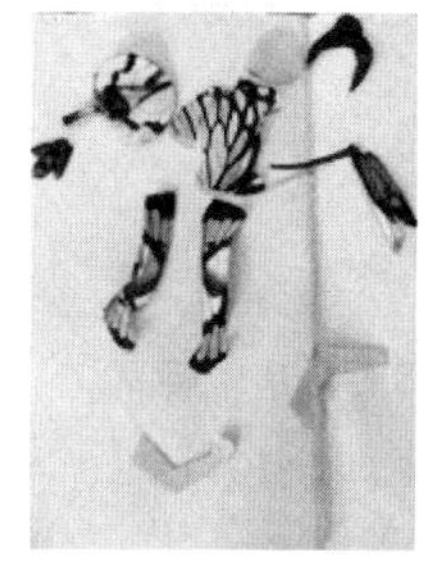 
巧妙选择蝶翅，利用蝶翅的颜色、花纹、外形等特征，表现人物的衣服及其他各部分，之后组合粘贴到硬卡纸上，完成人物制作。</td><td></td></tr>
<tr><td>实践制作</td><td>学生制作：把学员分成几个小组，根据前面已经完成的人物速写，最终制作完成一组太平鼓组合人物创作，学员探究学习，自行分工制作，自主选择造型、构图，大胆设计，突出主题。把自己的主观想法和情感表达出来。
具体要求：
（1）运用已掌握的制作技巧，按步骤分解人物结构。
（2）根据查找的服饰资料，学员自主确定人物衣饰，并选择蝶翅制作。
（3）鼓和鼓槌的样子也由自己查找资料，自主确定外形特点并制作。
（4）创作组合人物，注意人物的位置安排、动作变化、蝶翅图案，巧妙运用蝶翅表现身体各部分。
（5）制作完成后，整理画面并自主添加一些树木、花等背景物体。</td><td>综合运用已有的知识、技能，培养学员的创新精神和实践能力、合作能力。
通过自身参与提高美术技能。了解太平鼓的舞蹈动作特征，拓宽学生知识面，促进学科间的融合。</td></tr>
</table>

续表

<table>
<tr><th colspan="3">活动过程及思路</th></tr>
<tr><td>实践制作</td><td> </td><td></td></tr>
<tr><td>欣赏评价</td><td>每组分别展示完成的作品，互相欣赏评价。
1. 学员自评与互评
从创意思路、制作技能进行反思与评价。
2. 教师点评
从蝶翅的巧妙运用、构图、人物动态表现等方面评价，以表扬鼓励为主。注重评价的方式方法及效果。
3. 学员完善作品
 </td><td>激活学员已有的知识储存，通过感受作品、分析作品，引导学员体验、思考、鉴别、判断，提高他们的审美能力。增进学员的情感体验。</td></tr>
<tr><td>活动小结</td><td>本次活动我们通过了解家乡的太平鼓相关知识，并用我们学习的蝶翅画制作太平鼓舞蹈场景，更深入了解家乡的灿烂文化，并为自己能够用所学的美术技能表现家乡的灿烂文化而感到骄傲。同学们在学习中自我提升，共同进步。解决了本次活动的重难点。在今后的学习中我们会继续围绕地域文化资源，用丰富多样的表现形式促进蝶翅画技能的提升，增加同学们的兴趣。激发同学们爱家乡、传承祖国和家乡优秀传统文化的责任感。</td><td>在思想上增进学员对社会的责任意识。提升学员核心素养。</td></tr>
</table>

续表

活动过程及思路		
活动拓展	1. 把制作完成的作品在少年宫内展出，让更多的人了解太平鼓和蝶翅画的艺术特色。 2. 学员现场为观众讲解示范制作蝶翅画的制作方法。  	让学员理解美术对社会生活的独特贡献，并能用所学知识，服务于社会，服务于他人，提升学员积极的情感体验。
效果评测	学员谈谈通过这次活动学到了哪些知识，有什么感想。	让学员深入理解活动的意义，提升学员的综合素养。

活动自评

本次活动是将国家级非物质文化遗产同时也是家乡的地域文化太平鼓和家乡的蝶翅画艺术相结合开展的综合小组实践活动，重在传承中华民族优秀传统文化艺术，挖掘地域文化资源开展美术教育活动。活动过程关注学生兴趣，注重自主探究和小组合作，通过丰富的教学方法引导学生形成自己的学习成果。

1. 丰富的教学方法，激发学生学习兴趣

活动开始通过一段家乡激情的太平鼓舞蹈表演，将学生带入教学情境之中，使学生乐于去了解太平鼓的相关知识，之后再通过看一看——拍一拍——画一画——做一做等几个环节，由太平鼓老师和本班学习太平鼓的同学一起表演，学生拍摄自己想要的人物动作，画人物速写，最后制作蝶翅画太平鼓舞蹈人物。熟悉的同学表演，拿起手机自主拍照……在游戏式的学习中极大激发学生学习热情，每个环节紧密联系，将学生的思路紧紧抓住，教师在每个环节都给予明确的目标引导，使学生在积极的情感体验中提升自主学习的能力。

2. 多学科的融合，建立综合实践体系

活动将美术、舞蹈学科相结合，蝶翅画和太平鼓综合探究实践，发挥教师间的团队力量，打破学科壁垒，促进学生多角度了解相关知识，激发学习兴趣，使教学效果扩大化，提升学生综合素养。如：活动中邀请太平鼓舞蹈教师和学生一起示范太平鼓的舞蹈动作，学生能够更加真实地近距离感受太平鼓的魅力，入情入景，对人物动态理解也会更加深刻，促进学生速写技能及在蝶翅画制作中表现人物时情感表达的提升。

3. 合作探究学习，培养创新精神

在核心素养的美术教学中，研究性学习、合作性学习是主要的学习方式。本次活动教师要求学生小组合作共同完成一幅太平鼓主题创作作品，在组长的带领下组员共同探究，确定表现内容，之后分别完成自己的任务，最后进行组合完成一幅作品。在这一过程中教师重在关注分配任务要适合学生自身能力，并适当引导学生创作内容。通过合作探究学习，学生能够积极主动地完成自己的任务，在实践中发现问题并通过团队力量解决，促进学生创新能力的发展及技能和情感的提升。

梳理总结活动成果后，也有一些问题让我反思并总结解决办法，促进自身教育教学能力不断提升。由于蝶翅的颜色所限，学生在表现人物服饰的时候无法充分表现所思所想。作品的呈现仅仅是平面的形式，缺少丰富性。所以在本单元接下来的教学中，教师要充分考虑材料的需求，并且尝试用一些立体或结合生活实际需求的作品表现形式。

为祖国歌唱

——国画高级班活动方案

乌日娜

一、活动依据

本次活动以学生为中心，关注立德树人，以培养“全面发展的人”为核心，通过活动提高学生的核心素养。通过探究式学习，培养学生的学习能力；通过小组合作，培养学生的沟通能力。把新中国成立70周年的内涵融入美术教育活动当中，通过美术活动，提高学生的审美情趣，培养学生热爱祖国的高尚情操，引导学生运用艺术的语言表达对祖国的祝福与热爱。

二、活动目标

（一）了解新中国成立以来的巨大进步；学会人物动态的绘画方法；能够运用中国画笔墨技法完成“为祖国歌唱”主题创作。

（二）通过探究式学习，提高学生主动学习的能力。

（三）通过本次活动，学生能够积极投入创作，能主动参与到庆祝新中国成立70周年的活动当中，有主人翁意识。

三、对象与规模

本班共有17名学生，年龄在9~11岁，学生能够自如地调出墨色的深浅变化，能熟练运用中锋和侧锋。观察能力强，学习过头部的比例及画法，有人物画的绘画经验。

四、重点与难点

重点：主体人物创作的方法。
难点：人物动态轮廓的勾勒方法。

五、活动准备

学生准备：手机或iPad、国画用具。
教师准备：多媒体、视频、PPT、范例、国画用具。

六、活动过程

（一）观看视频，导入主题（5分钟）

1. 播放视频，引导学生分享感受，说一说身边发生的变化。
2. 导入学习任务是完成“为祖国歌唱”的主题创作。

（二）发散思维，搜集素材（20分钟）

1. 共同完成思维导图，发散思维，确定绘画主题。
2. 结合绘画主题，运用手机或者iPad搜集素材。

（三）动态示范，讲授新课。（80分钟）

1. 动态示范。先确定人物的头、身比例，画出头部；然后，确定头颈肩的位置关系，画出躯干；最后，添加四肢。

2. 展示作画步骤，提出要求。首先运用多媒体展示教师具体作画步骤；把人物安排在画面的主要位置，突出唱歌的神态；动态合理、表情生动；背景能够突出画面的主题，与人物关系合理。

（四）活跃思维，展示评价。（10分钟）

展示作品，学生自评，随后由教师点评。

（五）活动拓展，激发感情。（5分钟）

引导学生在微信平台展示自己的作品，并写下一句相对祖国母亲说的话。

活动自评

本次活动开展时间是2019年9月7日，在新中国成立70周年庆典之际，通过美术教育活动，促进学生的发展，激发学生热爱祖国的高尚情操。活动中引导学生了解祖国的发展变化，让学生自主选定主题，运用绘画语言表现为祖国歌唱的场景，既提高了学生的绘画技巧，丰富了内心感受，也提高了学生主动探究的能力。

一、成功的方面

运用头脑风暴的方式，拓展学生创作思路。学生在面临创作的时候经常不知道自己要表现什么样的主题，绘画角度的选取对于一幅创作至关重要。本次活动中教师在黑板上画圆形的思维导图，引导学生开展头脑风暴，学生集思广益，说出了很多能够表现和创作的角度，其中既有传统文化的精华又有现代科学技术的加入，拓宽了学生创作的思路，提供了灵感。

主题选取既贴近生活，又能激发学生的爱国情怀。本次活动的主题是“为祖国歌唱”，恰逢新中国成立70周年庆典来临之际，引导学生从自己的角度出发，为祖国献歌。以人物画为主题，能够让学生有代入感，唱歌是常见的人物动态，学生易于表现和模仿。本次活动的主题选择是活动成功的基础。

主动搜集素材，增强创作能力。本次活动突出了以学生为主体的活动思路，教师引导学生独立搜集或者拍摄绘画素材，激发了学生学习的积极性，所有学生都能够认真投入其中，互相拍摄照片的同学合作默契，能做到互相帮助。

二、不足方面

绘画形式相对保守，可以运用多种表达形式，如拼贴、剪贴等形式，让学生更加快乐、主动地表达自己的感受。

可增加不同风格、不同内容的名家名作赏析，带给学生更多的灵感，提高学生的审美意识。

《可爱的家》小提琴钢琴合奏活动方案

李 波

一、活动依据和设计思路

1. 在器乐教学中要以学生的兴趣爱好为动力，重视音乐实践，丰富音乐表现形式，鼓励音乐创造。以让学生掌握多样性的音乐形式为主线，以创新、活泼、生动的内容，让学生在新鲜与好奇中感受合作的魅力，并结合“三个一”的活动项目，用与以往不同的活动形式，以学生为主体，教师引导辅助，来激发学生的学习兴趣。创新器乐教学的形式也是教育的重要目标。

2. 本次小组活动以小提琴钢琴合奏学习为主要内容，通过合作练习乐曲《可爱的家》，从单声部合作到双声部合作的形式，均由学生自己完成，培养学生的鉴赏能力、合作能力以及表现能力。在活动过程中，通过教师示范、多媒体及现代信息技术等教学手段，拓展学生的知识层面，激发学生的情绪，用丰富的音乐表现形式引导他们亲自体验，亲眼看到自己的演奏视频，使这种合作过程成为情感体验和能力表现的过程。

3. 本次学员年龄在7~11岁之间，学习乐器半年，已掌握了基本的方法和技能。首先通过多媒体介绍器乐的音乐表现形式，让学生对多种音乐表现形式有初步的了解和认识，拓展知识，其次通过音频、教师示范及观看自己的演奏视频让学生感受到乐器之间的合作形式及效果，体会自己演奏带来的成就感与喜悦，这样能很好地激发学生合作的兴趣。

二、活动目标

知识目标：使学生了解和认识器乐的音乐表现形式。

技能目标：通过分部练习、合作练习、单声部练习、双声部练习等形式，激发学生的学习兴趣并提高学生的合作能力。

情感目标：使学生了解乐曲的含义，体会乐曲所表达的对家的热爱，体会家的温暖，提升爱家的情感。

三、活动内容

《可爱的家》合作能力训练。

四、活动重点、难点

1. 重点：合奏训练。

2. 难点：双声部的合奏能力训练以及节奏的配合。

五、辅导方法

讲解法、示范法、比较法、辅导法、讲练法。

六、活动资料

小提琴、钢琴、谱架、乐谱、图片、音频资料、视频。

七、活动过程

教师辅导	学生活动	效果检测
（一）活动开始阶段 一起欣赏《可爱的家》，体会乐曲情感，调动学生情绪，深情演唱乐曲。	师生相互问好 （1）学生聆听乐曲。 （2）学生带有情感地演唱这首歌曲。	巩固乐曲。 检查乐曲的熟练程度以及对乐曲内涵的了解。
（二）导入新知识的学习 1. 两位教师进行示范，合作乐曲，引入新知识	学生欣赏教师演奏。 1. 学生欣赏教师的示范，回答问题，说出了解知	通过不同形式的演奏引发学生想学习合作的兴趣。

续表

教师辅导	学生活动	效果检测
的学习 （1）提问：刚才我和姚老师在一起合作的是什么形式？ （2）提问：你们知道的乐器在音乐表现形式上有哪些种类？ （3）教师归纳学生的回答，引出新知识并拓展，如音乐表现形式有室内乐等（图片介绍并列举三个形式的音频播放）。	道的演奏形式。 2. 学生们回答看、听后的感受，了解新知识。 3. 学生回答通过学习认识后所巩固的知识。	通过学习讨论增加知识，通过回答巩固知识。
（三）合作能力训练（录音） 1. 独奏形式： 哪位学生愿意尝试与钢琴老师合作；请一位钢琴学生与小提琴老师合作，调动参与的积极性（从速度、节奏、呼吸、音乐性质四个方面提出简单问题由学生回答）。 2. 合作形式： 每两位学生一组，全体学生共同与两位钢琴学生合作，播放学生自己演奏的视频给予讲解评价。 3. 重奏形式训练（加入二声部） 发二声部谱子，给三分钟练习时间。教师指导两位学员与钢琴合作，再	1. 学生观察聆听，相互学习，并能够回答出所提问题。 2. 全体学生共同参与通过聆听自己的演奏，体会成就感。 3. 学生短时间熟练二声部谱子后与钢琴合作。通过聆听感受不同表现形式所带来的魅力。	学生亲自体验合作的魅力，并通过回答问题检测掌握情况。 一起合作，体验感受。 通过合奏以及现场观看自己的演奏，对自己的表现有所认识了解，改进不足。

续表

教师辅导	学生活动	效果检测
请两位学生与钢琴学生合作，播放学生重奏的视频并给予讲解和评价。 4. 抒发情感演奏 教师提问：大家通过之前的合奏，能否说出乐曲的内涵？你们对家的理解是什么？ 找出难点： 合奏时对音准、节奏的把握，对乐句在音乐上的表现，相互聆听。 解决难点：通过不断重复合作练习，相互聆听。	4. 学生各抒己见，表达自己对乐曲更深的理解，同时说出自己对家的理解，带着对家的热爱情绪共同演奏乐曲。	再一次注入情感地演奏乐曲。
（四）总结 1. 巩固复习知识：了解认识器乐演奏形式 2. 谈谈这节合奏课的体会，同时畅谈自己对家的情感 3. 回家练习新乐曲，期待下一次的合作	学生抢答。 在教师引导下，积极讨论合作后的感受，畅谈自己在本次活动中的收获和体会。	通过讨论和总结加深对音乐表现形式的掌握，同时更加体现出自己对家的热爱情绪。

活动自评

本次活动设计中，我结合自己对校外器乐教学的认识，力求探索改进教学的各种有效手段，把两个乐器相结合，改变已有的教学模式，鼓励学生用多种不同的形式展示自己，使学生们由被动学习变为主动学习，激发学生自主学习的积极性，努力提高教学活动的质量。

通过对知识的拓展，了解、欣赏完全不同的演奏形式，有独奏，有重奏，一会儿是单人，一会儿又是双人，最后是集体共同演奏，不同的演奏形式带来不同的演奏效果，这种合作所带来的魅力激起学生学习的兴趣和动机，从而促使学生主动合作学习。

练习是教学活动中的重要组成部分，尤其是器乐教学。需要大量反复的练习，才能巩固好新的知识并很好地掌握新的技巧。然而，单调的重复性的练习会使学生产生疲劳和枯燥感，降低学习效率，并且让学生失去学习兴趣，更加不愿意主动去练习和学习。为此，通过独奏、重奏与钢琴及双钢琴合作的训练，引导学生在合作中发现问题，找出难点，分解难点并加以巩固练习，使练习不再枯燥乏味。为了让学生感受合作演奏的美妙，更愿意主动学习，课程设计了多种形式，如单人、双人、集体，学生展示等环节，既达到了练习的效果，又不会让学生产生疲劳和枯燥感，激发学生主动学习的兴趣，而且还得到了合作技术上的训练。

我认为最大的成功之处是让孩子们各抒己见，表达自己对家的热爱，结合乐曲本身的内涵，体现出每个人都有一个可爱的家，并把对家的感情融入到乐曲的演奏之中，让他们在兴趣中主动体会到合作后音乐表现上所产生的魅力。

本次活动存在的问题是，在活动设计中有一个环节是用多媒体设备把孩子的现场演奏录下来，然后当堂播放，让孩子们及时看到自己的演奏，提高认识，改进问题。在上课前调试过设备，一切正常，可当正式上课时，这一环节出现了问题，录像播放时声音太小，孩子们没有能亲自欣赏并感受到自己的演奏，非常遗憾。这一环节被迫临时取消。这是让我没有想到的，展示的效果自然就会减弱。

这也是一次经验教训，以后在提前准备工作上一定要做到更加准确，万无一失，不能影响上课效果。

总体来说，虽有这一点遗憾，但是整节课的内容和效果还是显而易见的，孩子们相互合作，效果都非常好，大家也很积极主动。这节课的层次非常分明，知识点也很明确，合作过程中大部分学生相互聆听配合，合作很默契，在表达了自己对家的更进一步的认识和理解的同时，用丰富的情感演奏这首《可爱的家》。个别学生在合作过程中出现了问题，教师及时纠正，并且把问题改正过来，效果也是非常好的。同学们最后还畅谈了自己的认识、感受和体会，更加说明了同学们已经很好地掌握了这节课所需要掌握的知识目标、技能目标以及情感目标。

《小河淌水》小提琴钢琴合奏活动方案

姚 旺

一、活动依据

《中国学生发展核心素养》中提出以培养“全面发展的人”为核心，培养学生的音乐素养和审美情趣，促进学生全面发展。民族音乐有其自身的独特魅力，能够唤起人们的民族认同感和共鸣。器乐教学中以学生的兴趣爱好为动力，重视音乐实践，丰富音乐表现能力，鼓励音乐创作。以学生能够掌握多样化的音乐形式为主线，以创新、活泼、生动的内容，以学生自主性合作为主，探究式的学习为辅，激发学生的学习兴趣。

二、学情分析

本次活动学员年龄在8~12岁之间，学习乐器已有两年多，程度是从初级到中级，已掌握了基本的演奏方法与技巧，主要表现在对较复杂节奏的把握、音高辨别能力的提高、音乐表现能力的提升等方面；在合奏过程中也逐步学会了相互聆听，相互配合，提高了合作的质量和效果，而这些技术技巧与能力还需要长期的不断提升。

三、活动内容分析

本次活动通过琶音、双手十六分音符跑动、跨小节连线，进行多次的节奏重组练习，提高学生准确掌握节奏的能力，同时提升演奏技能和伴奏水平。通过多种形式的分声部练习、合奏练习和提速练习，使学生控制演奏速度的能力以及配合能力得到不断提升。

本次小组活动以小提琴、钢琴合奏学习《小河淌水》为主要内容，在原谱基础上创编了小提琴二声部和钢琴伴奏谱，丰富了合奏形式。创编过程中，钢琴伴奏和声融入了民族音乐的典型特点。

四、活动过程概述

环节一：通过观看视频，让学生感受歌曲表现的浓厚云南地方民族音乐特征，同时体会不同音乐速度和节奏带来的音乐风格和效果上的变化，从而激发学生学习兴趣。

环节二：把学生分成几组，通过学生自主性组合学习跨小节连线节奏型，经过探究式的练习，发现问题（拍打节奏是否准确），相互交流解决问题（最终使节奏拍打准确）。

环节三：通过多种合作形式以及现场播放学生演奏视频，引导学生互相聆听、互相学习、互相给予评价，在提速练习过程中提高学生快速演奏的能力以及配合能力。

环节四：学生分享体会、感受和收获。

五、活动目标

1. 知识与技能

通过活动，学生学会跨小节连线，能够重组并灵活运用；小提琴的学生准确完成连弓、分弓的演奏技法；钢琴学生熟练运用双手连贯演奏十六分音符的弹奏技术，通过合奏练习提高相互倾听、相互配合的能力。

2. 过程与方法

通过讨论法、讲授法、演示法和学生课堂实践法，运用对比、聆听、模仿的学习方式，引导学生循序渐进地学习《小河淌水》，培养学生对带有民族地域特色的乐曲的理解能力。

3. 情感态度价值观

《小河淌水》这首民歌充分体现了中国文化底蕴之深厚和艺术水准之高超。学生通过学习优美动听、质朴自然的云南民歌，加深了对中华民族文化的了解和感受，唤起了学生们的民族认同感和自豪感。通过小组活动中的节奏训练与合奏中的速度练习，学生对于节奏和演奏速度的掌控能力、相互配合的默契程度均得到较大幅度提高。同时，培养学生认真专注的学习态度，引导学生愿意与同学交流并能够勇于表现自我。

六、活动重点、难点

重点：提高学生合奏时的合作质量。小提琴声部与钢琴声部分别演奏旋律时，其他声部要注意配合，彼此要有对话呼应的感觉，节奏与句法要注意协调统一。

难点：重点节奏型的掌握，快速练习合作中的配合。小提琴声部快速练习需要双手协调统一，左右手动作灵敏迅速，钢琴声部的和弦转换要快速准确。

七、活动准备

小提琴、电钢琴、鼓、节奏型示例图片、录播仪器、谱架、乐谱（创编小提琴二声部与钢琴伴奏谱）、云南风土人情图片、音频资料（《小河淌水》两个版本）。

八、具体活动过程

1. 情景导入

教师播放《小河淌水》的演唱版本和钢琴版本，让学生说出乐曲里面出现哪些让他们印象深刻的歌词，并描绘歌曲里面的意境。

让学生感受体会乐曲里渗透云南民歌的风格特点。

2. 初步探讨

与学生一起交流有关《小河淌水》的资料，包括创作背景、歌曲歌词、人文内涵、风格特点等。

我向学生介绍《小河淌水》的概况和基本结构：这是一首来自于云南大理白族自治州弥渡县的云南民歌，属于南方音乐。歌词质朴自然、富于想象。全曲是羽调式，五个乐句，速度较慢。

3. 深入研究

分别展示四个十六分音符节奏型和一种跨小节连线节奏型，首先请同学们分别打出三种节奏型，并让学生们相互评价相互学习。

学生分成两组，自由组合三种节奏型，通过小组练习最后派代表把组合的节奏型展示出来。

引导学生主动参与，通过自由组合节奏型，让学生感受节奏的特点。

4. 小组合作

先由两位教师展示《小河淌水》小提琴钢琴版本合作的乐曲，接下来进行各种形式的小组组合练习。①单独合奏形式：小提琴学员分别与钢琴学员单独合奏；②多人组合形式：小提琴学员两人、三人或五人一组与两位或四位钢琴学生合作，从速度、节奏、呼吸、音乐性质四个方面进行合作练习，然后播放学生合作演奏的视频，学生自己评价自己；③重奏形式训练：加入二声部，发二声部谱子，给五分钟练习时间，两位学员与钢琴合作，再请两位学生与钢琴学生合作，播放学生重奏的视频由学生自己给予评价；④全员合作形式：全体学员共同参与合作（齐奏合作、重奏合作）。

5. 巩固提升

找出难点：合奏时对音准、节奏以及速度的把握，逐渐加速练习。

解决难点：通过不断地重复以及由慢到快、用跨小节连线节奏练习解决速度问题。加强小提琴与钢琴学生的声部之间的呼应，突出主题，注重相互聆听与配合。

6. 总结评价

畅谈这节课的收获和体会，学生谈谈自己努力的程度、学习过程中自己有哪些提高；最后汇报展示演奏效果。

活动自评

1. 学生的主体作用发挥得比较好，在活动中教师只是一个组织者、指导者、参与者，学生能自主进行实践和探究，收到较好的效果。

2. 由于乐曲程度较深，课堂上学生并不能完全消化掌握，这就要求学生课下更要多下功夫。

3. 由于小提琴学生人数比较多，学生程度参差不齐，老师很难对教学的效果有一个很好的预测和把握，今后应在这方面多下功夫。

手持 3D 打印笔课程

——《“画”蝶》

梁 辉

一、指导思想与理论依据

《国家中长期教育改革和发展规划纲要（2010–2020年）》提出“开展形式多样的科技教育、实践活动，着力提升学生的创新精神和实践能力”。结合北京市教育委员会关于校外教育机构开展“三个一”活动文件精神，少年宫为满足中小学生对优质校外教育活动的需求，结合时代科技教育热点，创办了以手持3D打印笔为载体的教育教学活动。此项实践活动从学生已掌握的绘画基础出发，以学生未知的3D打印技术作为探究载体，引导学生进行绘画创意设计，利用3D打印技术将二维平面设计转换为三维空间作品，强化学生动手能力，培养学生的创新思维，激发学生的创造力。

二、学情分析

参与实践活动的学生20人，大多数是9、10岁的学生。他们敢于创造和想象，具有一定的绘画技术基础，有一定的动手操作能力。学生的好奇心和求知欲在活动中能够充分被调动。

本次教学活动是教学计划——中级篇中的一次教学活动。学生在初级篇中通过练习，提升了绘画创意设计水平，掌握了3D打印笔使用的基本技术技巧，能够完成活动中图形的拓“画”，形成了二维空间到三维空间的转换意识。中级篇是以学生创作立体框架造型为主，学生先进行绘画创意设计，再运用打印笔，将所设计的各个部分结构通过打印、粘接等工序完成作品的创造，锻炼学生对物体空间的理解和想象，提升学生的审美情趣。

三、教学目标及重难点

1. 教学目标

（1）学生了解蝴蝶的相关知识，掌握蝴蝶外形特征，完成蝴蝶彩绘及拓“画”任务。

（2）活动中学生能够了解蝴蝶的身体结构特点，提高学生绘画创意设计能力，提升学生运用打印笔的技术技巧，锻炼学生对立体空间的理解和想象力。培养学生创新思维，激发创造能力，提升动手操作能力和审美能力。

（3）通过此次教学实践活动，开阔学生视野，让学生感受到艺术与科技相结合的魅力。

2. 教学重点：学生利用打印笔制作出蝴蝶外形。

3. 教学难点：蝴蝶左右结构不对称。

4. 难点突破方法：

（1）学生通过对折画纸，画半面蝴蝶结构的方法，保证绘画结构左右对称。

（2）学生通过打印笔“画”正反同一只蝴蝶翅膀的方法，保证蝴蝶左右翅膀结构大小一致。

（3）学生通过量取角度的方法，保证蝴蝶左右翅膀粘接在蝴蝶身体位置上的准确性。

四、活动准备

1. 教师准备：打印笔20支、打印丝（9种颜色，每种颜色5卷）、12伏便携电源20块、透明垫板20块、小克丝钳5把、小平板锉5把、圆角平铲5把、“蝴蝶”样例1个，PPT演示文稿。

2. 学生准备：彩色铅笔、A4纸、角尺

五、教学过程

<table>
<tr><th>活动过程</th><th>教师活动</th><th>学生活动</th><th>设计意图</th></tr>
<tr><td>导入主题（5分钟）</td><td>1. 出示活动课题（PPT封面）。
2. 提问：同学们见过蝴蝶吗？蝴蝶的外形是什么样子的？</td><td>1.小组讨论（五个小组，每个小组4名同学）回答问题。
2.各组推荐1名学生把蝴蝶的外部形状画在黑板上。</td><td>激发学生学习的兴趣，了解学生掌握知识程度，为引出活动难点做好铺垫。</td></tr>
<tr><td>蝴蝶图片展示（10分钟）</td><td>1. 蝴蝶科普知识介绍
2. 同学们在黑板上画的蝴蝶外形，与老师展示的蝴蝶图片外形有什么区别呢？
3. 汇总
（1）绘画是否规范
（2）结构是否对称</td><td>学生学习新知小组讨论，回答问题。</td><td>培养学生的学习能力，培养学生认真细致的态度。</td></tr>
<tr><td rowspan="2">任务驱动教学实践活动（50分钟）</td><td>任务一：彩绘蝴蝶
1. 在A4纸上画出你喜欢的蝴蝶外形，翅膀内画上你喜欢的图案。
2. 明确要求：
（1）彩绘蝴蝶展开翅膀的图形
（2）结构合理，色彩鲜艳</td><td>1. 小组讨论，确定蝴蝶图形。
2. 借助学习用具彩绘蝴蝶。</td><td>引导学生进行艺术创作。</td></tr>
<tr><td>任务二：打印笔拓“画”蝴蝶
1. 学生利用打印笔等工具拓“画”蝴蝶。
2. 明确要求：
（1）打印笔拓“画”蝴蝶各部分独立结构。
（2）保证蝴蝶结构左右对称（正反拓“画”单只翅膀方法）。
3. 教师巡视，帮助有困难的同学。</td><td>1. 小组讨论方案并进行拓“画”。
2. 修剪“蝴蝶”结构“毛刺”。</td><td>学生自主创作，激发学生创造力。</td></tr>
</table>

续表

活动过程	教师活动	学生活动	设计意图
任务驱动教学实践活动（50分钟）	**任务三：蝴蝶“展翅”** 1. 将翅膀有角度地粘接于“蝴蝶”身体结构上。 2. 明确要求：蝴蝶结构保持对称。	1. 采用量角器测量的方法，保证蝴蝶翅膀竖起角度一致。 2. 修剪“蝴蝶”“毛刺”。 3. 收拾、整理设备。	培养学生严谨的学习态度。
活动展示（20分钟）	1. 分组进行作品展示。 2. 挑选出组内最漂亮的“蝴蝶”！	主动展示作品，陈述作品创意等等。	感受完成作品的惊喜，促进创作水平。
活动总结（5分钟）	1. 畅谈活动体会。 2. 教师总结。 3. 知识拓展：蝴蝶翅膀上的鳞片不仅能使蝴蝶艳丽无比，其颜色还有什么用途?	学生畅谈。	了解学生真情实感，为以后活动夯实基础。

六、活动效果测评

学员自评活动表现；查看学生彩绘和打印作品完成情况，把握学生对其创作的掌握程度；观察学生的活动表现，聆听总结发言，分析学生活动积极性。

活动自评

1. 活动亮点

（1）活动主题选择和内容设计紧跟教育改革新形势，符合学生年龄特点，学生的兴趣和能力都得到了提升，突出优质校外教育活动设计。

（2）活动的设计采取多学科融合的形式，将科技、美术、科学紧密融合在一起，体现科技活动开展需要学生具备综合的能力，科技活动也为学生综合能力的提高提供了载体。

2. 活动不足

学生的展示可以设计一个情景展示台（例如：花丛的背景）。学生在完成主题内的设计制作后可以增加其他点缀的设计和制作。

从七言绝句中走出的古典舞

——身韵提沉转腰组合训练

高 卉

一、设计思路

古典舞是中国传统文化的重要组成部分之一。作为一名新时代的校外舞蹈教师，有义务应用舞蹈演绎中国文化，切实把握学校美育的育人导向，落实立德树人根本任务，引领学生树立正确的审美观念，陶冶高尚的道德情操，塑造美好心灵，提升学生的创新精神和实践能力，将中国优秀传统文化继承发扬光大。

二、设计理念

诗与舞，既相对分隔，又相互融通。古诗词是舞蹈的内在灵魂，舞蹈是古诗词的外化形式，舞蹈与古诗词互为载体。本次活动专注于将古诗词与古典舞身韵结合，在“文舞相融”中感受中国舞蹈意境之美，让传统和现代握手，使其在音乐旋律中焕发新的生命力，用舞蹈传承中国优秀传统文化，使之扎根在学员的心田里，形成对中国文化的认同感，使中华民族的基因、文化血脉延续、发展。通过对中国古诗词在舞蹈艺术中的表现进行阐述，在活动中初探如何将中国古诗词文化融入少儿舞蹈创编活动。本次活动选取古诗词《小池》进行赏析，并完成古典舞身韵提沉转腰组合的创作学习。

三、学情分析

本班学员为10—12岁学生，学生有较好的舞蹈基础并且具备一定的舞蹈协调力和舞蹈表现力，已掌握舞蹈创编知识“模仿”“即兴”技法并开展过相应创编活动。通过学习《从七言绝句中走出的古典舞》让学生切身体会古典舞身韵提、沉、转腰动作特点的同时传承中华优秀传统文化，通过舞蹈创编活动完成组合的训练，使得学生达到身韵与神韵合一的舞蹈表演境界，提升创新精神和实践能力，进而提升审美趣味。

四、活动目标

（一）知识与技能

1. 学生了解古典舞身韵的历史文化、舞蹈特点；掌握提沉转腰基本动作的要领和训练方法，达到以呼吸带动舞蹈动作的运动方式。

2. 学生掌握古诗词《小池》表达的文学内涵。

3. 学生掌握舞蹈创编“模仿”技法，并能够完成诗词中形象的创作性舞蹈表达。

4. 培养和提高学生感受美、鉴赏美、表现美、创造美的能力。

（二）过程与方法

1. 采用导入式的教学方法，发挥学生的自主学习能力。

2. 通过教师示范、学生模仿来进行舞蹈学习，在过程中激发学习兴趣。

（三）情感态度与价值观

1. 提高学生的审美认知能力。

2. 通过学习古典舞身韵元素，了解民族的艺术瑰宝，培养学生良好的爱国情操。

3. 培养学生的创新精神和实践能力。

4. 通过古诗词的赏析提高学生的文化自信，传承中华优秀文化。

五、活动重难点

（一）活动重点

古诗词与古典舞身韵提沉转腰组合的跨界融合，在赏析古诗中所描写的形象和环境的同时，通过舞蹈创编活动“模仿”技法掌握古典舞身韵动作。

（二）活动难点

1. 古典舞身韵“起于心、发于腰、形于体”的意境之美。

2. 在舞蹈创编活动中激发学生主动融入“模仿”活动，并从中获得创编技能，提升创新实践能力。

六、活动实施

（一）组织活动（2分钟）

活动导入：将学生带入到所学知识环境。

回顾上节课的课下作业，寻找“莲叶”“蜻蜓”“小池塘”的图片，通过观赏同学们的资料搜集引入今天的活动内容。选择奇幻穿越的导入方式，用“神奇校车”动画视频配合游戏模拟环境进行活动导入。用导游和游客的对话方式提高学生的学习热情，活跃课堂气氛。

（二）内容学习（10分钟）

（播放影音文件：古代生活的场景“清明上河图”）

在这个教学环节中，教师将知识进行拆分重组，顺序依次是：七言绝句《小池》赏析——诗中形象模仿——古典舞身韵分解动作与《小池》所描绘的意境融合——古典舞身韵组合“提沉转腰”的学习

1.《小池》赏析

小池

泉眼无声惜细流，树阴照水爱晴柔。

小荷才露尖尖角，早有蜻蜓立上头。

《小池》是宋朝诗人杨万里创作的一首七言绝句。在诵读过程中，诗中所描绘的场景与作业资料所搜集的图片对应。

2. 泉水、荷叶、蜻蜓三种形象的舞蹈创编模仿（活动重点）

把学生分小组对搜集到的资料进行形象模仿捕捉，做“你做我猜”游戏：每组一位代表进行所选形象的模仿展示，其他组猜。

3. 古典舞身韵分解动作提、沉、转腰

采用看——听——动的授课顺序，首先教师示范准确的动作。随后教师分解讲述动作要领和要求——提也称为提气、吸气，沉和提相反称为沉气、吐气。转腰动作是以腰部为轴向左右两侧转动。提、沉的准备动作：盘腿坐于地上，臀部完全着地，背部垂直于地面，双手垂放于身体两侧或膝盖上。胸肩放松。提，在吸气的过程中把气息提到胸腔，肩背慢慢打开直立，头部向上钻。沉气的过程中要把气息沉到小腹，也就是气沉丹田。沉气时肩部向下沉，脊背从直立到一节一节弯曲，呈放松状态。并配合呼吸感受“起于心、发于腰、形于体”的古典舞身韵魅力。

接下来教师把动作要领口头化，方便学生记忆。学生仔细观察教师示范，领悟动作技巧和要领进行动作模仿、韵律把握，进而掌握“提、沉、转腰”身韵分解动作元素。在学会动作的同时充分发挥自主学习能力。

4.《小池》与“提沉转腰”组合的融合（活动重难点）

小游戏导入：请学生闭上眼睛，让自己走入诗中的世界，感受心中听到的声音。此时课堂气氛越发活跃，学生们纷纷表达出自己所听到的声音：泉水叮咚的声音、鸟叫的声音、风吹树叶的沙沙声等。这些声音在安静的舞蹈教室本来是不可能听到的，但是当学生完全融入诗中环境时，就会感受到这小池边世外桃源般的意境。

教师启发学生用已学的古典舞动作对听到的形象进行模仿。学生用圆场来表达泉水，盘腕来表达波动的水面，小舞花来表达荷叶，波浪手来表达飞舞的蜻蜓。教师对学生的动作进行肯定和鼓励，并强调动作与诗中的意境完美融合，肯定学生发挥想象力创新舞蹈形式的活动。

教师将已学的古典舞身韵动作元素“提沉转腰”配合古典舞动作进行整合训练，并把舞蹈的环境设定为诗中的意境即小池边。采用朗诵诗词舞蹈的方式进行学习。学生合着音乐在朗诵古诗中完成组合训练，在这个过程中强化古典舞身韵提沉转腰动作的学习，在组合中结合音乐和韵律变化巩固加深学习印象，突破活动重难点，更好地掌握教学内容。

（三）课堂小结（2分钟）

教师提示本次活动的重要教学环节，让学生回顾学习内容的同时加深学习印象；学生进行活动感受分享，自我检测学习效果；最后在“神奇校车”的动画视频中结束本次活动。

活动自评

本次活动的亮点之一在于通过“旅行的方式”将学生带入教学环境，使学生能够通过自己的想象力对古诗中情景进行现场设想，暂时告别相对平淡的实际教学环境，使学生更有兴趣去学习课堂内容。亮点之二是“以学生为中心”的教育理念，注重开发校外舞蹈活动的新途径，将中国优秀传统文化与少儿舞蹈创编结合，形成符合学生发展和校外舞蹈活动建设的创新活动形式。中国古诗词与少儿舞蹈创编的跨界融合，使得学生在“文舞相融”的艺术境界中传承中华优秀传统文化，树立文化自信；在“文舞相融”中掌握舞蹈创编技能，提升创新实践能力；在“文舞相融”中走入中国意境文化，培养艺术鉴赏情趣，提高审美意识。亮点之三是由于古典舞身韵属于舞蹈中神韵捕捉较为困难的一种，针对该年龄段的学生设计的活动方案本着以小见大，点滴积累的原则，从单一身韵元素入手，通过学习让学生掌握身韵动作基本知识点，进而了解古典舞“起于心、发于腰、形于体”的古典舞意境之美。

同时，通过本次活动，还发现有一些问题值得教师思考和改进。古诗词与舞蹈融合的形式还需进一步提升与丰富，提炼更多适合学生视角的古诗词形象是重点。可以融入更多的舞蹈创编技能开发学生的想象力和创造力，改善舞蹈课堂单一的教学模式，真正将“以学生为中心”的活动理念贯穿始终，进一步培养和提高学生感受美、鉴赏美、表现美、创造美的能力。

中式木工

全月强

一、设计思路

1. 活动依据

木工在我国已经有几千年的历史。从古代的木质车辕，到现代的中式家具，从一间四梁八柱的民宅，到威严雄伟的紫禁城，无不彰显我们国家木工技艺的悠久历史与辉煌成就。它蕴含丰富的人文、地理和科学知识，是我们华夏子孙的宝贵财富。木工学科可以培养学生的动手能力、思维能力、创新能力、沟通能力等核心素养，在美国、日本、瑞士等很多发达国家的中小学课堂都已经开设了木工课程。

2. 学情分析

木工课程在我区中小学还没有推广，对于学生来说属于新鲜事物参与本次活动的学生年龄在11–12岁间，活泼好动，求知欲强，具备使用一般工具的能力，但对于工具的使用还不熟练，因此，在实践体验时要从实际情况出发，制作一些结构相对简单，难度不高的作品。

3. 设计理念

第一阶段导入：通过教师对中式木工的历史、文化介绍，让学生对木工有个基本了解，从而激发学生的学习兴趣。

第二阶段主动探究：在教师的引导下，认识、了解一些常用的中式木工工具，并指导学生正确使用工具。指导学生制作简单的小板凳，通过制作的过程，培养学生的动手能力、想象力、创造力、团结协作能力和乐于助人的品质。

第三阶段拓展部分：将创作的主动权交给学生，让他们充分发挥自己的想象力和改造能力，打造别出心裁的木工作品。

第四阶段结尾部分：教师紧扣活动提出问题，并对学生提出希望，激励学生。

二、活动目标

1. 使学生了解我国木工的辉煌历史，从而对我们的祖国产生敬仰之情。

2. 使学生认识并学会使用一些简单的木工工具。

3. 在教师的指导下制作一些简单的木工作品。

4. 激发学生对木工学科的兴趣，培养学生的动手能力、创新能力、团结协作能力。

三、活动重点与难点

活动重点：通过对中式木工的了解和实践，培养学生的核心素养。

活动难点：由于学生年龄较小，加之工具使用还不够熟练程度，木料加工过程会有一些难度。

四、活动准备

准备一些传统的中式木工工具如刨子、木工锯、凿子，以及铅笔、尺子、锤子、钉子、乳胶，制作用的木料、手套、护目镜、围裙等。

五、活动过程

活动过程	教师活动	学生活动	设计意图
导入阶段（5分钟）	利用手机、iPad等信息终端建立微信群，图文并茂地给学生介绍中式木工的历史、中式榫卯结构，以及鲁班发明木工锯的故事等。（利用手机、ipad等设备主要考虑方便快捷，而且低碳。）	跟随教师的介绍积极思考回答老师提问。	让学生对木工课有一个大致了解，通过对我国有关木工辉煌历史的介绍，使学生对自己国家产生

续表

活动过程	教师活动	学生活动	设计意图
			敬仰之情，并激发对木工课程的浓厚兴趣。
教师引导主动探究（40分钟）	1. 带领学生认识一些中式木工工具，例如：木工锯、刨子、凿子、墨斗等。介绍工具的名称以及使用方法，在此期间向学生提问这些工具有什么特点和用途，使学生边观察边思考。为学生示范工具的使用方法，以及须注意的安全事项。 2. 详细介绍木工锯的结构与构成，为学生示范使用方法，并指导学生进行锯木头的练习。在练习过程中，老师纠正错误的操作方法。提醒学生在锯木头的时候尽量保证拉锯手臂的稳定，确保切割面平整。 3. 给学生讲解板凳的结构和制作方法，指导学生自行制作板凳。板凳由三个部分组成：首先是乘坐板，它的标准是平整光滑，尺寸大小适中；其次是支撑部分，它的长度不能太长或太短，要尽量保证坐到上面以后很舒服；最后是乘坐板和支撑腿的加固部分，它将乘坐板和支撑腿稳固地连接到一起，确保板凳的牢固。整个过程老师只用语言给大家描述，没有拿出样品，主要是为了不束缚学生的想象力，让孩子按照自己的想象、构思去设计去创造。制作完成以后要求作者为	认真听取教师的讲解，积极思考，回答问题。 在教师的指导下进行拉锯训练，注意拉锯的角度、速度、手法以及切割面的平整性。 学生充分发挥自己的想象力、创造力将自己心中理想的板凳设计出来。当作品完成后拿出来进行展示，并把设计思路介绍给大家，把遇到的困难也说出来，让同学们共同分享你的创意，共同解决你的困难。	培养学生的观察力、思考能力。 培养学生的动手能力、专注力、解决问题的能力。 培养学生动手能力、想象力、创造力、团结协作能力、乐于助人的品质。

续表

活动过程	教师活动	学生活动	设计意图
	大家进行展示。		
拓展部分（30分钟）	1. 本阶段由学生自主选择队友，组成小团队，但不能超过4个人。利用做小板凳剩下的木料，充分发挥集体的想象力，在规定的时间内，设计、创作一个作品。 2. 作品完成以后组织学生进行作品的介绍和评价。	充分发挥集体的想象力、创造力，以及与同学的协作能力，制作一件新颖别致的作品。 团队代表为大家详细介绍设计思路和用途，另外自己指出可以改进完善的地方，大家可以相互提出一些好的建议，与同学分享心得，共同进步。	培养学生的创造力、与同学的沟通能力、团结协作能力。学生在自我创作中获得成就感和自信心。 培养学生的学习兴趣。 培养学生的表达概括能力、团队精神、激发进取精神以及爱国主义精神。
结尾部分（5分钟）	1. 教师提问 （1）通过本次活动，学生都有哪些收获？ （2）木工在我们日常生活中都有哪些应用？ （3）对于木工的学习今后有什么想法？ 2. 另外对学生提出一些希望：中式传统木工的传承是我们大家的共同责任和使命，希望孩子们能够勇挑重担，牢记使命。组织学生在“弘扬民族文化——传承中式木工”的横幅上签名、合影留念	学生积极思考，踊跃回答。	培养学生爱国主义精神。

六、活动效果测评（略）

活动自评

群文活动的最终目的就是为学生量身打造一次寓教于乐的活动，在活动中学生收获知识，在求知中获得欢乐，在欢乐中受到教育。“中式木工”作为我们国家流传上千年的传统技艺，蕴含了丰富的知识和光辉的历史。

本次活动沿探究中式木工的悠久历史和学生亲身实践木工制作两条脉络深入展开，使学生在认识到中式传统木工技艺伟大的同时，还能够利用一些传统工具制作简单的木工作品，培养了学生对木工的浓厚兴趣，以及动手、创新、团结协作、沟通等能力，也使我国传统木工技艺继续发扬光大。

教师在整个活动中起到了很好的引导和启发作用，为学生做好示范以及帮辅工作，给学生更多的实践、创作、自主空间。

学生在学习木工的历史文化的过程中表现出了浓厚的兴趣，大家仔细观看着手机中的图片和文字，特别是讲到榫卯结构的时候，许多学生赞叹不已，对鲁班发明锯的故事也是点头赞叹。

学生最感兴趣的当属木工制作的环节。在听老师讲解板凳的制作方法时，孩子们都听得非常认真，量尺寸、划线、切割每一个环节，孩子们都表现出了格外的专注，制作出的小板凳也是别出心裁。团队创作环节，在小组长的带领下，大家各抒己见，许多新奇的想法超出了老师的预料，当学生把自己团队的作品拿出来向大家展示介绍的时候，脸上洋溢着自信的笑容。

最后，在“弘扬传统文化——传承中式木工技艺”的横幅上签名的时候，许多孩子还自发地写上了“我爱木工”的文字，此时，他们的热情和举动让身为教师的我为之欣慰和感动，在这里他们认真思考，相互协作，大胆创新，展示了新时代青少年的朝气与风采。

本次活动因条件所限，不能带学生去参观真正的中式木工建筑，无法领略那些精湛手艺带来的感官上的震撼效果，这对学生认识了解祖国木工技艺来讲不能不说是小小的遗憾。

我眼中的爸爸

阚秋影

一、活动依据

（一）促进独生子女身心健康和谐发展的需要

核心素养最重要的是用学科育人，包含知识、能力、品质，但却不是简单的加法结果，而是在培养过程中学生自己的体悟。现在的家庭几乎都是独生子女，被父母毫无保留地呵护着，享受着身边每一位亲人的爱且理所当然。而孩子却很少关注父母喜欢什么，不知道怎样表达对父母的爱。尤其是面对深沉的父爱，同学们体会得更少。本次活动通过技能的实践，情感的触动，让学生懂得爱自己的父母、爱自己的家、关心他人、树立责任意识让学生健康快乐成长，形成适应社会发展的必备品格与关键能力。

（二）提升学生观察能力和自主学习能力的需要

所谓“艺术来源于生活”，只有源于生活的艺术才是最能打动人心的艺术。但是同学们却很少关注身边最熟悉的事物和场景，尤其是在主题作品创作中不知道如何去画，最终拼凑出来的作品在形象与内容上都很成人化、程式化、空洞化，缺少儿童的年龄和情感特点，更无法打动人心。这其中反映出来的问题一方面是学生不注意观察，即使看到了也不会有任何情感上和艺术上的触动；另一方面是无法将看到的东西和内心的主观情感转化为艺术的语言表达出来。解决方法是通过建立相关的课程活动，引导学生观察、体会、讲解、练习，主动思考，逐步建立与绘画语言连接的通道，促进生活与艺术的深度融合，加强学生与生活的关联度，由此培养学生主动学习、会学习的能力，并最终形成正确的价值观和积极的情感态度。

二、活动对象及规模

美术社团学员，年龄8至12岁。具备合作学习和自主创作的能力。

三、学情分析

本次活动学员美术综合素养较好，掌握了基础速写及作品创作的基本技能和表现能力，具备较强的自主分析、实践、总结及小组合作能力，但是在如何将艺术与生活相结合，融入主观情感，创新技能等方面需要进一步提升，在人物写生时需要提升观察能力及实践能力，以刻画人物的神态，在画面构图上也需要创新表达。基于此，本次活动让学生通过刻画熟悉的爸爸的形象，来提升学生对日常生活人和事的观察能力，并将自己的情感通过画笔表达出来。

活动目标如下。

（一）知识技能目标

1. 培养学生提炼创作对象特征的能力。
2. 通过写生与创作相结合，培养学生构图能力。

（二）过程与方法

情景导入——学生分享——小组讨论——讲解示范——学生创作——拓展总结，将情感与技能结合，实现活动目标。

方法：通过讨论法——探究法——实践法——探究法的运用步骤，逐步深入，实现教学过程。

（三）情感态度价值观

1. 培养学生爱亲人、爱朋友、爱生活的情感，促进学生与家庭和谐健康发展。

2. 让学生体验自由创作的乐趣。

四、活动重点、难点

活动重点：培养学生提炼创作对象主要特征的能力。

解决方法：

1. 画前仔细观察，认真分析爸爸的主要特征，结合爸爸的性格特点进行描绘，鼓励学生用多种绘画语言表现，如速写、漫画、儿童画、写实等。

2. 欣赏一些中外名家运用不同绘画语言的相关作品，启发引导学生创作思路及人物创作方法。

3. 教师示范。通过讲、画，让学生明确具体的描绘人物特征的多种方法及绘画步骤。

活动难点：创意性地描绘对象；主观情感的表达。

解决方法：

1. 通过学员讲述“我眼中的爸爸”这一主题，从中选择要点，如性格、爱好、表情、喜欢的服饰、喜欢的食物等等，进行创造性的、个性的情感表现引导。

2. 画自己记忆中印象最深刻的爸爸的故事，将主观情感不自主地倾注于画面中。

3. 运用多种绘画形式和语言表现人物。

五、活动准备

（一）教师准备

1. 教师教学用示范画、彩印爸爸照片、ppt课件、电教设备。

2. 学生的生宣硬卡纸、绘画用的相关用具。

（二）学生准备

1. 不同场景与表情的爸爸的照片、家庭合影的照片。

2. 以“我眼中的爸爸”为主题，写一百字的短文并大声朗读出来，和同学共同认识、了解爸爸。

3. 签字笔，水彩或国画、水粉颜料，调色盘，涮笔筒，毛笔。

（三）环境布置

将学生带来的一部分照片张贴到教室内，让同学们感受来自不同家庭的幸福生活，给学生创设积极的情感环境，激发创作兴趣和思路。

六、活动课时：2课时（90分钟）

七、活动过程及思路

<table>
<tr><td>活动过程</td><td>依照情景导入——学生分享——小组讨论——讲解示范——学生创作——拓展总结六大环节实现活动过程，达成活动目标。
（一）情景导入
将学生提前上交的爸爸照片、全家福照片制作成视频播放出来，教师用自己的感受、言语调动学生的情感，激发创作思路和兴趣。
【设计思路】创设情境，让学生深入感知父亲的爱。
（二）学生分享
同学们分别介绍自己的爸爸，并由此引发“爸爸和妈妈对自己的爱有什么不一样”的思考。
【设计思路】通过学生多思、多想，实现自主释疑，理解主题。
（三）小组讨论
小组成员相互交流分享：自己在日常生活中是和爸爸怎样交流相处的？有哪些记忆深刻的事？爸爸的长相特征？有哪些和爸爸相关的事？
【设计思路】在交流中进一步感受父爱。
（四）讲解示范
讲解：教师根据同学们的分享和交流提出积极的反馈。引导学生着重从父亲的爱好、对父亲难忘的瞬间等等，多角度来表现人物特征。
情感表现——人物表情、行为动作、背景衬托、与人互动。
技法表现——抓住人物特征（五官、表情、动作、服饰等）。
示范：教师根据学生年龄和学习程度，分层指导，对技法和内容表现要有不同的层次和要求，教师示范人物速写的表现技法和创作过程。
1. 确定创作内容和画面构图，着重观察人物特征，抓住每个人与众不同的特点，解决本次活动重点问题。
2. 运用速写形式画出人物和背景，并用国画颜料或水彩颜料等根据画面需要表现人物及背景。</td></tr>
</table>

续表

活动过程	赏析：欣赏中外名家相关作品，让学生自主分析画面表达的含义。拓展学生的创作思路，使学生提高欣赏和分析能力，提升美术知识与技能，引导学生运用多角度、多种绘画手法，创造性地表现心中的父亲，突破难点。 【设计思路】实现由“意”到“形”的转变，教师的讲解、示范、名家作品赏析，让学生在“形”的表现上进一步明确思路。 **（五）学生创作** 学生自主创作，紧紧围绕主题，刻画自己眼中爸爸的特征并融入自己的真情实感。教师根据学生的画面给予适当引导。 【设计思路】体现学生为主体，教师为主导的教学理念。       **（六）拓展总结** 学生互评、自评：展示每一位学生的作品，并请同学介绍自己是如何表现“我眼中的爸爸”这一主题的。向学生提问：你还喜欢哪位同学的作品？从画面中你读懂了什么？ 教师评价、总结：教师从作品主题表现、技法的运用、学生的简短介绍等角度进行评价，对学生的优点给予肯定的表扬和鼓励，对不足之处给予指正。最后总结本次活动的目的和意义，实现活动育人的目标。 活动拓展 1. 倡导学生做好自己能做的事，帮助父母做力所能及的事。 2. 以《我的全家福》为主题，运用多种绘画形式完成一幅创作作品。 【设计思路】分享爱，传递爱，收获爱，传递活动的情感价值，延展活动的意义。

活动自评

1. 活动概述

本次活动真正体现了陶行知先生的“生活即教育”这一教育理念。整个活动紧紧围绕“我眼中的爸爸”这一重心，引导学生自主去感知、分析、总结，从中体现了教师对美术教育的深刻理解，即美术教育并不是一种简单的技能训练，根本目的是表现学生的情感，唤起学生积极的情感态度和价值观，由此促进学生身心健康，和谐发展。《我眼中的父亲》这一主题通过身边最熟悉的人物绘画创作，让学生了解爸爸，从内心深处感知爸爸的爱。活动不再是单纯的技能训练而是升华为一种文化，使美术教育不再是无本之木，无源之水。以学生为主体，拓展学习过的知识，活动过程层层递进，活动目标及重难点一一达成解决，学生在活动中技能与情感都得以升华。

2. 活动亮点分析

“以情入画”是活动的亮点，活动过程中的说、画、评都是围绕着对爸爸的情感徐徐展开，娓娓道来，层层递进。在美术技能的学习中渗透情感教育，使学生通过作品创作融入自己的真情实感，升华了作品的价值，让作品更加生动，打动人心，不再是空洞无味。活动开始时，每位同学大声朗诵关于爸爸的描述，既是情感的表达，也使作品创作更加形象、清晰，鲜活，潜移默化中促进了学生的专业技能提升。活动中教师巧妙的设置多个问题，进一步促使学生在情感上靠近爸爸，了解爸爸，深入思考探究如何画爸爸、如何布置画面等，再通过教师正面积极的引导，形成积极的情感价值体系，明确了人物写生创作的技法。在作品展示中，同学们表达了对爸爸的爱，展示了自己用所学的美术技能传达的真挚情感。

3. 不足之处与改进措施

本次活动结束后，我将活动目标与活动过程进行了认真的梳理和反思，总结活动目标是否达成或者过程中有什么欠缺。这样才能够真正达到教研的意义。由于场地受限，活动中学生对于父亲的描绘是我彩印了学生提供的照片作为参照，没能把每一位爸爸请过来让孩子对人写生，缺乏面对面的沟通交流，这是活动的一点不足。所以我把这一环节作为课后拓展内容留给同学们回家完成，结合自己课堂中的不足之处，自我总结，让学生更深入地观察爸爸特征，面对面交流，提升绘画技能，加深情感沟通。

合唱排练课《勇气》

朱智楠

一、活动依据

（一）美育的特点

“美育”不仅能提升人的审美素养，还能潜移默化地影响人的情感、趣味、气质、胸襟，激励人的精神，温润人的心灵。因此，美育是时代发展和历史积淀对教育的必然要求。

（二）合唱的特点

合唱集音乐与文学的双重属性于一身，可以潜移默化、润物无声地陶冶情操，在实施德育目标方面具有得天独厚的条件。在感知、体验与表现音乐的过程中，可以实现以美育人、以文化人、立德树人的教学目标。

（三）学情分析

1. 学生情况

小合唱团成员共27人，年龄7–13岁，热爱合唱且具备良好音乐素养。经过三个学期的学习能够熟练运用移动do唱名法，演唱C、D自然大调的作品。在此基础上本学期将着重引导学生主动思考，建立多声部思维与声部间的合作。

2. 作品分析

《勇气》是一首二声部童声合唱作品，全曲共87小节（含反复）。

共分四次课学完整首作品，本次是第三次活动，学习F、G段。F段运用换调手法与之前的调式形成鲜明对比，也为作品增添了戏剧性。G段也是作品的Coda[①]，起到丰富结构与深化主题的重要作用。

基于对学生与作品的深入分析，选择该作品作为疫情复课后的第一首排练作品。其一，通过歌词输出的正能量带给学生力量，用音乐陪伴他们度过这一特殊时期；其二，之前未学习过Coda，这是合唱团需要掌握的知识。

二、教学目标

（一）知识与技能

1. 学唱《勇气》F段与G段的旋律（音准、节奏与歌词）。
2. 学习与掌握大三和弦结构。
3. 明确Coda的含义并运用。

（二）过程与方法

1. 通过组织学生游戏与讨论，使学生掌握大三和弦结构。
2. 运用生动、明确的语言，结合示范，使学生明确Coda。

（三）情感态度与价值观

1. 该作品价值观输出明确，鼓励学生在遇到困难时要有坚定信念，保持对美好愿景的执着追求。
2. 引导学生感受音乐情绪，并培养其主动思考的习惯。

三、活动重难点

重点：学唱F与G段旋律。

难点：准确演唱F段音准。

---

① Coda（意大利文），意为乐曲的尾声；尾声乐段。

四、活动准备

1. 撰写与修正方案、分析作品、弹唱每个声部。

2. 设计大树与小树游戏。

3. 谱例板书。

五、活动过程（90分钟）

活动过程	教师活动	学生活动	教学设计意图
预备阶段20’	1. 慢吸慢呼教师示范并提出要求： （1）吸气无声、呼气发“s”。 （2）呼气比吸气多2秒。 2. 教师示范与学生互动问答。  qi i i i i （1）音准清晰像? （2）声音连贯像? 3. 示范1号与2号，请学生找出不同并指出错误。  a ei a ei a ei a ei	1. 观看教师示范与调整体态。 每次增加1秒…… 2. 听提示音思考音高与歌唱位置。 （1）学生回答：台阶 （2）学生回答：电梯 3. 观看教师示范并回答： 2号嘴巴变化太大、咬字不统一。 2号声音太白，没打开腔体。 学生判断1号是正确的并演唱。	师生共同练习调动学生积极性。 唤醒歌唱状态。 通过对比示范突出要求。
导入阶段20’	1. 组织小树与大树游戏： （1）请分成三个声部，模唱低、中、高音。 （2）请低声部双手放在膝盖上；中声部双手叉腰；高声部双手放在耳朵上； 2. 齐奏bs-bb-bd2和弦，并轮换。 3. 板书大三和弦结构，组织学生分组讨论。	1.（1）学生自动分组，并模唱。 （2）按要求调整体态。 2. 尝试和弦每个音，并做出相应动作。 3. 根据板书讨论音符间音程关系并记录大三和弦结构。	调动联觉，丰富体验。 该和弦是F段主和弦，为学唱做铺垫。

续表

活动过程	教师活动	学生活动	教学设计意图
新授阶段30’	1. 教唱F段 （1）运用板书谱例，请学生视唱。 （2）组织小组讨论： 在两分钟内朗诵并划分乐句。依次朗诵，每人只朗诵一句。 （3）钢琴伴奏。	1. 学唱旋律： （1）分声部视唱，与钢琴合作。 （2）小组讨论： 学生在规定时间内完成任务并回答问题。 （3）与钢琴合作。	降低识谱难度，利于掌握。
新授阶段30’	2. 教唱G段 （1）向学生明确讲解调式已回归。 （2）为学生演奏10小节和声连接。 第2遍演奏时在第8小节处停顿，询问学生是否能够在此处终止。 讲解Coda的概念与作用。 （3）为学生弹奏完整的钢琴伴奏。	2. 学唱G段 （1）学生根据之前学习可以直接视唱并结合歌词。 （2）聆听钢琴片段，讨论并回答问题。 学生认为可以在第8小节处终止该段音乐。 记录Coda的中文概念并理解。 （3）看乐谱，聆听钢琴伴奏的同时思考自己所演唱的声部。	学生无法判断调式已回归，故明示。
课堂小结10’	1. 本节课学习的与之前段落有什么区别？ 教师讲解：F段的力度要比之前更强，速度也要稍稍加快，让他们充满动力。 2. G段中有没有前面学过的旋律？找到其位置。 教师讲解： 相同之处就是这首歌曲的主题，在主题再现前要控制好力度，做好铺垫。 3. 钢琴伴奏，组织学生相互聆听。	1. 一声部代表：比之前学的段落感觉一直在变。二声部代表：钢琴的提示变少了。 学生根据讲解标记力度。 2. 学生翻看乐谱，找到相同的旋律，并回答出小节数。 学生根据讲解标记力度。 3. 分声部演唱，声部间讨论并完整演唱。	引导学生主动思考。 反复实践，加深印象。

续表

活动过程	教师活动	学生活动	教学设计意图
拓展阶段10’	布置家庭作业： 在C自然大调音阶中，以自然音级为和弦根音分别向上构成三和弦，找出其中的大三和弦，确认其结构后明确标记。		
效果测评	通过回课情况测评，学生能够准确演唱两个段落。在演唱整首作品时能够正确处理两个段落与整首作品的关系。		

活动自评

《勇气》是一首两声部的合唱作品，该作品以明亮的大调色彩为基色，又蕴含着丰富的和声语言，且主题明确、结构丰富。其歌词与音乐结构都生动表现着孩童面对困难，跨越困难最终迎接美好未来的完整过程。以层次清晰的教学使学生更明确演唱要求，进而完整地、准确地、带着理解地演唱。课后，我将教学过程中可持续与待提升的环节梳理与总结如下。

1. 亮点

（1）教学层次清晰。层次清晰体现在重难点的解决。我引导学生们按照音准+节奏、音准+节奏+歌词、音准+节奏+歌词+乐句、音准+节奏+歌词+乐句+力度变化等音乐核心要素一一拆解，减轻学生学唱的压力。

（2）“抛砖引玉”激发学生主动思考。这首作品用中文演唱，其歌词部分中心思想明确、语气亲切，基于A–E段的学习学生能够领会这首歌曲的中心思想。在F与G段的学习中我尝试让学生根据自己的理解划分乐句，激发学生主动思考。

在组织学生依次朗诵歌词，最终给出详尽解析与统一方案的过程里，我发现学生可以完成这一任务，在规定的时间内更是调动了学生的主动性。

（3）同一问题轮流、限时回答。一次课中的提问环节是随机或具有指向性的，但不能保证全体同学都参与思考。为充分调动学生主动思考的热情，我在同一个问题中、规定时间内任意指定一位同学后依次回答，能够营造积极思考的氛围，使更多的同学加入思考中，进而提升课堂效率。

2. 待提升

（1）发声练习中要结合作品。目前合唱团在预备阶段的发声练习与作品结合不够紧密，应在增强歌唱机能的基础上结合作品给出更有指向性的发声练习，使各教学环节环环相扣。

（2）各环节时间精准把控。组织学生做游戏的环节要将管理下放到每个声部，调动学生内在积极性，更高效地完成任务。

探寻景泰蓝之美

阚秋影

同学们，你们知道什么是景泰蓝吗？景泰蓝正名“铜胎掐丝珐琅”，俗名“珐蓝”，又称“嵌珐琅”，是一种在铜质的胎型上，用柔软的扁铜丝掐成各种花纹焊上，然后把珐琅质的釉料色釉填充在花纹内烧制而成的瓷器器物，13世纪末由阿拉伯国家传入中国。中国元代后期已出现掐丝制品，因其在明朝景泰年间盛行，制作技艺比较成熟，使用的珐琅釉多以蓝色为主，故而得名“景泰蓝”。

本次活动引导同学们了解景泰蓝历史发展、艺术特色、制作过程，感受景泰蓝艺术的内涵，再通过对景泰蓝传统纹样的认知，结合国画技法和自主创作，进一步感受景泰蓝之美。提升学员的艺术表现力及绘画技能技巧。

一、教学目标

1. 了解景泰蓝的相关知识。
2. 用国画技法表现景泰蓝纹样。
3. 鼓励学生创造性地表现景泰蓝纹样、色彩及外形。
4. 激发学生对祖国优秀文化的热爱和自豪的情感。

二、教学重点及难点

教学重点：运用已掌握的美术综合技能和方法表现景泰蓝外形及纹样、色彩等。

教学难点：掌握纹样的设计规律，并能够有创意地表现。

三、教学准备

教师：相关范画、ppt教学课件、学生所需的部分材料、可供学生参考的景泰蓝传统纹样。

学生：课前查阅景泰蓝的资料，准备国画用具。

四、教学过程

（一）交流探究，激发兴趣

提问：景泰蓝的美，是从哪几个方面体现的？你发现了哪几处呢？

学员分组交流，总结，并由本组代表回答。

1. 教师通过ppt课件提供图片让学生观察并总结。

2. 景泰蓝工艺的艺术特点可用形、纹、色、光四字来概括。

形：形态各异，造型精美——取决于制胎；

纹：花纹优美，变化万千——取决于掐丝；

色：色彩华丽，绚烂多姿——取决于颜料的配制；

光：流光溢彩，光泽辉煌——取决于打磨和镀金。

（二）深入分析，明确步骤

提问：根据你了解到的知识，你认为景泰蓝的制作需要经过哪几个步骤？（结合视频讲解制作过程。）

1. 设计纸稿：外形——纹样——色彩。

2. 胎型制作：即外形，用紫铜制作。半机械、手工、錾花制胎。

3. 掐丝过程：用镊子将压扁了的细紫铜丝掐、掰成各种精美的图案花纹，再蘸上白芨（一种有黏合效果的中药）黏附在铜胎上，这道工序如同国画中的线描。然后筛上银焊药粉，经900度的高温焙烧，将铜丝花纹牢牢地焊接在铜胎上。

4. 点蓝过程：点蓝工序如同绘画中的上色步骤，把事先备好的珐琅釉料，依照图案所标示的颜色，用由吸管、铜丝锤制成的小铲形工具，一铲铲地将珐琅釉料填充入焊好的花纹内。

5. 烧蓝过程：将整个胎体填满色釉后，再拿到炉温大约800℃的高炉中用一些矿物石头粉作燃料烘烧，色釉由砂粒状固体熔化为液体，待冷却后成为固着在胎体上的绚丽的色釉。此时色釉低于铜丝高度，所以得再填一次色釉，再经烧结。一般要连续四五次，直至将纹样内填到与掐丝纹相平。

6. 磨光过程：用粗砂石、黄石、木炭分三次将凹凸不平的蓝釉磨平，凡不平之处都需经补釉烧熔后反复打磨，最后用木炭、刮刀将没有蓝釉的铜线、底线、口线刮平磨亮。

7. 镀金过程：将磨平、磨亮的景泰蓝经酸洗、去污，放入镀金液槽中，然后通上电流，几分钟后黄金液便牢牢附着在景泰蓝金属部位上了。再经水洗冲净干燥处理后，一件斑斓夺目的景泰蓝便脱颖而出了。

（三）了解纹样，感受寓意

景泰蓝复杂的制作步骤最终实现了景泰蓝的美，将景泰蓝的形与色、花纹展现出来。景泰蓝的纹饰精美繁复，汇聚了很多传统审美纹饰，寓意丰富吉祥，巧妙传达出人们对美好生活的向往和祝福。

引导学生了解景泰蓝的纹样内容及内涵、布局特点等。

提问：同学们仔细观察，景泰蓝突出表现的纹样具体描绘了哪些内容呢？有什么象征意义呢？

教师提供景泰蓝图片，让学员认真观察并分组讨论回答。

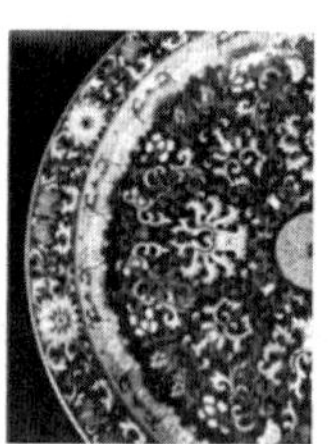

功能上分类：锦地纹样和单独纹样。

1. 锦地纹样：用来填充纹样空隙。龟背锦、梅花锦、桂花锦、万字锦、祥云锦等等。

2. 单独纹样

缠枝花纹：骨架上生长花朵、花苞和枝叶，花头由枝藤围绕。

花卉纹：独立的花卉。不同种类的花象征着不同的意义。如：牡丹是“富贵花”，象征繁荣昌盛、美好幸福；菊花是“长寿花”，寓意长寿吉祥；梅花开五瓣，象征“福禄寿喜财”，老干发新枝，且能开花御寒，象征不老不衰等。

凤凰纹：汉族传统吉祥纹样，是祥瑞的象征。

鱼鳞纹：鱼谐音“余”，寓意生活美好富足。

如意纹：寓意称心如意，吉祥美满。有心形如意、灵芝形如意、云纹形如意。

山、石纹：山纹指远山轮廓线，石纹主要指太湖石的图案，雅称“寿石”。常与园林、人物、花鸟相衬。

回字纹：一笔连环的回字纹边饰，称为“富贵不断头”，寓意好事物深远、绵长。

提问：除了上面这些吉祥纹样，同学们还能想到哪些呢？

（四）水墨意趣，描绘纹样

以花瓶为例，结合剪贴技法与水墨画技法进行作品创作，深入认识和感受景泰蓝之美，教师引导鼓励学生将传统纹样和现代生活相结合，画自己喜欢的花瓶外形及纹样。

学生分组讨论，合作探究，引导每组学生共同设计完成一幅表现景泰蓝的创作作品。方法和步骤如下。

1. 用生宣纸剪出景泰蓝花瓶的外形即“制胎”。
2. 用墨勾勒出花瓶的纹样即“制稿”。
3. 用国画颜料涂色即“点蓝”。
4. 完成后整理画面即“打磨”。

为了强调纹样的美并增加作品创作的形式美感，将花瓶粘贴在一张背板纸上，之后在上面具体画出瓶身上的花纹，或者局部。

在画之前欣赏初级国画班学员的景泰蓝创意作品，使学员更容易接受和深入体会。

（五）展示评价，情感提升

1. 分组展示作品，小组代表介绍景泰蓝纹样及寓意，同时说一说，通过本次活动对景泰蓝这一传统文化有了哪些了解，还想进一步了解哪方面的内容。

2. 欣赏作品，说一说自己最喜欢哪个花瓶的设计，为什么？

3. 教师对学生作品分析并评价，以鼓励肯定为主，给学生积极的情感体验。

（六）拓展内容，延伸活动

活动后进一步深入了解景泰蓝的知识，结合现代生活实际需求或者自己的喜好设计一个景泰蓝制品，并综合运用已有的美术知识和技能创意表现。

活动自评

教师在开发美术课程资源中，要考虑是否有利于学生核心素养的培养，还要考虑学生的个性化发展需求。在内容与形式上要符合学生学习经验与兴趣，要有利于学生综合实践能力的形成。景泰蓝是我国的特种工艺品，北京是景泰蓝的发祥地，它的外形典雅雄浑，纹样繁复多样，色彩清丽庄重。本次活动根据学生年龄特点，关注学生兴趣需求，将景泰蓝和水墨画相结合，结合趣味化的教学方法引导学生了解家乡景泰蓝工艺特点，提升学生核心素养。

1. 活动亮点

（1）以学生兴趣为前提，关注学生自主认知能力的提升。

活动以激发学生学习兴趣为出发点，“激趣”贯穿整个教学过程。通过教师自己到景泰蓝工艺坊拍摄的视频，引导学生感受景泰蓝这一传统工艺品的制作过程，尤其是在烧蓝，当景泰蓝胎体在熊熊烈焰中燃烧出炉后，随着时间的变化由黑渐渐呈现出色彩绚丽的本色，这一过程大大激发了学生深入学习的兴趣，促进学生主动去探究其中的奥秘。在实践环节结合学生学情将剪贴与水墨画相结合，突破活动的重点及难点。

（2）以激发学生探究意识为重点，培养学生创新意识。

活动结合学生需求，注重学习方式和内容的创新。以了解景泰蓝的制作为主线，通过问题引领、小组探究、自主思考的学习方法，将活动的重难点融入到主线当中，让学生主动探求知识，发现新知识，提出新问题，并尝试解决。比如：在观察景泰蓝的纹样时，同学们通过多个花瓶分析，概括出花卉纹、缠枝纹、锦地纹等常用的纹样，并通过老师分析了解他们的含义。这种探究过程激发了学生的深入思考能力，并将其转化为积极的情感，从而激发自主创新意识。

（3）以小组合作探究为活动方法，激发学生参与意识。

活动最大限度激发学生的参与意识和合作意识，关注学生年龄层次的学习发展特点。通过小组合作引导学生开展组内交流活动，相互启发，共同进步，让不同层次的学生皆有所获。在探究景泰蓝点蓝过程中，教师设计了富有梯度、数量适宜、难度适当的问题，引导小组成员都能够“动”起来，思维“活”起来，在碰撞交流中让小组成员寻找答案，提升自主探究的能力，最大化优化课堂效率。

活动不足。虽然在课前老师让学生自主学习查找关于景泰蓝的知识，但是由于年龄所限，同学们对于景泰蓝纹样的认识还不够深入，因此在绘画过程中大多以表现花卉纹样为主，缺少更广泛的认识和实践，所以教师针对此问题在接下来的单元教学中会增加景泰蓝的介绍内容，提升学生的观察和鉴赏能力。

门头沟区少年宫防疫图设计

王玉英

一、活动设计依据

本活动的理论依据为美术学科核心素养。基础教育阶段进入核心素养时代，核心素养的内涵是在现实情境中发现问题、提出问题并调动与运用个人心理资源和社会资源解决问题的综合品质和能力。在美术教育领域提出了美术学科的核心素养，除了美术学科本位的图像识读和美术表现素养外，还要注重培养学生的创意实践、审美判断和文化理解素养。

活动设计的灵感来源于门头沟区少年宫（以下简称少年宫）疫情背景下学生来到少年宫学习所遇到的现实问题：如何根据少年宫疫情工作安排，完成独立到少年宫学习的整个过程。授课对象为儿童画中级班学员，平均年龄为七到九周岁，已经有1~2年的儿童画学习经历，具备一定的造型能力，上学期末展现出对细节刻画和画面立体感表现的需求。班上的学生大部分从前图式期进入到图式期，但因假期绘画练习频率减少，会出现绘画技能与艺术心理发展阶段不对等的现象，体现在美术表现活动中为手跟不上眼，观察得到，画不出来。此外后疫情时代，教学活动进入到正常开展的阶段，学生已经开始回归校园，帮助学生做好防疫常态化的心理建设是每一位教育工作者的责任。

根据以上活动依据分析，本课作为开学的第一课，不仅要在教学安排上从学生的学情出发，通过复习上学期学过的火柴人造型来设计少年宫防疫图中的人物角色，提升学生的绘画自信心激发学生创作兴趣，还要注重引导学生树立科学积极的防疫观念和心态，养成良好的防疫习惯。

二、教学目标

（一）知识与技能：学生通过实地观察了解少年宫空间特征，能够绘制少年宫防疫图，提升学生的美术表现和图像识读素养。

（二）过程与方法：学生通过看一看、讲一讲、练一练三个环节，以小组合作、体验调查和教师引导的方法探究少年宫空间特征，绘制楼内楼外两种类型少年宫防疫图。

（三）情感态度价值观：通过绘制防疫图帮助学生熟悉少年宫防疫流程，树立科学积极的防疫意识，养成良好的防疫习惯。同时，引导学生认识到在后疫情时代，能够自由快乐地学习是因为祖国的不断强大以及全国人民的共同努力，从而培养学生对祖国和人民的热爱之情。

三、活动重点难点

活动重点：学会使用地图方向标，运用火柴人的形式表现少年宫疫情防控图人物角色，创作少年宫防疫图。

活动难点：以绘画形式表现少年宫空间造型特点。

四、教学准备

学生准备：体验少年宫防疫布置，准备白卡纸、铅笔、橡皮、记号笔、马克笔。

教师准备：在班级群内发布“少年宫防疫一日流程”视频，制作PPT课件，组织学生课上分组，评价问卷。

五、教学过程

教学环节	师生课		设计意图	预设问题对策
	教师课	学生课		
（一）看一看（5分钟）	1. 课前在班级群内发布“少年宫防疫一日流程”视频。	学生通过亲身体验和观看“少年宫一日流程”视	此环节意在突破教学难点。引导学生在亲身体验和观看	问题：由于学生年龄较小，会有观察不全面，细节观察

续表

教学环节	师生课		设计意图	预设问题对策
	教师课	学生课		
	2. 引导学生通过亲身体验和观看“少年宫一日流程”视频了解少年宫空间特征和防疫工作的主要人物角色。	频了解少年宫空间特征和主要的防疫角色特点。	视频过程中，加深学生对少年宫空间特征和主要防疫人物角色的了解，帮助学生形成视觉印象。	不到位的现象。对策：可以通过课上视频观看再次加深印象。
（二）讲一讲（10分钟）	1. 引导学生根据学过的火柴人造型，表现从少年宫东南门到506教室出现的防疫人物角色。（测体温的老师、值班老师、同学等） 2. 通过游戏藏宝图中的地图方向标，讲解方向标的绘制方法和应用方法。（突破难点，解决重点。）	1. 复习火柴人基本造型，观察少年宫防疫工作人物角色的特征，并用火柴人形式表现出来。 2. 学习地图方向标的绘制方法和应用方法。	1. 通过教师讲解，解决教学重、难点。 2. 从已学火柴人造型出发，以熟带生提升学生绘画自信，激发学生创作热情。 3. 地图方向标应用的讲解，可以帮助学生更好地理解少年宫空间特征	问题：学生会存在实际方位和绘画方位不统一。 对策：在方向标讲解过程中不以北方定向，而是从学生视觉习惯的观察方向出发采用西方定位。
（三）画一画（65分钟）	1. 组织学生分组进行创作（室外组、大厅组、和五楼组）。 2. 个别指导，在创作过程中展示优秀作品。	根据分组进行不同空间位置的少年宫防疫图绘制。	1. 对学生进行分组，培养学生协作能力。 2. 避免表现场景单一，丰富绘画作品形式。 3. 通过个别指导，解决学生创作过程中的个别问题。	问题：学生会存在空间方位和细节不明确问题。 对策：从每个小组中选一名小组长带领组员再次查空间看细节（再次突破教学难点）。

续表

教学环节	师生课		设计意图	预设问题对策
	教师课	学生课		
(四)评一评(10分钟)	1. 引导学生进行自评他评。 2. 总结本节课知识内容和小组表现。 3. 点评部分学生作品，对学生提出积极评价。	1. 学生通过讲解自己的作品，复习本节课内容。 2. 对完成的作品进行自我评价，对其他同学作品进行点评。 3. 填写自我评价表。	1. 加深学生对少年宫防疫安排的认识。 2. 检验学生对本节课知识点的掌握情况。 3. 提升学生审美能力，学会欣赏其他同学绘画作品。	问题：学生会出现评价不全面的问题。 对策：教师采用有目的的引导，鼓励组内其他同学补充。
(五)展一展	1. 线上展示：通过家长微信群将学生作品进行展示。 2. 线下展示：利用室内的展示柜进行优秀作品展示。	学生可以通过班级群欣赏作品，并在下次课前现场观看优秀作品。	1. 通过作品展示激发学生创作热情。 2. 帮助更多其他班级学生了解少年宫疫情安排。	问题：学生作品存在平面和立体两种形式，不能仅采用悬挂的形式展出。 对策：利用班级内的玻璃展示柜，展示立体形式作品，并注意粘贴安全标识。

六、效果检测

本次活动基于核心素养注重教—学—评的一致性，从结果、过程、教师、学生四个维度，通过语言评价、问卷调查两种形式检测活动效果。

（一）评结果

教师、学生以语言表述的方式对以“少年宫防疫图”为主题的作品给予评价。

（二）评过程

1. 学生自评（评过程评结果），学生通过完成自我评价问卷，检测作品创作过程中的目标是否达成。

2. 教师评价（评价过程，评价结果），教师通过语言表达对学生的综合能力和完成目标程度进行语言评价。

活动自评

1. 活动亮点

（1）本活动根据学情分析从学生本年龄段的兴趣点出发，贴近学生真实生活，将现实情境与学科知识相结合，学以致用，帮助学生更快地适应少年宫防疫工作安排，形成良好的防疫意识和习惯。

（2）注重学科融合，本活动在设计过程中加入地图设计的概念，学生在课程学习中不仅能够学到美术专业相关的空间和构图知识，还能学到必备生活技能——如何看地图。以少年宫楼内楼外疫情防控布置为绘画主体，帮助学生理解绘画中的空间概念，树立整体思维意识。

（3）本活动评价注重教—学—评的一致性和评价角度形式的多元化。本活动评价将从师、生、过程、结果四个维度进行检测。

活动不足。本次活动的不足之处主要体现为两点：方案中为自我评价的分级指标不够明确，评价结果设计的问卷还可以更加严谨。另外在问卷调查中课程成效第一条“能用绘画形式表现其他路线”设计评价标准缺少依据。

查阅论文资料发现，自我评价的分级指标可以参考李燕芳教授（国家艺术教育质量监测学科部主任）在其论文《美术表现能力检测的国际经验及我国的探索》中提出的四级评价指标观点。针对第二点不足可以采用课后作业的形式如“用学过的地图方向标绘制一幅居住小区的生活地图”并将问卷调查安排在完成课后作业后。

闪闪红星

——少儿编程实践课程

李晓霞

一、活动依据

2017年7月20日，国务院印发《新一代人工智能发展规划》，建议实施全民智能教育项目，在中小学阶段设置人工智能相关课程，逐步推广编程教育，鼓励社会力量参与寓教于乐的编程教学软件、游戏的开发和推广。

2018年4月教育部印发《教育信息化2. 0行动计划》。计划提出，加强学生信息素养培育；加强学生课内外一体化的信息技术知识、技能、应用能力以及信息意识、信息伦理等方面的培育，将学生信息素养纳入学生综合素质评价；完善课程方案和课程标准，充实适应信息时代、智能时代发展需要的人工智能和编程课程内容；推动落实各级各类学校的信息技术课程。

儿童编程的核心理念是把计算机编程融合学生兴趣的同时，加强学生思维能力的锻炼，学习编程语言，锻炼学生的逻辑思维，培养学生的科技嗅觉，从使用者变身创造者，让学生学会用酷炫的方式表达自我，提高学生的逻辑思考力和解决问题的能力。

二、活动目标

1. 知识与技能：学生学会熟练使用画笔相关指令，练习重复执行语句的使用，学会用编程的方式绘制五角星。

2. 过程与方法：通过观看视频了解五角星的相关知识，引导学生找出五角星的规律，通过任务驱动及团队交流启发完成五角星的绘制。在绘制五角星的基础上探索总结，从而掌握一般图形的绘制方法。

3. 情感态度与价值观：能够主动积极参与小组交流，通过编程绘制五角星，感受编程的乐趣和魅力，进一步增强学生对编程的兴趣。学生通过了解五角星感受它的美，感受国旗的美，激发他们热爱国旗之情。

三、活动对象、地点、规模

对象：少年宫少儿编程初级班学员。

地点：电脑教室。

规模：16人。

四、重点难点

重点：1. 画笔的抬笔落笔；2. 线段的长度与角度。

难点：五角星旋转角度的计算。

五、活动准备

活动教室：电脑教室具备16台可联网电脑，电脑上安装有图形化编程软件。

学情梳理：本班的学员来自我区各小学4~6年级，他们好奇心强，对编程兴趣高，期待自己编制出各种有趣的程序。他们已经学习过三角形内角和的知识，具备计算五角星角度的知识基础。个别学生电脑操作不是很熟练，需要加强指导，多给他们一些时间操作。

学习资源：认识五角星视频。

教学资料：教案及PPT，小熊编程软件。

六、活动过程

活动环节	教师活动	学生活动	设计意图
一、导入	1. 教师出示国旗图片，提问：平时是如何绘制五角星的？ 2. 播放五角星的介绍视频，带领学生了解五角星这个完美的图形。 五角星是一个很完美的图形，五个角大小一致，呈辐射状，这种形状给人们权威、公正、公平的印象。古今中外的许多数学家、几何学家、哲学家都用自己的方式印证它的完美！ 五角星更是一个很奇妙的图形，具有“胜利”的含义，世界上许多国家的国旗上都有五角星。就像我们的祖国中国，国旗上就有大五角星和小五角星共5颗。 五角星最奇妙的地方在于数学上。大名鼎鼎的黄金分割点就隐藏在五角星上。 3. 有没有更好的办法能快速画出完美的五角星？	1. 思考回答。 2. 观看视频，了解五角星的完美。 3. 思考回答。	加深学生对五角星的了解和认识。 通过思考解答和教师讲解，激发学生应用编程方式绘制图形的兴趣。
二、学习用编程方式绘制图形	1. 讲解示范小熊编程软件中图形的绘制方法。 正式向大家介绍画笔模块，程序中的画笔我们可以理解为现实中的画笔一样，只不过现实中的笔由我们的大脑和手控制去写画，程序中我们只需要给它一个指令，画笔就会迅速地执行。在画笔执行写画指令时也要遵循使用画笔的步骤：落笔—执行—抬笔。 在画笔模块中就可以看见落笔和抬笔这两个指令：	1. 认真听讲，上机实践，通过画直线理解画笔指令的使用。	通过教师讲解示范，学生亲自上机体验，自己通过编程绘制不同长度、宽度和颜色的线段，初步学会并掌握用编程绘制图形的基本方法。

续表

活动环节	教师活动	学生活动	设计意图
	  落笔　抬笔 在执行写画的指令前后加上落笔和抬笔，表示执行一个单独图形的开始和结束。 2. 指导学生编制程序绘制不同长度的线段。 可以设置画笔线条的颜色以及粗细：   将笔的粗细设为 10 将笔的颜色设为 10 设置好需要的粗细和颜色后，就可以开始画了。这个时候注意一下画笔的方向是否是我们需要的，然后就要确定线段的长度。线段的长度是以坐标数值形式体现，大家可以在移动指令中输入不同数值，看看画出的线段长短变化。 注意移动指令是在运动模块中。  移动 10 步 3. 讲解转向指令 在运动模块中的向左和向右转向的指令，这个指令大家已经非常熟悉了。	2. 编程绘制不同长度、粗细和颜色的线段。 3. 尝试加上转向指令，观察线段方向的变化情况。	

续表

活动环节	教师活动	学生活动	设计意图
	  左转 ↺ 15 度 右转 ↻ 15 度 有了这些指令，基本上我们就可以画出各种各样的图形了，如果需要画有规律的图形，例如我们的五角星图形，那我们就要用到最重要的循环指令了。		
	4. 复习循环指令 循环指令分为无限循环和条件循环，没有结束条件的循环称为无限循环，有结束循环条件的循环就称为条件循环，例如循环3次就停止，或者当到达终点时就结束循环等，这些都是条件循环，也是我们在程序中使用最广泛、频率最高的循环方式。  重复执行 10 次	4. 尝试加上循环指令，观察绘制出的图形。	通过体验不同转向角度掌握绘制图形的正确转向角度。
	5. 指导学生结合前述方法绘制一个正方形，再绘制一个等边三角形，关于转向角度让学生自行探索实践，最终找出正确的角度。	5. 绘制图形。	进一步熟悉掌握编程绘制图形的方法。
	6. 提问：我们要画的五角星有什么重	6. 观察五角星的重复规律。	通过观察五角星的重复规律。

续表

活动环节	教师活动	学生活动	设计意图
	复的规律吗，我们要画多少条线段？线与线之间的角度关系是怎么样的呢？		
三、五角星的专项角度计算	1. 指导学生计算五角星的一个顶角和外角的度数。 今天我们用最基础的方法来求出五角星一个顶角和顶角外角的度数，要求出这些，我们需要用到最基础的三角形角度原理，大家都认识三角形吗？有学习过三角形的角度原理吗？三角形的角度原理也很简单，今天我们在这里讲两个原理：一、三角形的内角和是180°；二、三角形的一个外角等于和它不相邻的两个内角的和。 大家可能会觉得奇怪，我们不是要学五角星吗，怎么要讲的都是三角形的原理？大家不要急，听老师来讲，三角形是最基础的多边图形，三角形的边长和角度不管如何变化，它的角度加起来都是180°，这个直接特性可以帮助我们更直观地理解五角星的角度问题，我们来看五角星上任意三个定点组成的三角形，它的内角和都是180°，那么我们来看红色的三角形，大家知道角a是多少度吗？ 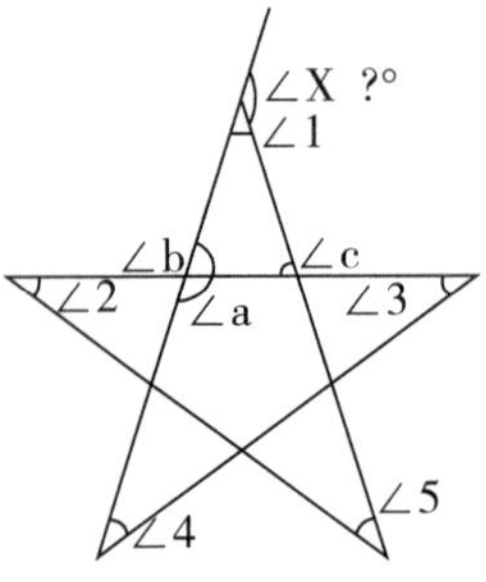	1. 认真听讲思考，计算出五角星的一个顶角和外角的度数	通过应用三角形内角和是180°及三角形的一个外角等于和它不相邻的两个内角的和这两个原理，带领学生计算出五角星的顶角度数。为之后的编程正确设置转向角度做准备。

续表

活动环节	教师活动	学生活动	设计意图
	不知道是吗？我现在也不知道，但是我们可以根据三角形内角和的原理得出，红色三角形的三个内角和是多少？对，就是180°，现在我们就要用到今天三角形角度原理的第二条了，三角形的一个外角等于和它不相邻的两个内角的和，什么是外角呢？ 三角形的外角是三角形的一边与另边的反向延长线组成的角，例如图中∠b就是红色三角形的一个外角，那这个外角的邻角就是∠a，不相邻的两个角就是∠3和∠4，根据三角形的一个外角等于和它不相邻的两个内角的和的原理，我们得出∠b=∠3+∠4，同理可得：∠c=∠2+∠5，那么我们蓝色的小三角形的内角和就包涵了五角星从∠1到∠5五个角的总和，也就是说这五个角共180°，对不对？那么现在大家可以算出五角星每个角的度数是多少吗？ 将180°五等分就是每个角的度数了，也就是36°。 2. 大家对角度的计算都理解了吗？在接下来的编程学习中，我们要用到角度的计算，通过画笔的角度变化画出丰富的图形。现在，我来考一下大家，蓝色三角形的外角∠X的角度是多少？你是如何得出的？把这些问题搞清楚后，我们学习起画笔模块会得心应手。 3. 指导学生分组绘制五角星，若遇到问题可以组内讨论解决。绘制成功后可提交作品。	2. 计算角度，思考这个角度的作用。 3. 编程绘制五角星。	掌握绘制五角星的编程方法。培养学生合作解决问题的意识和能力。

续表

活动环节	教师活动	学生活动	设计意图
	4. 小组PK。学生分组绘制五个五角星，比一比哪个组完成得又快又好。	4. 小组进行研讨，确定怎样绘制5个五角星，并动手编程。	
四、评价	教师将学生提交的作品分享给全体学生，带领学生从编程指令的选择使用、程序逻辑、绘制图形的美观性等方面对作品逐一进行分析点评。	评价自己和他人的作品。	通过作品点评，借鉴他人好的经验，取长补短。
五、拓展	提供给学生正多边形内角计算公式（n-2）*180/n，鼓励学生探索绘制正多边形。	探索尝试绘制正多边形。	巩固所学知识，掌握绘制图形的一般方法。
六、总结	本次活动我们学会了绘制五角星的编程方法。 是不是看似很复杂的图形，我们只用很少的几个命令就完成了，无比轻松对不对？只要大家整理好逻辑关系，用命令的形式告诉电脑，电脑就可以帮助我们完成很多事情，大大提高工作效率。程序的运行都要遵循严格的逻辑关系，不然就会出错，我们在平时的练习中通过事物的形状与用途、我们的空间想象力来训练逻辑思考能力，这样的能力逐步强大，对我们学习生活都有非常大的帮助。	总结本次所学。	通过总结回忆本次活动内容，进一步加深对所学知识的理解。

活动自评

本次活动实施情况较好，学生能完成活动任务，通过编制程序绘制出五角星，在活动过程中他们表现出了对编程的极大热爱之情。对于编程绘制五角星这一活动，设计之初即从学生已有知识储备出发，以五角星的介绍视频让学生了解到五角星是一个完美图形，引导学生联想我们国旗上的五角星，让他们对此充满自豪。接下来带领学生分解五角星，即由五条直线组成，绘制完一条直线后旋转角度再绘制下一条直线，直到绘制成五角星。在此过程中借用三角形内角和等原理带领学生计算出五角星的角度和线条旋转角度。整个活动由浅入深，从简入繁，很好地把看似困难的任务进行了分解，保证了学生能够独立完成编程。部分学生还有效地进行了扩展，利用N边形内角和公式计算编程绘制出了多边形，较好地实现了活动目标。不足之处在于由于学生来自不同年级，理解力和知识储备有差异，个别学生的数学基础不够好，计算的过程稍显吃力。今后在活动设计中我将进一步将困难的任务进行更细致的分解。

门头沟区中小学生发明创造评比活动

梁　辉

一、宗旨和内容

宗旨：为我区青少年和科技辅导员搭建一个科技创新活动成果的展示和交流平台，强化和培养科学道德、创新精神和实践能力，提高科学素质，培养优秀科技创新型后备人才，推进建设创新型国家进程。

内容：参加发明创造评比的作品要从周围环境和生活实际出发，观察、发现、探索、解决学习、生活和生产上的实际问题，要符合青少年的实际知识水平，可在有关专家、老师的辅导下完成，既要有创新意识，又要有一定科技含量。

二、研究领域分类

小学组设立5个学科

1. 物质科学（MS）——研究物质基本结构、运动规律、相互作用及其变化，主要包括物理学、化学和材料科学。如：物质的状态及变化，力的作用和运动，能量的不同形式及其相互转换、守恒等。

2. 生命科学（LS）——研究生命现象、生命活动的本质、特征和发生、发展规律，以及各种生物之间和生物与环境之间相互关系，包括生命的起源、进化、构造、发育、功能、行为、与环境的互动关系等。如：生物的分类和生物多样性（动物和植物），生命的主要特征（生命活动和生命周期），人体和健康等。

3. 地球与空间科学（ES）——研究地球系统（包括大气圈、水圈、岩石圈和生物圈）和宇宙空间的物理、天文、化学和生命活动等自然现象与变化过程及其相互作用规律。包括地理学（含土壤学与遥感）、地质学、矿物学、空间科学、大气科学、海洋科学、生态学等。如：地球与太阳系，自然资源与资源再生，人类与环境的关系，自然环境保护等。

4. 技术与设计（TD）——直接将科学原理应用于生产和生活实践，把计划、规划、设想通过特定的形式和方法（生存和生产工具、设施、装备、语言、数字数据、信息记录等）实现，是科学实践的重要方面。包括土木、机械、航空、化学、交通运输、环境、电子、电气、人工智能和计算机等领域的综合设计与制作，以解决实际问题。

5. 行为与社会科学（SO）——指通过观察和实验来研究人和动物行为与反应，人类社会中的个人之间、个人与社会之间的关系的科学，包括社会学、人类学、心理学、考古学、教育学、动物行为学、人种学、语言学、城市问题等。

初高中组共设立13个学科

1. 数学（MA）——指形式逻辑或各种数字及代数计算的开发，以及这些原理的应用，包括微积分、几何、抽象代数、数论、统计学、复数分析、概率论等。

2. 计算机科学（CS）——指计算机硬件和软件工程设计与开发，包括互联网技术及通信、计算机制图技术（包括人性化界面），仿真/虚拟现实技术，计算科学（包括数据结构、加密技术、编码及信息理论）等。

3. 物理学（PH）——指能量及其与物质作用的原理、理论和定律，包括固态物理、光学、声学、粒子、原子物理、原子能、等离子体、超导体、流体和气体动力学、热力学、半导体物理学、磁学、量子物理学、力学、生物物理学等。

4. 地球与空间科学（ES）——包括地质学、矿物学、地貌学、海洋学、气象学、气候学、天文学、洞穴学、地震学、地理学等。

5. 工程学（EN）——指直接将科学原理应用于生产及实际应用的项目，包括土木工程、机械工程、航空工程、化学工程、电气工程、摄影工程、音响工程、汽车工程、船舶工程、制热与制冷工程、交通运输工程、环境工程等。

6. 动物学（ZO）——指对动物的研究，包括动物遗传学、鸟类学、鱼类学、爬虫学、昆虫学、动物生态学、古生物学、细胞生理学、生理节律学、畜牧学、细胞学、组织学、动物生理学、无脊椎动物神经生理学、无脊椎动物研究等。

7. 植物学（BO）——指植物生命的研究，包括农业科学、农业经济学、园艺学、林学、植物分类学、植物生理学、植物遗传学、植物溶液培养、海藻等。

8. 微生物学（MI）——指有关微生物的生物学，包括细菌学、病毒学、原生动物学、真菌学、微生物遗传学等。

9. 医学与健康学（ME）——指对于人类及动物的疾病和健康的研究，包括牙科学、药理学、病理学、眼科学、营养学、公共卫生学、儿科学、皮肤学、过敏反应、语言与听力等。

10. 化学（CH）——指对物质性质和组成以及其所依从的规律的研究，包括物理化学、有机化学（不含生物化学）、无机化学、分析化学、材料化学、塑料、燃料化学、杀虫剂、冶金学、土壤化学等。

11. 生物化学（BI）——指生命活动进程中的化学，包括分子生物学、分子遗传学、光合作用、血液化学、蛋白质化学、食物化学、激素等。

12. 环境科学（EV）——指对于空气、水及土地等资源的污染源及其控制的研究、生态学等。

13. 行为与社会科学（SO）——指通过观察和实验来研究人和动物行为与反应，人类社会中的个人之间、个人与社会之间的关系的科学，包括社会学、人类学、心理学、考古学、教育学、动物行为学、人种学、语言学、城市问题等。

三、对申报项目和申报者的要求

1. 竞赛项目的申报者为：现就读于六年制（或五年制）小学的在校学生、现就读于三年制（或四年制）初中、高中（包括中等师范学校、中等专业学校、职业中学、技术学校）的学生。

2. 每名学生在一届大赛上，只能申报一项科技创新成果竞赛项目（包括集体项目）。

3. 申报者所申报的项目必须是从当年7月1日往前推不超过两年时间内完成的。

4. 连续多年的研究项目，如曾经参加过以往的北京创新大赛，再次以同一选题申报参赛时，必须反映最新的研究工作和研究成果。

5. 对集体项目的要求

（1）集体项目的申报者不得超过3人。

（2）集体项目不能转为个人项目，新成员不能在研究或参赛半途中加入到一个集体项目中。每名成员都须全面参与项目，熟悉项目各方面的工作，最终研究成果应该反映出所有成员的共同努力。

（3）每个集体项目应确定一名第一作者，其他为署名作者。在项目申报时，所有成员的信息资料均应在申报表中填写。

6. 每个项目最多只能申报三名辅导教师。

7. 不接受申报的项目

（1）违反国家法律、法规和社会公德或者妨害公共利益的项目。

（2）涉及食品技术、药品类的项目。

（3）小学生科技创新成果竞赛不接收针对微生物（包括细菌、病毒、类病毒、朊病毒、发疹伤寒等的病原体、真菌、寄生虫）、所有的人体或动物离体组织，包括器官、未消毒的牙齿、血液和其他体液进行研究的项目。

（4）不符合申报要求的项目。

四、对申报材料的要求

1. 参赛作品须由学生利用废旧材料（环保材料）自主构思并亲自完成主要制作工作。

2. 参赛作品必须填写登记表，并按表格要求注明门头沟区、学校、年级、姓名、作品名称、指导教师、联系电话、作品简介。登记表用胶条粘贴在作品上（没有以下参赛登记表的作品将不予评奖），同时上报汇总电子表格（报名表电子表格统一下发）。

3. 所有报送的作品，活动组委会有权将其用于活动宣传、展览以公益宣传等活动，并不付报酬。参赛作品一律不退。

4. 所有报送的作品如涉及合法权利的纠纷，与活动组委会无关，均由作者本人负责。

5. 报送数量

小学1~3年级组：报送15件

小学4~6年级组：报送15件

初中组：报送20件

高中组：报送20件

五、评审

评审标准：坚持“三自”和“三性”原则。

1. 自己选题：选题必须是作者本人发现、提出、选择的。

2. 自己设计和研究：设计中的创造性贡献，必须是作者本人构思、完成的。

3. 自己制作：作者本人必须参与作品的制作。

4. 科学性：包括选题与成果的科学技术意义、技术方案的合理性和研究方法的正确性、科学理论的可靠性。

5. 新颖性：包括新颖程度、先进程度、技术水平与难易程度。

6. 实用性：指该项发明或创新技术可预见的社会效益、经济效益或效果；应用意义与推广前景。

六、奖励项目及方式

本次竞赛将评选一、二、三等奖若干名，获奖的优秀作品将被推荐参加北京市青少年科技创新大赛。

七、报送时间及地点（略）

鱼儿欢歌

——少年宫舞蹈社团傣族鱼舞教学活动方案

张晶雪

一、活动依据

（一）政策依据

《关于全面加强和改进新时代学校美育工作的意见》中指出，以提高学生审美和人文素养为目标，充分挖掘和运用各学科蕴含的体现中华美育精神与民族审美特质的心灵美、礼乐美、语言美、行为美、艺术美等丰富美育资源，培养学生健康向上的审美趣味、审美格调，着力提升文化理解、审美感知、艺术表现、创意实践等核心素养。

教育部《完善中华优秀传统文化教育指导纲要》中指出，小学高年级和初中阶段，应当"知道重要传统节日的文化内涵；感受各民族艺术的丰富表现形式和特点，尝试运用喜爱的艺术形式表达情感，培养作为中华民族一员的归属感和自豪感"。

（二）背景分析

本次活动为2021年春季的第二次活动，本学期主要目标是为即将到来的艺术节比赛做准备，编排参赛节目。通过前期对学生的调查我发现，我们的学生生长在北京，对少数民族的生活习俗了解较少，对民间舞蹈的认识也仅仅通过课堂的组合及电视媒体等方式，并未亲身参与过少数民族民俗活动。此次鱼舞的学习，能帮助学生认识并实践舞蹈编创的一般规律，为后续舞蹈编排做准备。

（三）学情分析

参加本次活动的成员为舞蹈社团学员共20人，是年龄8~12岁的学生。部分学生参加过一届艺术节比赛，专业能力较好，另一部分学生是新加入社团的。学生之间的年龄有一定的差距，理解能力也不尽相同。在课前，我对孩子进行了调查，发现学生对舞蹈学习有着浓厚的兴趣，对自主编创舞蹈动作也有很多期待，因此在活动过程中，尊重学生的专业水平及认知水平，在编创环节充分尊重学生个性的发挥和体现。

二、设计理念

“鱼”与“余”谐音，是幸福、美满、吉祥的象征，鱼的形象也大量存在于民俗活动及舞蹈作品中。本次活动以鱼的形象作为切入点，首先通过语言提示、视频、图片，帮助学生调动生活经验，观察鱼的形象特征，形成民俗及生活中感性的“鱼”；然后，通过观察模仿鱼的形态特征，模仿实践后进一步分析探究，提炼出“三道弯”的体态特征及“S”型的运动方式，形成课堂中抽象的、理性的“鱼”；最后结合前面的内容，以小组为单位进行编创，将头脑中形成的感性想象经过艺术加工，编创物化为舞蹈动作，形成编创及舞台中的“鱼”。教师通过一系列的引导，帮助学生切身感受中国少数民族舞蹈民俗—民间—课堂—舞台的发展脉络，将生活与艺术紧密联系；在分析挖掘动作的过程中，体会民族精神与审美特征，提高学生表现美、创造美的能力；在小组编创的过程中，提高学生自主合作意识与创新探索精神，发展高尚的审美情感，建立起具有中国特色的审美情趣。

三、活动目标

（一）知识与技能

1. 了解中国传统民俗文化知识，掌握傣族鱼舞手型及基本动作。
2. 体会把握傣族鱼舞“三道弯”“S”型风格特征。

（二）过程与方法

1. 通过填写任务单、观察思考、模仿实践，将感性思维转化为理性思维，提高学生自主学习的能力。

2. 通过小组编创，锻炼学生想象、合作、语言表达能力及编创实践能力。

（三）情感态度价值观

1. 探索傣族舞蹈审美精神，丰富艺术审美体验，理解中国传统民俗文化，提升民族自信心。

2. 能主动投入到小组创作中，体验合作的乐趣，体会舞蹈编创带来的成就感。

四、活动重点、难点

活动重点：准确提炼“三道弯”的形态特征以及鱼舞“S”形运动方式。

活动难点：依据舞蹈风格，编创出具有自身鲜明特点的鱼舞动作。

五、活动准备

（一）教师准备：搜集民俗中与鱼有关的相关内容；准备傣族相关图片，视频资料，制作课件等；制作《调查问卷》《观察任务单》并发给学生。

（二）学生准备：填写《调查问卷》，准备舞蹈服装、软鞋、水壶。

六、活动过程

活动环节	教师活动	学生活动	设计意图
一、活动热身（5分钟）	1. 敲鼓数节奏。 2. 提示动作要求。	1. 地面拉伸。 2. 走跑跳。	活动身体，最大程度避免身体损伤，为后面学习做准备。

续表

活动环节	教师活动	学生活动	设计意图
二、创设情境导入（10分钟）	**民俗中的鱼** 1. 展示窗花、对联图片并提问：每逢过年的时候，我们看到最多的动物都有什么？为什么？ 2. 介绍鱼的习俗寓意 “鱼”与“余”谐音，所以鱼象征着富贵。它是一种美好的文化象征。以鱼为主题，寓意吉祥的文化活动，有鱼灯、鱼舞以及和鱼有关的诗词书画。	调动生活经验进行思考。 学习、了解民俗文化。	通过回忆，了解鱼在传统民俗中的地位和作用，将生活与课堂产生联系。 通过讲授鱼的民俗内涵，帮助学生扩展中国传统民俗文化知识，了解鱼的民俗含义，使学生头脑中建立起传统“民俗中的鱼”的形象，激发学生的好奇心和求知欲。
	生活中的鱼 1. 观察鱼缸中的鱼并提问 · 结合之前老师的作业，你能用语言描述一下，鱼儿的形态吗？ · 鱼的身体分为几个部分？游动过程及运动方式？ 2. 教师总结：鱼“S”形的游动方式，以及轻盈、灵动的形态特征。	填写任务单。 思考鱼的运动方式及形态特点。 对鱼的形象进行深入分析。	对生活中的鱼进行总结归纳。 通过观察再次思考鱼的运动方式，得出“S”形的运动路线，形成“生活中的鱼”的认识。 对鱼的认识由感性形象提升进入理性认识阶段。
三、新授（40分钟） 1. 启发探索	**课堂中的鱼** 1. 介绍傣族鱼舞 生活在我国南方亚热带气候的少数民族傣族就有以“鱼”作为主要形态的舞蹈形式。	了解傣族鱼舞文化背景知识。	了解少数民族民俗舞蹈文化，开阔眼界，提升认知水平。

续表

活动环节	教师活动	学生活动	设计意图
2．教师示范	2. 请看视频，然后思考：这个舞蹈像鱼吗？为什么像？ 3. 请看几组图片，他们有什么共性的特征？    4. 介绍三道弯的形态特征 · 身体几个部位的协调配合：颈腰胯、肩肘腕、胯膝踝。 5. 教授傣族鱼舞动作 （1）单一鱼舞手型 （2）鱼舞单一造型 （3）四个八拍鱼舞动作	观看视频，产生直观感受，明确本次活动的主要内容。 观察图片，进行思考。 了解傣族三道弯身体所需要运动的部位。 学生模仿、体验。 身体有直观感受。	通过观看视频，促使学生调动生活经验思考民俗中的鱼、生活中的鱼再到课堂舞台中的鱼，以及三者之间的关系。 通过观看图片，发现傣族舞蹈中共性的特点：身体各部位呈现既弯曲又协调统一的状态。 将感性经验经过分析思考转变为理性认识，将鱼的形象思维转变为抽象的三道弯。 通过学生模仿学习，感受三道弯的动态特征，感受身体各部位协调配合，学习掌握傣族鱼舞基础动作，形成课堂中的鱼的认识。
四、小组编创（45分钟）	**编创中的“鱼”** 1. 小组探究，创意表达 学生们以小组为单位，按照三道弯的理解和鱼的形态特征，编创四个八拍	分成四个小组讨论、沟通，实践编创。	学生在小组讨论中，大胆表达，分析讨论，提高学生沟通、交流、分析与合作的能力。 互相启发、逐步完善，

续表

活动环节	教师活动	学生活动	设计意图
	动作。 大孩子组：突出表现鱼的优美。 小孩子组：突出表现鱼的灵动。 2. 教师根据学生编创内容进行启发诱导，适当调整。 · 不同性格的鱼体现的方式有哪些区别？如节奏、速度、动作大小等。	学生根据所给出的动作提示与要求修改完善，编创具有独特性格的“鱼舞”。	在兴趣的带动下，逐步消除了惧怕编创的胆怯心理，全情投入，将头脑中的形象物质化为身体动作表现出来。将编创技法融入到指导中，帮助学生在反复琢磨中对知识进行消化吸收，并在运用过程中重新理解傣族舞蹈的风格特点。形成具有独特风格和认识的鱼，完成“编创中的鱼”。
五、小组展示观摩分享（15分钟）	**舞台中的“鱼”** 1. 小组展示、自评，分享创意理念及编创心得（填写自评表） 提示： · 你们在动作构建中运用到了哪些身体部位来构建三道弯呢？ · 你主要表现了鱼的哪些方面的特点和特征？ 2. 互相评价 · 教师评价（填写教师评价表） · 学生评价（填写小组互评表）	互相观摩，互相评价。在同学间的经验分享中重新认识了鱼的形象和文化内涵，加深本次活动的印象。 填写小组互评表。	从互相观摩中发现别人优点和长处，感受少数民族舞蹈文化，体会编创的乐趣及成就感。 检测知识技能、过程方法目标的达成度。
六、活动小结（5分钟）	· 教师总结 · 拓展延伸 学生们可以继续思考鱼舞更多的表现方式。	学生感知艺术来源于生活，又高于生活，理解艺术作品	明确艺术作品与生活的关系。激发学生热爱民族民间舞蹈、热爱编创的情感。进一

续表

活动环节	教师活动	学生活动	设计意图
		形成到呈现的发展脉络，建立起艺术编创的自信。	步增加编创自信，以更好的状态投入到未来的学习中。

七、附件

（一）课前调查问卷（略）

（二）傣族鱼舞观察任务单（略）

（三）教师评价表（略）

（四）学生自评表（略）

（五）小组互评表（略）

活动自评

一、活动概述

本次活动以学生生活中喜闻乐见的动物形象作为切入点，开展了以傣族鱼舞为主题的探究式学习，题材符合学生身心特点。活动目标聚焦核心素养，落实立德树人的根本任务。通过联系年节、联系民俗、联系生活、联系舞蹈、联系编创，引导学生将生活与艺术联系起来，将舞蹈编创从生活到课堂再到舞台的发展脉络呈现在学生面前。活动过程培养了学生的分析、实践、探究、编创能力，学生积极参与，充分体现了学生的主体性，使得学生感受民族文化魅力，丰富审美体验，增强民族自信心，教学目标均已达成，教学效果良好。

二、活动亮点

1. 引导探究鱼的多种状态，实践编创之路。

本次活动遵循着民俗之鱼（了解民俗）——生活之鱼（观察模仿）——课堂之鱼（抽象提炼）——编创之鱼（实践编创）——舞台之

鱼（合作展示）的路径实施。通过分析探究，扩展了学生对鱼的认识。在老师的引领下，学生对鱼这一形象经过了感性的形象思维到理性的抽象认识的升级，在实践中逐步将头脑中的艺术想象外化为舞蹈动作，并最终进入艺术编创的升华，实践了编创的各个过程，层层递进，环环相扣，由易到难，步步深入，最终完成创作表达，激发了学生学习探索的兴趣，提升学生的创新意识，让他们感受到创新就在身边。

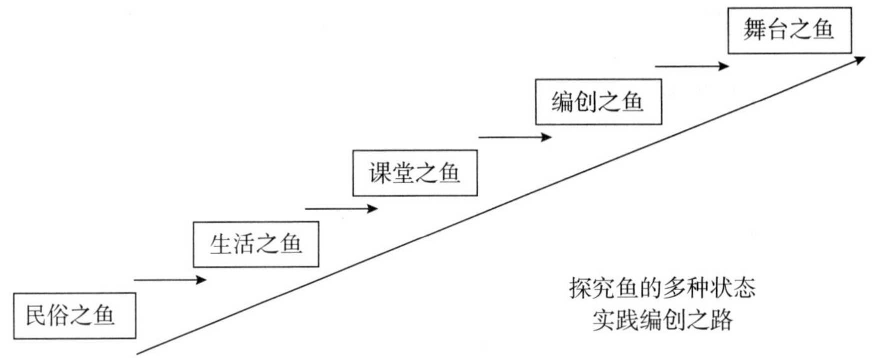

2. 以学生为主体，提升自主学习能力及审美素养。

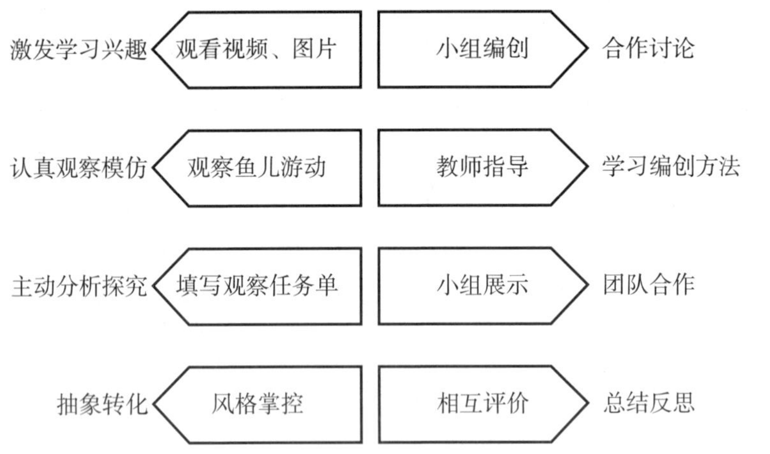

本次活动充分尊重学生，发挥学生的主体性。一是引导学生填写观察任务单，小组讨论，自评互评，鼓励学生积极思考，掌握自主学习的一般方法（观察、分析、实践、反思），提高自主学习能力；二是通过傣族舞蹈视频、图片、教授动作、编创动作，帮助学生感受多样化的

动作形态，丰富学生审美体验。以“三道弯”“S形”的运动特征，加深学生对傣族舞蹈文化的认识和理解，从而提升审美素养，增强文化自信心。

3. 团队合作的编创展示，提升学生编创能力及团队意识。

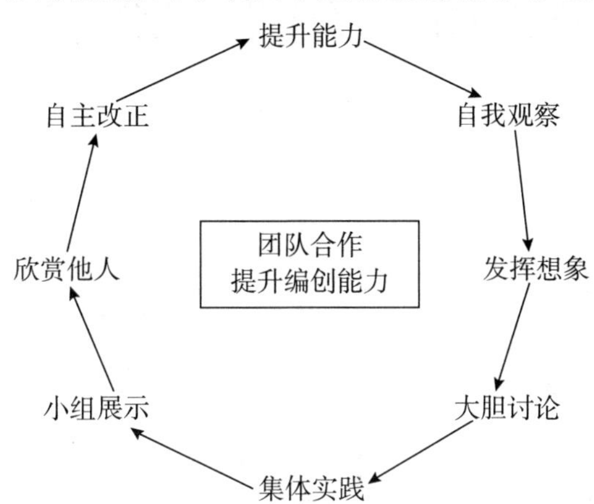

在活动的最后阶段，需要学生有计划有步骤地将头脑中的虚拟构思转化为舞蹈动作。学生的构思、编排都需要依靠小组为单位进行。这就要求学生必须发挥想象，大胆假设，充分讨论，选取最佳方案，共同完成编创任务。在合作与实践中，学生敢于突破自己，交流与合作的意愿增强，个性得到充分展示，能够以积极饱满的热情参与到小组讨论中，并在相互交流中，学会倾听，乐于表现，提高语言表达能力、逻辑思维能力以及交流合作能力。团队作用凸显，增强了社团小组的凝聚力。

三、活动不足

由于学生个性不一，在小组讨论中有的学生不能够完全放开参与讨论，有的习惯于独立思考却不善表达，造成最终交流效果不佳。接下来，应有针对地进行教学设计，帮助学生更充分地参与讨论。

传统与创新之再画“貔貅”

王玉英

一、活动背景

（一）教育理念

本活动立足于核心素养，坚持以学生为中心，引导学生在亲身体验素材收集、图像识读和创意实践过程中感受中国传统造像的魅力。坚持以美育人，将学科知识与现实生活建立联系，鼓励学生用美术知识丰富和美化生活，做一个发现美、感受美、创造美、热爱美的人。

（二）活动内容分析

本活动选自笔者“中国货币文化校外美术课程建设”系列活动设计。活动设计包括认识货币、传统货币文化、货币与艺术、货币的现实应用四个部分。本活动是第二单元“传统货币文化”中一次活动的综合呈现。

活动灵感来源于“山海经中的神兽”系列课程，延续前者的项目式教学模式。本次活动以设计出具有个人特色，符合当代青少年审美的貔貅形象为任务。在教师的引导下，学生通过网络自主进行貔貅文化的探究学习，收集创作素材，制作创作计划，绘制草稿，并选取适当的绘画材料完成貔貅形象的再创作。

（三）学情分析

活动对象为油画社团学员，平均年龄8~12周岁，已经有2~4年的绘画学习经历，他们热爱绘画，具备良好的语言表达和绘画造型能力。其中8名同学为社团老学员，造型能力较好，具备独立收集创作素材完成作品创作的能力；另外4名同学年龄较小，但已参与过“山海经中的神兽”系列课程，能够根据已有的视觉形象进行联想和想象，并运用适当的艺术元素和综合材料进行艺术表现，创作过程中表现出想象力丰富、创作积极性高的特点。

根据以上学情分析，本活动采用小组合作的形式，充分发挥老学员造型能力强的优势以及新学员想象力丰富的特点，引导新老学员之间取长补短，互相促进，培养学生的团队协作能力。

二、活动目标

（一）学生能够运用造型、构图、色彩、综合材料应用的相关知识，完成对貔貅形象的设计与创作。

（二）学生能够积极主动探究、观察、收集貔貅相关的图片和文字素材，在教师的引导下完成构思、草图、色彩表现、综合材料应用的基本创作过程。

（三）感受中国传统造像文化古朴、庄严的艺术特点，树立良好的传统文化的继承观。提高创新意识，在创作实践中互相帮助，互相鼓励，共同体验创新的乐趣。

三、活动重点难点

教学重点：使用学习任务单完成素材收集，根据搜集到的素材创作貔貅形象，并通过综合材料的应用表现出来。

教学难点：如何从破坏性创新和延续性创新两个角度进行貔貅形象的再创作。

难点分析：貔貅作为虚拟造像在网络上有很多版本的造型，这些造型能够为学生提供再创作的参考，也会限制学生对貔貅形象的想象空间。教师将从破坏性创新和延续性创新两个角度分析三个案例，帮助学生突破难点。

四、活动准备

学生准备：绘画材料、平板或手机（用于收集素材）。

教师准备：学习任务单、评价问卷、PPT课件、综合材料。

五、活动过程

活动环节	师生活动		设计意图
	教师	学生	
（一）导入（5分钟）	1. 播放貔貅相关的电影片段《秦时明月之龙腾万里》，并通过提问导入活动主题。 问题： 你知道电影中“小貅貅”是我们传统造像文化中的哪个神兽吗？ “小貅貅”是现实生活中存在的还是人们想像出来的？	观看视频并回答问题。	通过学生熟悉的电影动画片形象导入活动主题，激发学生学习兴趣。
（二）查一查（15分钟）	1. 组织学生根据学习任务单的提示，上网查阅并分享貔貅相关素材。 2. 查漏补缺，补充学生没有搜集到的知识点。 3. 师生共同探讨传统造像文化继承与创新的意义。	学生通过查找、阅览、分享和讨论貔貅的造型特点和相关的故事．对貔貅的形象有更加清晰全面的认知。	通过任务单的形式，引导学生借助网络主动获取知识，提高学生自主探究学习的能力。
（三）看一看（15分钟）	1. 引导学生欣赏貔貅主题的优秀作品，对比故宫藏品汉代貔貅和三个案例，从破坏性创新和	1. 通过欣赏他人的优秀作品，分析创作思路，对自己要表现的貔貅形象展开联想想象。	1. 通过欣赏主题相关作品，帮学生拓展思路，在头脑中

续表

活动环节	师生活动		设计意图
	教师	学生	
	延续性创新两个角度分析创作思路。 A：故宫博物院神武貔貅（延续性创新）  B：电影《秦时明月之龙腾万里》中的貔貅（既有延续又有破坏）  C：漫画《有兽焉》中的貔貅（以破坏性创新为主） 	2. 确定想要创作貔貅的动态、突出特点、主体色彩、联想元素，并以文字形式在草稿本上写出来。 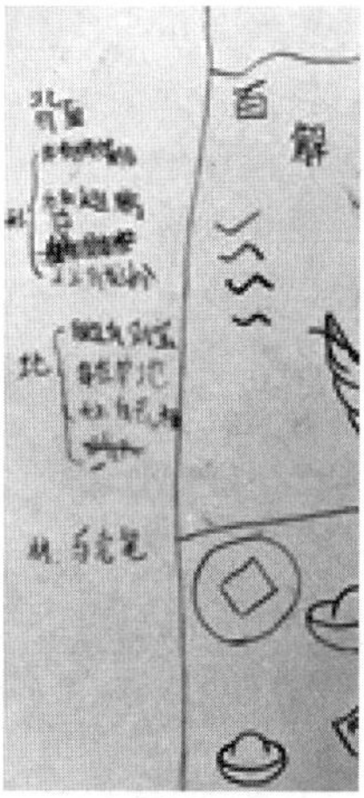  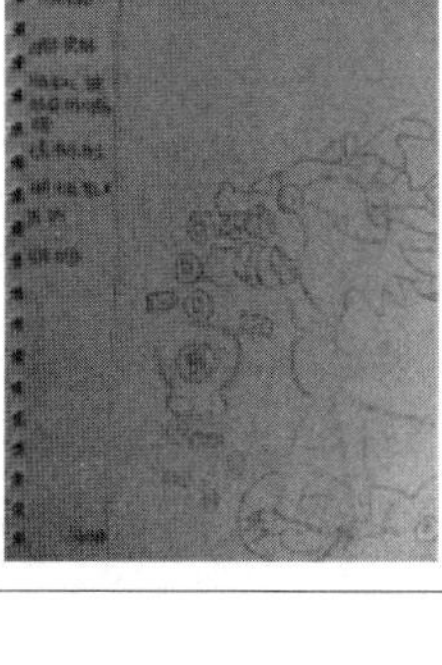	形成对貔貅的初步印象。 2. 以文字的形式整理创作思路，能够帮助学生克服创作思路不明确、不敢下笔的情况。 3. 突破貔貅造型抽象的难点，使貔貅形象化具体化。

续表

活动环节	师生活动		设计意图
	教师	学生	
	2. 引导学生分析貔貅形象的动物原型，从不同角度练习动态表现，联想貔貅相关的绘画元素。（如貔貅以金属和珍宝为食，所以钱币、元宝等形象可以在创作中应用。另外貔貅作为虚拟的动物形象，可以引导学生通过联想想象赋予它独特的能力。）（突破难点，解决重点）		
（四）练一练（65 分钟）	1. 组织学生根据选定貔貅动态进行练习。 （正面、侧面或俯视） 2. 个别指导。	1. 学生根据选定的动态进行貔貅形象动物原型速写练习。 2. 完成貔貅形象草稿设计。 3. 根据草稿作品选择感兴趣的综合材料进行表现。 （丙烯颜料、塑形膏、超轻黏土、pvc 包装袋、锡纸等）	1. 对学生进行分组，培养学生协作能力。 2. 学生通过不同动态的貔貅造型练习，形成立体的概念。避免创作造型单一，丰富绘画作品形式。 3. 通过个别指导，解决学生创作过程中的个别问题。

续表

活动环节	师生活动		设计意图
	教师	学生	

（五）评一评（20分钟）	1. 学生创作过程中展示优秀学生作品。 2. 点评优秀学生作品，对学生提出积极评价。	1. 进行自我评价，并对其他同学完成的作品进行评价。  2. 填写自我评价表。	1. 加深学生对创作过程的了解。 2. 检验学生对破坏性创新和延续性创新的理解情况。 3. 提升学生审美能力和语言表达能力，学会欣赏其他同学作品。
（六）展一展	1. 线上展示：通过家长微信群或公众号将学生作品进行展示。 2. 线下展示：利用室内的展示板进行优秀作品展示。	学生可以通过班级群欣赏作品，并在下次课前现场观看优秀作品展。	通过作品展示激发学生创作热情。

六、效果检测

（一）教师评价、学生自评互评（评结果），对以“传统与创新之再画貔貅”为主题的作品给予评价。

（二）学生自评（评过程），学生通过作品介绍环节和填写自我评价表，检测作品创作过程目标是否达成。

（三）教师评价（评价过程，评价结果），对学生的综合能力和完成目标程度进行语言评价。

（四）教师再次对整个活动进行梳理，撰写活动反思。

附件一：学习任务单（略）。

附件二：自我评价表（略）。

活动自评

1. 活动概述

本次活动选自笔者“十四五”课题（申请立项中）“中国货币文化校外美术课程建设”系列活动设计。通过观察和与学生沟通，笔者发现了小学段学生对虚拟的动画、漫画形象的普遍喜爱，因此着手设计本次关于貔貅形象的再创作活动。

活动采用项目式教学模式，以设计出具有个人特色、符合当代青少年审美的貔貅形象为任务。在教师的引导下，学生通过网络自主进行貔貅文化的探究学习，收集创作素材，制作创作计划，绘制草稿，并选取适当的绘画材料完成貔貅形象的再创作。

2. 活动亮点

（1）本活动能够基于核心素养，从现实情境出发，在创意实践中发现问题、提出问题、解决真实问题。尤其是学生对综合材料的探索过程，原本计划用于表现立体貔貅形象的超轻黏土，因为使用的学员年纪较小，不能完成从草稿到立体形象的塑造，最后采用在泡沫板上进行粘贴的方式得到了浅浮雕样式的作品，最终作品效果很好，学生也表示出乎自己的意料。

（2）活动中采用任务单与线上搜索相结合的形式，引导学生完成貔貅相关的图片和文字素材的收集。新老学员互相帮助，共同探究，既能够提高学生学习的积极性和自主探究能力，也能够培养学生的团队合作意识，体现了以学生为主体的活动理念。

（3）创设传统造像貔貅再创作的情景，学生亲身体验传统造像文化的继承与创新过程，感受破坏性创新和延续性创新带来的创意实践乐趣，潜移默化中引导学生树立良好的传统文化继承观。

3. 不足之处和改进方法

第一，准备好的综合材料没有被充分应用。本次活动教师共准备了丙烯颜料、丙烯马克笔、水彩颜料、马克笔、金粉五种上色材料，超轻黏土、锡纸、塑型膏三种塑形材料，以及PVC包装袋、纸笔筒两种设计应用材料（以上材料在之前的社团活动中都使用过，不存在不知道怎么使用的问题）。其中上色材料全部应用，塑形材料有一种没有应用，与现实生活相结合的纸笔筒没有被应用，主要原因是学生对艺术作品的认识仍局限于一幅绘画或一件雕塑的传统艺术作品范畴。应该在之后的活动中引导学生发现设计与应用类的艺术作品，帮助学生形成更广义的艺术作品的概念。

第二，在活动前期，部分年龄较大的学员创作积极性较低，貔貅的形象塑造过于依赖参考素材。在今后的教学活动中，教师应该注重根据学生年龄特点建立奖励机制（如优先选择绘画材料），激发学生的创作积极性，鼓励学生充分发挥想象力大胆尝试，不拘泥于已有的创作素材。

《天鹅》圣桑曲

——小提琴手腕揉弦小组活动辅导方案

李 波

一、设计思路

（一）活动依据

此活动以《中国教育改革和发展纲要》及《关于全面加强和改进学校美育工作的意见》中美育思想为依据，依托于小提琴教学特有的美育功能，立足于细致入微的学情分析，旨在使学生能够掌握乐器演奏的各种技能技巧，能够流畅地演奏与技术水平相当的乐曲，能够准确地把握和表现乐曲的情感，使学生充分体验蕴含在音乐中的美和丰富的情感，不断提高学生音乐欣赏能力，提升他们对于美的追求，培养学员美的理想、美的情操、美的品格和美的素养。

（二）学情分析

本次活动共有11名学员，年龄在8~12岁之间，他们热爱音乐，喜欢演奏小提琴，能够认真投入小提琴课堂教学中。其中8人已不同程度掌握了小提琴中级演奏方法与技能，包括换把、复杂节奏、弓法的运用等，对音乐有较强的表达能力；其余3人从初级进入中级，虽然还需要通过不断的练习才能更好地掌握中级的技术，但是对音乐作品的理解能力较强，有较大的塑造空间。本次小组活动以学习圣桑曲《天鹅》中揉弦技巧的掌握，使学员在音乐作品中感受优美旋律的表现方式，进一步提升学员的音乐表现力。

二、活动目标

1. 知识与技能：通过活动使学生学会乐曲《天鹅》，同时能正确掌握手腕揉弦的技巧，通过揉弦技巧准确表现音乐的情绪和风格。

2. 过程与方法：运用生活中常用的“敲门”动作引导学生了解和认识揉弦的正确动作，并通过分解动作来练习，让学生学会揉弦技巧。

3. 情感态度与价值观：通过对作品的欣赏与学习使学生感受音乐的美好，有效提升学生的音乐素养，培养学生的审美能力。

三、活动重点、难点

重点：手腕揉弦的方法；难点：用速度解决揉弦不均匀问题。

四、辅导方法

讲解法、示范法、比较法、辅导法、讲练法。

五、活动资料

小提琴、谱架、乐谱、视频。

六、活动过程

教学过程	教师活动	学生活动	设计意图
设置情景导入课题（5分钟）	（一）活动开始阶段 1.（展示图片天鹅）提问：同学们，谈谈你们对天鹅的了解和感受。 2. 播放乐曲《天鹅》。提问：听完这首乐曲你们感受到了什么？ 3. 教师通过介绍乐曲《天鹅》引出“揉弦”技巧在乐曲中的作用。	师生相互问好。 学生相互交流给予回答。 学生聆听乐曲，谈谈听后的感受。 学生了解作品音乐内涵的同时，了解揉弦在乐曲中所产生的作用。	学生欣赏乐曲，表达自己听后的感受，在欣赏音乐带来美好感受的同时，激发学生自己来演奏优美音乐的动力。

续表

教学过程	教师活动	学生活动	设计意图
主动探究学习新知（35分钟）	（二）导入新知识的学习 1. 教师提问：同学们平时是如何敲门的？ 2. 教师提问：用哪个部位的动作能做到轻巧自然，敲门的声音让听见敲门的人感觉很舒服？ 3. 教师带领学生练习揉弦的分解动作（重、难点）。 （1）手腕做敲门动作带动手指，用指甲轻轻敲击琴身。 （2）用同样的手腕动作带动手指在琴弦上来回滑动，体会手指放松时的动作。（开始播放乐曲《天鹅》） （3）用同样的手腕动作带动手指按在琴弦上以后，带动手指关节放松的动作。 （4）以上动作掌握后，用弓子演奏出左手揉弦的声音，听声音是否均匀，来检验动作是否正确，调整练习的速度，进而解决声音的不均匀性。	1. 学生开始各种敲门动作的展示。 2. 学生开始思考哪个部位的动作能轻巧自然，体会动作并回答问题。 3. 学生举起左手学习揉弦分解动作。 （1）学生模仿动作敲击琴身，掌握方法体会动作。 （2）学生用手指轻抚在琴弦上，做手腕揉弦动作的同时欣赏乐曲《天鹅》。 （3）学生把手指按压在琴弦上做手腕揉弦的动作，体会放松自然的状态。 （4）学生用弓子来演奏，聆听揉弦的声音是否均匀，随时调整左手揉弦动作的速度，解决出现声音不均匀的问题。	通过提问让学生思考并体会敲门动作是什么部位最能做到轻巧自然，牢记揉弦要领。 通过正确方法练习揉弦动作的连贯性和松弛的状态。 通过分解动作的学习，掌握揉弦的要领和方法，在欣赏乐曲的同时运用乐曲中的速度来练习揉弦动作，提高练习效果，降低枯燥乏味的状态。 用声音来检验动作是否正确和均匀，从而达到揉弦的真正效果，声音均匀、自然、优美。
学习乐曲运用新知抒	（三）乐曲演奏中手腕揉弦的运用（主题旋律） 1. 视奏乐曲 给学生3分钟时间视奏	1. 学生开始视奏乐曲，熟悉指法、节奏以及换把。 2. 学生在熟练乐曲基础	学生视谱能力的锻炼。 加深乐曲布局，有助于学生更好

续表

教学过程	教师活动	学生活动	设计意图
发情感（15分钟）	乐曲，教师逐一指导。 2. 教师介绍乐曲基本结构：乐曲由主题呈现、动力再现并附加引子尾声三部分构成。 3. 学以致用，辅导学生运用揉弦技巧演奏主题。	上了解乐曲结构、风格和特点。 3. 学生运用揉弦技巧演奏主题旋律。	地掌握乐曲的音乐表现，体会揉弦在乐曲中的作用，感受旋律之美。
总结评价（5分钟）	（四）总结 1. 总结揉弦技巧的方法与运用。 2. 交流自己学习过程中有哪些提高，并知晓课后如何巩固练习。 3. 布置作业：回家单独练习揉弦技巧，熟练之后全曲完整练习。	学生抢答。 交流本次活动所学习到的内容、对乐曲音乐内涵的体会和认识。	通过交流和总结检测学生对音乐的理解，以及对揉弦技巧的掌握程度。

七、效果检测

1. 学生能否积极主动参与各个环节的活动。

2. 学生能否准确表达揉弦的动作及方法，并大胆进行自我表达和评价他人。

3. 学生能否将教师教授的方法准确运用到乐曲的演奏当中。

4. 学生能否通过活动欣赏美的音乐、表达美的音乐，提升审美素养。

活动自评

1. 活动概述

本次活动以学生能够掌握揉弦技巧为手段，使学生能够流畅地演奏与技术水平相当的乐曲，准确把握乐曲的情感，充分体验蕴含在音乐中的美，不断提高学生音乐欣赏能力，提升他们对于美的追求，在音乐的世界里培养学生认识美、体验美、感受美、欣赏美和创造美的能力，从而使学生具有美的理想、美的情操、美的品格和美的素养。

乐曲《天鹅》是圣桑管弦乐组曲《动物狂欢节》中的一首，音乐通过优美高雅而又忧伤的旋律，表现了天鹅优雅高贵游于水中的姿态，她孤独不合群却又十分圣洁的身影，充分地刻画出了作者心中那纯洁无瑕的天鹅，更加表达了作者对真善美的追求和赞美。在教学计划中，我通过生活中最常用的动作来引导学生，使学生准确快速地掌握学会揉弦技巧的方法，提高对乐曲的理解和表达，同时运用揉弦技巧来表现音乐，让学生在旋律与技巧完美的结合中感受、欣赏音乐的美，达到此次活动的目标。

2. 活动亮点

1. 运用生活中常有的“敲门”动作来引导学生对揉弦技巧的学习，既能很快地让学生了解揉弦技巧的正确动作及方法，又能让学生在练习揉弦分解动作的过程中更快更好地掌握技巧，达到放松自然的状态，提高掌握技能的效率。

2. 练习揉弦分解动作时，播放乐曲《天鹅》，既可以通过聆听欣赏乐曲感受音乐之美，又可通过乐曲中的节奏速度来练习揉弦动作，避免枯燥乏味的技能训练，同时揉弦动作与旋律的结合激发学生们内心对自己也能够演奏表达优美旋律的渴望，这种形式的变化改变了以往单纯练习技巧时所产生的枯燥乏味的状态，同时也让同学们学会了在家练习技巧时同样可以用这样的方法，既训练了技术、提高练琴质量，同时又能在欣赏音乐作品时更好地体会和感受音乐的美，潜移默化地培养学生的音乐素养和审美情趣。

总体来说，本次活动的内容和效果还是显而易见的，学生们在乐曲包括揉弦技巧的学习中都很积极主动；最后学员展示此次活动的学习成果，用学到的揉弦技巧演奏了乐曲的主旋律，效果非常好。这样的活动形式有效地提高了学生学习的兴趣，在欣赏美妙音乐的同时实现了校外教育器乐教学美育功能的作用。

3. 不足之处

时间掌控上还需要提高教师的主导作用。最后不能够完全让每一个孩子进行展示，因此在各环节时间把控上有待提高。

"编花篮"太平鼓社团小组实践活动方案

尤利娜

一、活动依据

京西太平鼓是我区具有代表性的民间艺术，2006年被列为首批国家非物质文化遗产。少年宫于2015年成立了"太平鼓"特色社团。太平鼓团队的建设发展核心即"传承"，传承太平鼓的打鼓技法与其深厚的文化底蕴和民族精神。本次教学"编花篮"活动以此为契机，是紧紧围绕着"京西鼓舞少年"特色项目持续发展所开设的一次培训活动。希望通过本次活动能够推进太平鼓特色项目、团队建设的发展，进一步激发学员的学习热情，加强与提升学生对太平鼓民间艺术传承的自信心与责任心，使之自觉成为传统文化的传承者与推动者。

二、学情分析

参与本次活动的是太平鼓预备团，学员在太平鼓表演方面均为零基础，但在舞蹈方面却具有不同程度的学习经历，为课程的实施奠定了良好的根基。学员16人，其中男生2人、女生14人，年龄在8~10岁之间。二年级组3人，三年级组11人，四年级组2人。他们有着活泼好动、求知欲强、想象力丰富等共同特点，同时也存在着兴趣爱好、接受力、表现力等方面的差异。如：二年级的两名男生，喜爱运动，课堂中较为活跃，思维跳跃性强，在本次活动手工制作环节当中表现突出。另外两名年级最高的女学员，在中国舞蹈学习中通过了6级，且在组织能力、学习态度等方面优于其他团员，被评选为团长和生委，是团队的核心成员。她们在团队平稳发展的过程中起到了模范先锋的带头作用，同时在参与“编花篮”小组活动过程中发挥了积极的主导职能。其余的12名学员兴趣爱好广泛，擅长画画、声乐、戏曲、古筝等多门艺术，在本次活动实践中充分发挥自身优势，为小组助力。综上所述，学员从身体素质、认知能力、技能水平等方面均具备了此次活动的基本条件。

三、设计理念

“编花篮”教学活动是本学期第15次课程，表演内容体现人们过去的生活情境，描述劳苦大众在耕种闲暇时手握太平鼓相互穿梭嬉戏的情景。表演形式以模仿编制花篮的路线为主，动作简单，形式多样，且基本动作与开学初所教授的“圆鼓”极其相似，便于学员对本次培训内容的理解与掌握。

活动设计之前，教师了解了学员在日常和校内所学习的编制类手工制作内容，从而设计出本次活动以手工制作为教学引导的重要环节，并通过下发黄绿粉三色任务卡、解析舞蹈视频、模仿、手工制作、分组讨论、创编及成果展示、自评互评等多种教学方法开展活动。本次活动以学员为主体，以逐一突破任务单、手工制作环节的设置来激发学习兴趣，挖掘想象力，拓展创造力、合作力、自主学习等综合能力，并强化学员的团队合作意识，以发挥一科多效的育人职能，使学员在轻松愉悦、自由的学习环境中学有所得。同时在教授“编花篮”基本动作内容中，重点强化其独特的表演风格所传授讲解的人文知识与表演背景，引导学员对京西太平鼓这门特色的地方民间艺术有进一步的认知与感受，为今后社团发展奠定根基。

四、活动目标

1. 学习并掌握“编花篮”的基本动作及风格要领。

2. 通过创编环节，培养学员主动探究意识及创新能力。

3. 通过分组讨论、培养学员在合作过程中相互尊重、信任、谦让的良好道德品质，以强化团队凝聚力及合作意识。

五、活动内容及形式

1. 活动内容

（1）教授“编花篮”的基本动作。

（2）视频赏析、小组讨论、手工制作、创编舞段、成果展示、自评互评。

2. 活动方式

以直观教学为基础，结合讨论、手工编制体验，引导舞句创编。

六、活动重难点

重点：掌握“编花篮”的动作基本打法及动作风格。

难点：在动作规范熟练的基础上，小组成员通过合作完成创编任务。

七、活动准备

多媒体设备、视频文件、任务卡片、编制物品、太平鼓、服装、活动方案。

八、活动过程

教学结构	教师活动	学生活动	设计意图
一、导入（5分钟）	1. 向学员介绍本次活动内容，解读粉色任务卡，欣赏舞段，激发求知欲。 2. 对学生的反馈进行评价和补充。明确学习“编花篮”为本次活动的重点。讲解该动作描述的是人们在耕种闲暇时，相互穿梭追逐戏耍的愉悦情境。	1. 领取任务卡，明确任务内容，带着问题观看视频。 2. 认真思考并积极回答问题。明确本次活动的主要内容及方向，通过观察、聆听与思考，去领会编花篮的动作背景。	1. 激发学习兴趣。使学员从视、听、感受等多方面快速进入学习状态，更直观地了解此次活动的学习内容。 2. 使学生感知所学内容，并通过动作示范和对动作背景的讲解，使学员进一步了解动作背后深刻的人文知识和文化内涵，激发学习兴趣，培养传承的责任感。

续表

教学结构	教师活动	学生活动	设计意图
二、新授新知（25分钟）	教学“编花篮”的基本动作，通过教师示范动作，引领学员学习。强化脚下刨土踩地、身体高低有起伏的风格特点。 1.教师示范练习鼓点。 2.教师示范教学上肢动作。 做法及要点： 双手经左斜上方、正下方、右上方立鼓画圆。鼓要贴近身体，眼随鼓动。 3.教师示范教学下肢动作。 做法及要点： 双膝自然弯曲松弛，向左右横向移动。做出刨土的感觉。强调脚跟先落地，且要落实。 引导：“过去人们生活和劳作的地方，地面都是松软的土壤，你们想一想，一步踩下去脚下一个坑，脚掌向后用力一刨，土四处飞扬的场景，脚下该如何去做呢？” 4.完整动作练习：强调鼓高身体延伸到最高位，鼓低将身体俯	1.跟老师进行鼓点练习。 2.结合动作要求加以练习。 3.用心聆听和观看老师对下肢动作的讲解与示范，积极思考并回答问题，结合对老师所描述情景的理解来做动作。 4.以教师动作为标准，对比着进行练习。	通过教学基本动作，在提高学生观察力、模仿力和想象力的同时，由浅入深，循序渐进，帮助学员进一步感受太平鼓独具特色的民间艺术魅力，以示范、练习、强化要领等手段贯穿教学环节，从而完成活动重点，为创编环节做铺垫。 3.通过对下肢动作的风格形成背景以及对虚拟情境的描述激发学员的学习兴趣。针对动作的规范及要领进行强化训练，从而提升动作表演效果。 4.通过完整练习，将所学新知巩固扎实。

续表

教学结构	教师活动	学生活动	设计意图
	下去，充分体现出高低起伏的动作变化。		
三、分小组进行手工制作、分享成果（20分钟）	1. 学生自愿结合不少于四人的单元小组。下发绿色任务卡，对任务单中的重点内容进行讲解。 2. 手工成果分享与介绍	1. 自由结合并推荐一名组长领取编制所需物品。在规定时间内组织同学共同参与、相互合作完成第二项任务单。 2. 对本组手工作品进行展示和介绍。以组长作为主要发言人，其他组员补充。重点说一说编制过程中选用的编织方法及过程。	1. 通过体验手工编制实践过程，既开发了学员手动动脑的能力同时使其创造力、想象力、团队合作等综合能力得到提升。在小组实践中，充分体现出组员之间相互礼让、尊重、信任的优良品质，进一步明确了立德树人为根本任务的核心理念。 2. 通过对作品的展示与介绍，相互学习，强化创作与合作意识。此环节有效推进了下一个创编环节的实施。
四、小组创编、成果展示（35分钟）	1. 下发黄色任务卡，强调讨论的重点，以手工编制的方法为运动路径。卡片当中的重要内容，教师巡视指导。 2. 学员分组进行展示、自评和互评。教师及时给予指导意见。	1. 组长负责领取并宣讲任务卡上的内容，积极展开讨论、共同完成舞句创编的活动任务。 2. 分组展示，并讲述创编内容的想法与活动中遇到的问题。	1. 再次激发学员的挑战欲，促使学员积极参与创编。通过此内容的实施，培养和拓展学员的创造力，进一步强化学员对团队凝聚力重要性的认识。 2. 互相学习，培养学员思考、解决问题的能力。通过对成果的展示与肯定，增强学员传承太平鼓的自信心与热情。

续表

教学结构	教师活动	学生活动	设计意图
五、活动小结（5分钟）	对活动实践中的成果给予充分的肯定，鼓励学员的创新与合作精神。对于创作中的亮点、参与活动中体现出的优良品质提出表扬。布置课后练习内容。	认真听老师做总结，反思自身所存在的问题，课后认真练习。	培养学员养成课后反思、总结梳理所学知识的良好学习习惯。

九、效果测评

1. 通过学生参与创编讨论的体验以及所展示成果，检测活动内容设置的作用与效果。

2. 借助微信平台，以上传课后练习视频及下单元回课方式来检测本次活动的重点。

活动自评

本次活动以激发学员学习兴趣为主线，贯穿学打“编花篮”动作套路为基本知识点。运用完成任务单、分组讨论、手工制作、舞句创编等多种教学手段，突出学员在活动中的主体地位。鼓励和引导学生积极动脑动手参与创作，实践和突破所学知识点，并将其真正转化为自身的综合能力。在教授“编花篮”基本动作中注重规范性、美感意识、民俗文化与人文知识相结合，使学员感受太平鼓所带来的美感与愉悦，同时达到活动育人的目标。活动准备充分，按照计划稳步实施。在掌握“编花篮”动作的基础之上，延伸至舞句创编，各小组呈现出具有不同风格、形式的编创“作品”，使活动重难点得以突破。在展示创编成果、参与评价环节中，进一步提升学员自信心及传承京西太平鼓这一民间艺术的责任意识。此次活动实施有效，符合学员年龄特点，活动过程完整顺畅，气氛活跃，学员参与度高。通过正确的教学引导，使学员综合能力及道德品质得以提升。

1. 激发学生兴趣

在小组实践过程中，采用多媒体教学方式。播放了具有主要动作元素舞段、民俗知识以及风格特点内容介绍进行引导，同时设置三色卡作为主线贯穿每一个实施环节。孩子们在逐一完成任务单时，感受到了近似游戏当中“闯关”的无限乐趣。面对重重任务的挑战，学员表现出无比的好奇和激动，助力于活动内容的有效实施与推进。

本次活动以手工制作为载体，分层设计使得后边的活动步骤节节相扣，充分调动了学员的学习兴趣。将太平鼓技法与校内劳技美工知识相融，拓展孩子们动手动脑与创造的学习空间，在传授专业技能的同时渗透美育内容。

2. 突破单一模仿式教学，引导学生主动学习

通过播放PPT视频资料，使学生主动直观地观察到“编花篮”套路的打法及表现形式等内容。学员带着问题去观察，从中获取答案进而引发主动求学的欲望。之后设计的手工制作、小组讨论、舞句创编、成果展示与评价等多种教学途径，改变了以往老师教、学员单纯模仿的形式，同时鼓励学员大胆提取活动中手工制作的编织方法与肢体动作元素相融合，把自己的所学、所见、所想转化成创编的成果，提高了学生想象力与创造力。同时，变被动学为主动学，培养其自学、主动思考问题的学习能力。

3. 小组实践活动中渗透品德教育

活动中积极引导学员进行了分组讨论、手工制作和小组创编等内容。在活动参与过程中，学员间充分体现出相互合作、理解、信任、友善、谦让的良好品质，促进了团队合作意识的培养。同时在完成手工制作环节之后，教育孩子们做好垃圾分类，培养其良好的生活习惯。

4. 本次活动的不足之处

由于时间的原因，学员在参与展示、相互观摩之后所引发的新的构思没有进行更深层的挖掘与实践，将作为后期课程中的延续拓展内容继续实施。

我和云手做朋友

——舞蹈社团活动方案

高　卉

本次活动是中国古典舞与书法在舞蹈社团活动中的一次跨界融合，在整个学期教学计划中承上启下，属于汉字编舞法的初级阶段。作为一名校外舞蹈教师，一直致力于研究少儿舞蹈活动的新途径、新思维，有意识地将舞蹈编创活动与书法相结合，在弘扬中华优秀传统文化的同时切实提高学生的审美能力、创新思维。

一、活动依据

（一）中华优秀传统文化对本活动提供的指导意义与理论依据

《关于实施中华优秀传统文化传承发展工程的意见》指出："把中华优秀传统文化全方位融入思想道德教育、文化知识教育、艺术体育教育、社会实践教育各环节……"中国古典舞承载着中华历史源流文化，而书法则被称为"中国传统文化核心的核心"。从传承中华优秀传统文化的角度分析，书法与中国古典舞有异曲同工之妙。

（二）"圆"的美学意义对本活动提供的指导意义与理论依据

依据《关于全面加强和改进学校美育工作的意见》等相关文件，"圆"是种古老的美学范畴，"圆美"贯穿于书法艺术的语言、意境和意蕴，而中国古典舞中的"划圆艺术"更令人赏心悦目、回味无穷。通过小组活动培养青少年的审美能力，形成对美的感知力，提高审美鉴赏力，培养全面发展的人。

（三）学科融合理念对本活动提供的指导意义与理论依据

依据《关于全面深化课程改革落实立德树人根本任务的意见》，结合少年宫舞蹈活动建设的现状进行活动设计。校外教育践行“活动育人”理念，将书法与舞蹈创编活动相结合，使学生在“文舞相融”的艺术活动中树立文化自信，提升创新实践能力，走入中国意境、践行美育教育。

二、学情分析

1. 本次活动共有16名社团学员参与，年龄阶段在10~12岁之间，有三年以上舞蹈基础。

2. 在本次活动设计前，采用调查问卷的方式对参与活动的16名学生进行了解，精准分析学情。学生已掌握古典舞身韵基本动作，已完成元素动作变化发展（时间、空间、力量）并多次进行过舞蹈即兴活动，能够创造性地完成相应的舞蹈活动。

3. 学生在校内或校外兴趣小组活动中均接触过书法，其中12人有一年以上书法基础。

三、活动目标

（一）知识与技能

1. 掌握古典舞云手动作，实现以呼吸带动舞蹈动作。

2. 提高学生舞蹈创编能力，掌握汉字编舞初级阶段的技巧。

（二）过程与方法

1. 感受、体验、合作、交流、评价、总结。

2. 探究式教学，启发学生通过临摹书法、使用道具“球”进行深入式研究学习，充分发挥学生自主学习能力。

（三）情感态度与价值观

1. 培养学生相互尊重、团结协作的道德情操。

2. 了解民族艺术瑰宝，培养学生的爱国情操，提高学生的文化自信。

四、活动重难点

重点：使用道具“球”完成“云手”动作解构，体会身体“圆”的运动轨迹。

难点：

1. 道具“球”的使用如何体现特殊的中国古典舞身韵“留下身走上身，走下身留上身”。

2. 打破“纯舞蹈”的创编模式，感受书法书写时的用笔之美，采用小组合作的方式将书法“云”与舞蹈“云手”在时间、空间上进行融合，实现舞蹈动作的变化发展。

五、活动准备

（一）教师准备

1. 少年宫剧场场地协调、设备调试。
2. 道具“球”。
3. 古典舞视频。
4. 即兴音乐。

（二）学生准备

1. 舞蹈服装。
2. 毛笔、墨汁、宣纸。
3. 纸笔（用于记录、答卷）。

六、活动具体实施过程（90分钟）

活动环节	教师活动	学员活动	设计意图
第一部分：与“云手”初相识（10分钟）	1. 猜谜语： 请听题：一朵棉花糖，想吃够（购）不到，为啥够（购）不到？因它在天上！	学生猜出谜底是“云”，同时在脑海中回忆“云”的形象。	通过猜谜的方式在舞台上对学生进行引导，激发学习兴趣，培养主动思考的能力。
	2. 赏汉字： 请欣赏：“云”字的三种不同字体。	学生观察“云”字三种不同的字体，好奇老师今天的活动内容是什么？	在舞蹈活动中融入赏字环节，激发学生好奇心。
	3. 赏“云手”： 播放“云手”组合视频。	学生边欣赏视频边思考云手动作。	通过赏析优秀的舞蹈视频，对学生进行美的熏陶，为接下来的活动营造良好的学习自信。
第二部分：与“云手”渐相知（20分钟）	1. 将学生们分成四个小组，每人发放一个道具“球”，布置小组任务——用“球”摆舞蹈造型，并分组进行展示。	认识观察道具“球”，分小组讨论用“球”舞蹈的可能性，在探究后了解“球”的运动特征。每组用“球”展示舞蹈造型。	本环节是活动重点内容，道具“球”的设计，使得原本相对晦涩难懂的古典舞身韵“留下身走上身，走下身留上身”瞬间明朗，体悟强烈的身体运动轨迹的带入感，能够让学生在充分掌握动作要领的同时理解动作解构的实际运动轨迹，并能充分感受到中国传统审美中“圆”的意味，切实给予学生“知行合一”的学习体会。

续表

活动环节	教师活动	学员活动	设计意图
第二部分：与“云手”渐相知（20分钟）	2. 教师运用“球”示范“云手”动作解构，将动作拆分为小揉球—大揉球—上下盘腕—大开大合—云手圆场五部分进行动作分析，强调身体划“圆”的运动之美。 	 观看示范，并清楚动作解构后的划圆路线，体会“圆”在动作解构中的流动轨迹。  	
第三部分：与“云手”再相见（50分钟）	1. 书“云”字： 给学生们拿出提前准备的毛笔、墨汁和宣纸，让学生们分组临摹“云”字的三种字体。	学生们在书写“云”字的过程中感受书法用笔的“圆”之美，结合环节二用球解构动作感受到的古典舞“划圆”之美，体会二者之间的关系。 	“云手”动作的掌握已在上一环节中完成，本环节是活动拓展提升阶段，也是活动难点。用切身体验临摹书法的方式营造浓郁的学习氛围，并准确地贴合活动主题创设学习情境，让学生能够切实感受“云”的形象和特征。分析“云”字在书写过程中时间的变化以及空间占有的特点，让学生用已掌握的“云手”动

续表

活动环节	教师活动	学员活动	设计意图
第三部分：与“云手”再相见（50分钟）	2. 闻字起舞： “云”字与“云手”在时间上的碰撞，体会甲骨文的、小篆体的、楷体的雲。在书写过程中体会用笔节奏的变化，从中提炼出自己对书法作品节奏感的处理，并模拟该节奏进行“云手”动作的节奏变化发展创作活动。（每组创编舞段不少于6个八拍）  3. 观字起舞： “云”字与“云手”在空间上的相遇，观察甲骨文的、小篆体的、楷体的雲。观察“云”字笔画构成的空间，想象一下将三种字体“云”字立体、拆分或倒影式呈现，引导学生聆听即兴音乐，用自己的身体在“云”字的构成空间里流动舞蹈，其中舞蹈元素动作要以“云手”为主。 	按照教师要求分小组临摹选择的字体，并在书写过程中分享该字体的书写节奏。结合“云手”动作进行小组创编活动。   按照教师要求分小组自由选择某一种字体，小组讨论在该字体中创编活动的空间可能性，分析空间变化的可行性和美观性，选用已掌握的“云手”动作在即兴音乐中进行元素动作变化发展。	作进行小组创编活动是对学生创新思维的一次提高。一方面，让学生对已学的“云手”动作有了新的认识，起到巩固加深的作用；另一方面，书法与舞蹈的跨学科融合丰富了活动内容，充分展示出校外教育的特点。

续表

活动环节	教师活动	学员活动	设计意图
第三部分：与“云手”再相见（50分钟）	（每组创编舞段不少于6个八拍） 4. 组织学生们分小组进行“云”字舞蹈创编片段展示，并对每组学生的表演给予鼓励和点评。 	展示分为两部分：第一部分是每组同学代表在展示前阐述舞段创作灵感；第二部分是创编的舞段表演。  	
第四部分：与“云手”久相伴（10分钟）	1. 启发学生进行活动感受交流。 2. 答疑并对本次活动作出总结，布置课下作业——临摹“風”字不同的书写字体，并思考如何用“風”字进行舞蹈创编活动，形成文字记录。	1. 围坐大圈面对面讨论交流活动感受，对参与活动中遇到的困惑进行提问汇总。  2. 聆听教师解答困惑和总结，知晓作业的内容并完成课下小任务。	通过集体交流体会的方式让学生经历相互学习的过程，也是活动的自查与发问环节。通过教师答疑的方式解答学生的困惑，进而巩固活动内容，使学生带有思考地完成课下小任务，为下一次活动做准备。

七、效果测评

检测方法	目标指向
问卷法	1. 学生是否了解古典舞的美学特征 2. 学生是否掌握“云手”动作解构的知识点，运用道具“球”完成解构练习 3. 学生是否可以用汉字编创法进行其他汉字的舞蹈创作活动 4. 对活动方式的满意度
总结归纳法	三维目标的整体达成度

活动自评

1. 活动概述

本活动是以弘扬中国优秀传统文化为主题，通过书法与舞蹈跨学科融合，完成云手动作学习与创编的舞蹈社团活动。本次活动依据贴合立德树人的教育背景，活动目标符合学生全面发展的需求。活动设计以学生为中心，以培养全面发展的人为教育目标，以新颖的活动形式调动学生的积极性，学生能够独立完成阶段活动任务，能够主动参与活动环节，将古典舞的美学特征表达出来，活动气氛活跃、和谐，从而圆满地完成了本次活动。

2. 活动亮点

（1）独特的活动导入

本次活动的地点选择是少年宫剧场舞台，本身舞台就能够刺激学生的表现力和创作欲，教师通过“猜谜、赏字、观舞”的方式将学生带入到教学环境，能够通过自己的想象力暂时告别相对平淡的实际教学环境，让学生们有兴趣参加活动。

（2）创新的活动途径

“以学生为中心”的教育理念注重开发校外舞蹈活动的新途径。新途径之一是运用道具“球”探索“云手”动作解构的运动轨迹和路线，球的圆形特征既符合“云手”动作的圆路线，又符合中国的审美意蕴。用球进行动作解构是直观且贴切的，不仅将较为困难的问题变得简单易懂，还有效地提升了学习兴趣，活跃了课堂氛围，使学生记忆犹新。

新途径之二是本次活动以舞蹈编创技法与书法书写技法两者共同的内涵本质为出发点，将舞蹈编创与书法在“时间、空间”上融合，使学生达到一种身韵与神韵合一的舞蹈表演境界，提升创新精神和实践能力，进而提升审美趣味。在书法中感悟舞蹈编创的新思维，引导学生以书法与古典舞的交集点着手切入，弘扬中华优秀传统文化的同时培养学生的审美能力，形成对美的感知力，提高审美鉴赏力，循序渐进形成人格魅力，培养全面发展的人。

（3）多元的活动评价

活动现场多元化的评价方法，让学生共同进行评价。活动中的交流与发问、活动后的调查问卷，使学生深入活动之中，并较为全面地评价自己在活动中的表现和收获，真实地表达自己的活动体会，为教师正确评估活动实际效果提供了可靠宝贵的资料。

3. 活动不足

对调查问卷信息的分析及在活动中的观察，引起我的反思。一方面，对舞蹈作品的赏析，据很多学生在调查问卷中反映都是很少的。今后在活动设计环节应多融入优秀舞蹈作品的赏析活动，只有赏析的能力提高了，才会在记忆中留存舞蹈的审美意境，进而更好地完成舞蹈创作活动。另一方面，应适度增加活动时间，尤其是学生创编实践环节，教师应给予更多的针对性指导。

吃蜜瓜

——新疆维吾尔族舞蹈教学设计

杨　潇

一、活动依据

（一）活动理念

1. 2016年9月《中国学生发展核心素养》总体框架正式发布，以培养“全面发展的人”为核心。实践创新是核心素养的重要方面，创新思维是学生必备的能力。通过学生活动，培养学生整合创新、开拓贯通和跨域转换的多种能力，是社会发展的需要，也是培养全面发展的人的需要。

2. 艺术活动充分满足学生的学习兴趣，也充分调动学生的学习积极性。学生通过想象、观察、思考、塑造、捕捉、创作等方面的实践，感受创作的艺术魅力，体验活动的快乐。

（二）活动内容分析

本次活动《吃蜜瓜》是学生学习少数民族基本舞蹈元素课程的第三次活动，之前学生已经学习过蒙古族和藏族相关舞蹈元素，掌握了一定的学习方法，积累了一定的学习经验。本次活动通过模仿“抱蜜瓜、闻蜜瓜、吃蜜瓜”等动作，引导学生感受新疆的地域风情，享受运用舞蹈表现生活场景的喜悦，然后教师讲解、示范维吾尔族舞蹈动作，并引导学生自由想象和创作。最后采用两人一组配合的模式进行表演，点评学生创作，加深学习效果。

（三）学情分析

本班共有22名学员，全部为女生，其中7岁8人、8岁10人、9岁4人。通过前几次课的了解，发现孩子们活泼、好动，对于生活中的有趣事物有较强的模仿欲望，而且模仿能力较强。其中有17名学员为学习了两年的老学员，通过两年的学习训练，有一定的舞蹈基本功底及软开度基础，了解儿童舞、古典舞、芭蕾舞、藏族舞、蒙古族舞等基础舞蹈元素，身体协调性较好，同时在2019年年底参加过少年宫汇报演出，有一定的排练经验及舞台表演能力，课堂上能够较准确地完成老师所教授的课程内容。另有5名学员为新学员，虽基础较弱，但也能够领悟老师所讲动作要求。

学生通过前两次少数民族舞蹈元素的学习，感受到了将少数民族舞蹈元素融入舞蹈的乐趣，模仿新鲜事物更贴切并富有艺术性，而且能主动融入课堂，大胆表现自己。

二、活动目标

（一）知识与技能

1. 学生通过欣赏、观摩教师示范及学习，能够准确说出新疆舞蹈的风格特点，掌握《吃蜜瓜》基本动作及动律。

2. 通过维吾尔族舞蹈《吃蜜瓜》组合表演，培养学生的身体协调能力、配合能力以及舞蹈表演能力。

（二）过程与方法

通过前期少数民族资料的收集与整理，音乐的剪辑，舞蹈的编排与设计等方式，并通过教师讲解示范、学生模仿、小组讨论等方法，完成《吃蜜瓜》舞蹈组合，并在学习与表演中锻炼综合实践能力。

（三）情感态度价值观

通过维吾尔族舞蹈《吃蜜瓜》的学习，提升学生的艺术感知及舞蹈学习兴趣，更好地激发学生的创新能力与合作意识，并能从舞蹈中了解新疆人民热情好客的风俗，加深对民族文化艺术的理解和发自内心的热爱，从而使学生更加热爱自己的祖国。

三、活动设计思路

一是找特点，引导学生观察生活，并分析《吃蜜瓜》的动作形态特征。二是来学习，引导学生进行舞蹈动作学习，并完成最后动作的创作环节。三是来展示，学生进行展示，并与大家分享感受及收获。

四、活动的重点与难点

重点：学会《吃蜜瓜》舞蹈组合，并能熟练地、发自内心地、有状态地进行表演。

难点：从容地将头、手、脚、肘及膝关节与动律协调地配合在一起。

五、活动准备

1. 撰写和修正方案。
2. PPT课件的制作与修改。
3. 音乐、视频的剪辑。
4. 哈密瓜实物。
5. 维吾尔族服饰及头饰。
6. 维吾尔族手鼓。
7. 教室环境布置。

六、活动过程（90分钟）

主要环节及时间分配	教师活动	学员活动	设计意图
活动热身、身体恢复（10分钟）	1. 带领学生一起热身，例如“走、跑、跳”。	1. 在教师的指导下一起热身。	活动热身及身体恢复在舞蹈学习前尤为重要，它有利于学生身

续表

主要环节及时间分配	教师活动	学员活动	设计意图
	2. 基本功训练，肩、腰、腿、胯等关节的软开度恢复。	2. 在教师的指导下，认真高效地完成基本功恢复。	体及思路的打开，避免运动损伤，同时更好地使学生融入课堂，提升学生的角色感，从而可以更好地进行舞蹈组合的学习。
情境创设、学生观察（10分钟）	1. 通过播放新疆民歌《青春舞曲》音乐、当地风土人情视频、哈密瓜实物等进行情境式导入，引导学生尝试挺起小胸脯、提起小眉毛、抬高小下巴、交流小眼神等动作，掌握维吾尔族舞蹈的基本体态。 2. 数节奏，引导学生加入基本体态及行礼动作进行表演。 3. 播放音乐，引导学生配合音乐，完成基本体态动作。	1. 感受新疆风土人情，根据老师的引导做出符合维吾尔族舞蹈规范的动作。 2. 根据节奏，认真完成基本形态、行礼的表演。 3. 配合音乐，有角色感地、大胆自信地完成表演。	通过情境教学，先让孩子们掌握维吾尔族舞蹈的基本体态，并在老师和同学的配合下学会行礼，让学生学会用眼神与其他同学交流。
生活再现、动律捕捉（难点）（20分钟）	1. 找出属于各自的“吃蜜瓜”的舞蹈动作，并针对出现的问题进行指导。 2. 引导学生用手、肘、膝关节、脚掌跟着《吃蜜瓜》组合的音乐打节奏，完成维吾尔族舞蹈动律学习。	1. 根据老师提示，积极、大胆地进行创作。 2. 理解老师引导的目标，完成维吾尔族舞蹈的动律学习，以及各关节的协调配合。	无实物表演吃蜜瓜对学员来说比较陌生，要先与生活中日常经验相联系，通过学生想象，结合教师情境提示，让孩子掌握典型动作及动律。

续表

主要环节及时间分配	教师活动	学员活动	设计意图
教师示范、学生模仿（重点）（20分钟）	1. 根据情境，示范舞蹈的具体动作及动律，讲解动作及动律要领。 2. 有节奏地给予学员小歌谣，使其融入到音乐节奏及动作里。 3. 引导同学们面对面，一起表演及互相学习，并引导学生做交流。	1. 认真观看教师示范，记住动作要领。 2. 熟记小歌谣，并配合动作进行表演，加深组合印象。 3. 两个同学面对面，跟着音乐，将吃蜜瓜的舞蹈表演一遍并积极回答老师的问题，与老师进行互动。	加入教师示范与学生模仿的环节以及小歌谣的形式，使学生能够自行加上朗朗上口的小歌谣，对学生记忆新动作起到良好的辅助作用，并通过小组配合，增强学生的相互配合能力及协作能力。
师生搭档、巩固练习（5分钟）	邀请一位小助手，与老师配合共同完成舞蹈。	1. 学生举手争做小助手。 2. 其他学生按照排面共同完成舞蹈。	师生搭档，学生观摩，来进行新课的巩固练习，既让学生通过观察学习增加印象，又让学生在观摩中体验学习过程，更使学生敞开心扉，为引导学生进行最后造型动作的大胆创作做铺垫。
聆听音乐、完整展示（5分钟）	播放音乐，鼓励学生独立完成舞蹈，并给出动作要领的提示。	根据提示，回忆所学动作顺序及要求，自信地、有感觉地完成舞蹈组合。	在学生的观察交流、老师的示范指导中，逐步培养学生对于维吾尔族舞蹈风格动作的掌握，在独立完成的过程中指导学生加上情感、内心、眼神的交流及表达。

续表

主要环节及时间分配	教师活动	学员活动	设计意图
教师启发、学生编创（15分钟）	1. 引导学生大胆创作，激起学生们的创作欲望。 2. 引导学生两人一组，摆出高低不同的造型，进行舞蹈结尾动作的造型编创。	1. 放飞自我，不拘束，进入到创作的世界里，体验创作的乐趣和成就感。 2. 独自完成动作的创作，完成舞蹈结尾的编创。	组合学习进行到高潮，通过教师再次启发，学生进行整个舞蹈的结尾编创，教师在评价指导中，逐步渗透对编创动作的想象，启发学生想象力和对肢体的创造力。
交流感受、课堂总结（5分钟）	1. 引导学生现场交流分享感受。 2. 总结本次活动，并提出希望，布置作业。	1. 充分交流此次活动所学的心得感悟，认真聆听老师的总结。 2. 课下认真完成作业。	通过学生分享学习体会，检测学习情况，总结得失，提出希望，并自我反思本次课的授课效果。

七、活动效果测评

1. 观察体验

学生通过观察以及角色的体验，了解了新疆维吾尔族的风土人情，加深了对民族文化的了解，更加热爱自己的国家。

2. 改编创作

通过引导学生进行动作的改编、创作，焕发学生积极性，使其更好地完成舞蹈组合，也使学生更好地掌握动作要求、动作要领。

3. 小组展示

通过小组展示，学生不仅可以互相学习，取长补短，更能从同学之间得到创作启示及灵感，提升自己的表演、表达能力。

4. 交流分享

通过交流与分享，学生对舞蹈组合加深了印象，更加强了对民族文化的学习，总结学习方法，为之后的舞蹈学习做铺垫。

活动自评

本次活动完成了最初设计的所有内容以及活动目标，课堂组织严密，内容丰富，有条不紊。通过本次活动，学生体验了新疆维吾尔族舞蹈的韵味以及风土人情。本次活动的设计及安排，致力于将维吾尔族舞蹈的基本体态、行礼、手型、手位、眼神、情绪表达、动作要求等教授于学生，使其可以快速掌握新疆维吾尔族舞蹈的典型动律，这既抓住了新疆维吾尔族舞蹈的风格特点，也突出了本次活动的重点。整个课堂活动共安排了八个环节，每个环节都有明确的设计意图，环环相扣，紧紧结合，不拖沓、高效率地完成整个过程。

本次活动的成功之处包括以下几点。

1. 维吾尔族的音乐、视频、图片等形式的情境创设，使学生可以很快融入到舞蹈学习中，在学生沉浸在“观影”的世界里时，引导学生快速进入新疆维吾尔族舞蹈体态、眼神、行礼的动作学习，更在情境还未结束时已经完成了维吾尔族舞蹈的风格特点学习，效率颇高。

2. 维吾尔族动律学习是整个舞蹈组合的核心，解决这一问题时利用了环节二“情境创设、学生观察”的余热进行学习。此时学生身体放松且不拘束，在其还沉浸在自信、热情的体态及行礼动作学习时，不经意间将动律特点渗透进去，使大部分学生直接就掌握住了整个舞蹈组合的核心——动律。

3. 根据舞蹈音乐的节奏型以及风格特点，教师编排了小歌谣，在舞蹈动作的学习中，让学生与小歌谣配合，嘴里唱着，身体表达着，更好地掌握音乐节奏以及动作顺序，加深了印象，更是很好地诠释了音乐与舞蹈的密切关系。

4. 本次活动加入了学生创作环节，使舞蹈的学习不再古板及程式化，不仅可以打开学生的创新思维，更提高了学生的学习兴趣以及团队合作能力，在舞蹈组合大框架不丢失的基础之上，加入学生创作的点睛之笔，使课堂更丰富有趣。

5. 哈密瓜实物的加入使课堂更加生动有趣，同时也提高了学生的学习积极性。在活动最后环节，教师将哈密瓜打开分给各个学员吃，更是让学员融入生活，真实感受哈密瓜的香甜，从而可以更好地完成舞蹈组合；而且借吃剩的瓜皮，将“垃圾分类”引入课堂，引导学生学会垃圾分类，热爱环境，热爱地球。

没有一堂课和一次活动是十全十美的，找出不足，也是为了以后可以更好地成长与进步。在此次活动得到了诸多收获之时，也激发了我对本次活动的思考与反思。

1. 因视频资源限制，所找视频画质不是特别清楚，有时影响视觉效果，所以要尽量找寻画质更高、更清晰的视频，在视觉上更能让学生身临其境，从而更好地辅助教学。

2. 在教学过程中，没能更好地观察及指导学员的互动与配合，有时一带而过，应当更加关注与学生的互动环节，多对学生进行本堂课知识点的引导，让学生更多参与到思考与回答问题当中。

3. 对于基础较弱的学生，应当多关注她们相互配合时出现的问题，进行针对性的强调，从而加深这部分学生对动作的理解与掌握，更好地完成整个舞蹈组合的学习。

少儿舞蹈教学不仅关注舞蹈学习本身，更重要的是通过舞蹈的方式育人，这是我们一直探寻及努力的。作为年轻教师的我们，更要学会借鉴先进的教育理念，引用多种有效的教学方式和手段，不断推陈出新，注重加强自我学习意识，才能更好地教授孩子们舞蹈，使舞蹈艺术得到传承与发展，让孩子们在快乐中舞蹈，在舞蹈中得到快乐。

《手摇风琴》钢琴小组活动方案

姚　旺

一、活动依据

1.《中国学生发展核心素养》中提出以培养“全面发展的人”为核心，培养学生的音乐素养和审美情趣，创设育人环境促进学生全面发展。

2. 钢琴古典音乐有着400多年的历史，古典音乐作品经过岁月的沉淀越来越深入人心，这些经典的钢琴作品向学生们传递着正义、勇敢、坚强和喜悦等正能量。学生们通过学习这些作品可以拓宽视野，同时更加了解世界文化。

二、教育理念

1. 器乐教学以学生的兴趣爱好为动力，重视音乐实践，丰富音乐表现能力。

2. 以学生能够参与多样化的音乐表现形式为主线，以学生合作学习为主，用活泼、生动、丰富的内容，激发学生的学习兴趣。

三、学情分析

（一）学生情况分析

年龄：8~10岁。

人数：4人。

程度：三级以上，学琴时间两年以上。

读谱能力：独立识谱，拥有基本的读谱能力。读谱的内容包括：熟练掌握乐谱上音符的高低、时值、强弱以及跳音、顿音、连线、重音等记号；基本熟悉乐曲的调性、节拍、速度的标记，表情术语和乐曲的分句等。

技能技巧：初步掌握跳奏的技术；手指要求有基本的跑动能力，灵活性和独立性。

思维认知：情感趋向于丰富和深刻，乐于学习新鲜曲目，了解多元文化。

合作能力：几位学生较外向活泼，合作与沟通能力较强。

（二）教材情况分析

选择曲目：本学期共进行四次钢琴小组活动来学习俄罗斯音乐，本次活动是小组第三次活动。

重点节奏型：两拍大附点，一拍小附点，前八后十六。

技术技巧：手指跳奏，大跨度分解和弦，长乐句连贯演奏。

四、活动目标

（一）知识与技能

学生能够了解苏联作曲家肖斯塔科维奇和手摇风琴的相关知识，能够很好地捕捉重复统一的伴奏织体的韵律，能够进一步掌握乐曲中旋律的线条特点。

（二）过程与方法

通过小组讨论法、示范演示法和学生课堂实践法，运用聆听、对比、模仿、合作的学习方法，通过师生合作、学生与学生合作的方式，引导学生循序渐进地掌握《手摇风琴》这首作品。

（三）情感态度与价值观

1. 感受用钢琴来模仿手摇风琴的趣味性，提高学生对器乐模仿曲的鉴赏能力。

2. 提高学生之间合作的意识，培养学生沟通的能力，使学生感悟团结互助的重要性。

五、活动重难点

重点：引导学生理解并掌握作品的分句、节奏韵律和旋律线条特点。

（通过活动过程中的第三环节，使学生们深入分析作品，了解并掌握作品分句结构与特点；活动过程第四环节，通过老师示范演奏引导学生体会并感受作品的节奏韵律和旋律线条特点。）

难点：引导学生倾听旋律与伴奏之间的关系，使演奏出来的音乐层次鲜明、生动形象，培养学生的音乐表现力和想象力。

（通过活动过程中的第四环节，运用合作学习的方式，培养学生的音乐演奏层次。）

六、活动准备

1. 两台钢琴、手摇风琴图片及视频资料，《手摇风琴》乐谱。

2. 提前将《手摇风琴》学习任务布置给学生，学生在收集资料的过程中对手摇风琴这件古乐器就会有初步的了解，有利于课堂新知的理解与掌握。

七、活动过程（60分钟）

（一）情境创设，导入课题（3分钟）

教师活动：设置情景，播放一段“手摇风琴”乐器真实的演奏视频。

学生活动：学生欣赏“手摇风琴”视频演奏版本。

设计意图：让学生切身感受到这种乐器演奏的风格特点和音响色彩，领略这种乐器独有的魅力，拓宽学生的音乐视野，进而激发他们学习的兴趣和热情。

（二）主动探究，初步探讨（7分钟）

教师活动：探讨环节。教师向学生们介绍，这首作品的作曲家的基本情况和创作的初衷。

学生活动：学生们和教师分享课前查阅的有关手摇风琴的资料，它的历史背景和发声原理。

设计意图：通过课前布置作业，引导学生主动参与新课背景知识的探讨与学习，为后面学习作品做好铺垫。

（三）深入分析（15分钟）

教师活动：研究作品环节。教师引导学生们分析作品：划分作品的结构，感受作品旋律的风格特征，分析作品分句、奏法、伴奏音型、节奏特点和尾声。

学生活动：学生们踊跃参与，细致分析乐谱，充分理解音乐内涵。

设计意图：培养学生分析乐谱的能力，深入研究作品，这样更加有助于学生全面掌握作品的重难点，诠释好作品要表达的音乐形象。

（四）小组实践（30分钟）

教师活动：合作实践环节。首先采取师生合作的方式，教师弹奏乐曲中一个声部，学生视奏另一个声部，这样学生在熟悉本声部同时，对另外一个声部也会建立起声音上的感觉；接下来，学生们之间采取互相合作的方式，通过加强他们之间的交流，更加熟悉乐曲的声部与旋律线条。

学生活动：学生在教师引导下尝试与老师、与其他学生进行合作。

设计意图：多种合作的形式为学生下一步双手合手学习、完整地演奏全曲做很好的铺垫。学生在老师的带动下能够快速抓住作品中极具特色的节奏型和旋律线条。学生们学习的兴趣会得到大大的提升。

（五）巩固提升（5分钟）

教师活动：巩固提升环节。教师引导学生再一次将作品的知识点、重难点和技术技巧进行巩固，并让学生们做到全面掌握。布置作业：课后在钢琴上模仿自己熟悉的乐器，编创一段旋律。

学生活动：学生们跟随老师在小组合作结束后，认真总结课堂所学内容和知识点。课后运用自己所学过的伴奏音型和织体，编创一段器乐模仿曲。

设计意图：把老师所讲内容认真理解、掌握、消化、复习、巩固。能够将自己所学的知识活学活用、举一反三。

活动自评

钢琴教学属于技能性很强的音乐教学科目，相较于学校的音乐课，技能性的学习占了课堂较大比重，学生很容易产生倦怠情绪和畏难情绪，因此如何很好地激发学生的学习兴趣、传递作品的音乐美显得更加重要，这对学生后续的学习进程能够起到积极的启发和引领作用。本次《手摇风琴》钢琴小组教学活动的反思，我从如下几个方面来进行总结归纳。

1. 学生自主研究潜力的激发

《手摇风琴》钢琴课的教学活动，我采用给学生课前布置作业、查询资料的方式，为学生提供一个比较自由的学习空间。给学生一个明确合适的主题后，他们可以上网查找资料，学习到很多课堂以外的知识，不仅开阔了视野，锻炼了能力，知识结构也更加全面。这样的方式方法很好地调动了学生们主动学习的积极性与参与度，学生自主研究的潜力也得到了进一步的激发。

课后布置的编创作业，不仅是对课上知识的复习总结，促使学生对自己所学知识能够活学活用、举一反三，更是对学生自主研究探究能力的激发。

2. 学生分析作品能力的提升

在课堂上，我引导学生学会深入分析乐谱，逐步掌握探究乐谱的方法，将乐谱上的各种术语和标记都提前查阅，并熟记掌握。用先分析作品、后认读乐谱的方式让学生快速查找到作品中的困难段落和技术难点。运用这样的方式，集中有效地突破了作品中的重难点，使学生能够尽快地全面掌握整首作品，提高了学习的效率。

3. 差异化教学方法的运用

这种方法可以全面培养学生的能力，学生们同时学习一首作品，但是知识点和技术技巧可以有不同深度与广度的挖掘，使不同程度的学生有不同层次的学习目标，学习充满乐趣，学习效果十分显著。

4. 互助式合作学习方式的运用

在合作演奏中，教师表现出来的对作品音乐内涵的理解力强烈地感染着学生，作品的节奏律动、音乐表情与音乐形象在老师的手指下栩栩如生，学生在这样的带动下不自觉地就会投入到音乐的表现中，同时能够快速抓住作品中出现的极具特色的节奏型和旋律线条。这样互相合作的学习方式使学生的学习充满乐趣，很好地加深了学生对音乐的理解，促进学生综合能力的开发，同时学生的合作与沟通能力能够得到有效提高，学生之间的关系更加融洽、团结。

塑龙舟　话端午

阚秋影

一、活动依据

1. 开展中华优秀传统文化学习具有重要意义。教育部印发的《中华优秀传统文化进中小学课程教材指南》指出：开展中小学优秀传统文化教育，对永续中华民族的根与魂，坚守中华民族共同理想信念，筑牢民族文化自信、价值自信的根基，维护国家文化安全，增强国家文化软实力，培养青少年做堂堂正正的中国人，具有重要意义。《义务教育美术课程标准》和《高中美术课程标准》中提出课程性质追求人文性、强调愉悦性和课程基本理念中激发学生学习兴趣，关注文化与生活的理念及美术学科五大核心素养中创意实践、文化理解等理论指导课程实施，促进校内外教育融合发展。本次活动根据学生需求，挖掘端午节包含的驱病辟邪、爱国为民、追思先哲等文化内涵，围绕学生生活中熟悉的端午节赛龙舟、吃粽子、佩香包、插艾草等习俗，运用学生喜欢的泥塑技能实践探究，激发学生学习兴趣，进而深入理解端午节所包含的关爱生命、爱国爱家、团结协作、人与自然和谐共处等文化内涵，提升学生美育教育。

2. 以课题研究引领建立中华传统文化课程体系。“塑龙舟，话端午”是我宫申请的市级课题“中国传统节日文化美术育人方式研究”重要课程之一，旨在以中华优秀节日文化所蕴含的民俗和每个节日所承载活动载体，挖掘美术育人元素，注重立德树人，深入推进德育和美育改革。端午节是中国首个入选世界非遗的节日，在世界上影响广泛。根据其节日特色和学情设计系列活动，本学期端午节活动共设计四个单元（每个单元包含6个课时，每课时120分钟）用不同的美术形式实施教学。

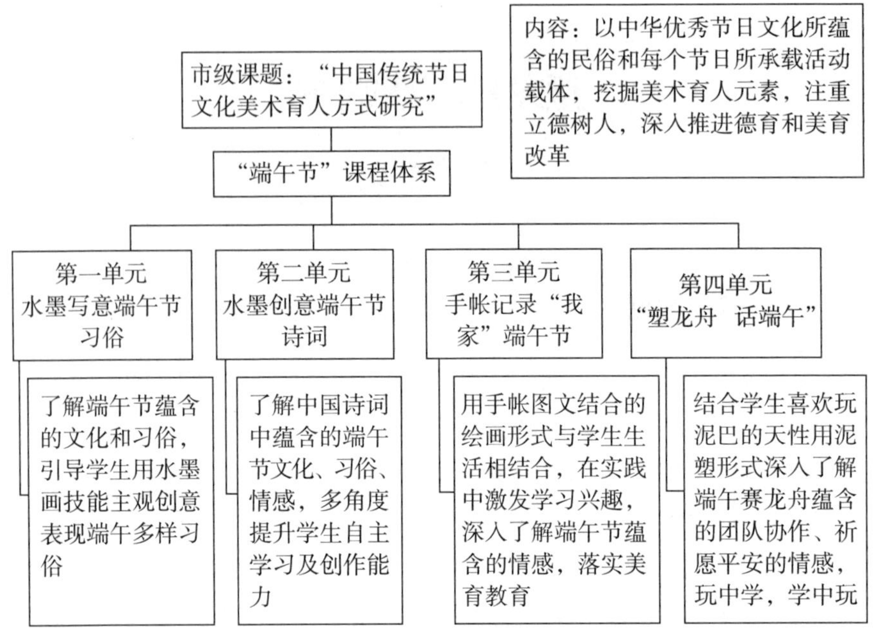

二、学情分析

本单元教学活动对象年龄在8~13岁之间，学生在泥塑技法方面、传统文化知识层面都会有较大的差异性，校内学过的学科技能、知识也各有不同。因此，活动前通过调查问卷对所涉及的技能、知识进行调查，了解学员的现状和需求，关注学生个性成长，为活动环节提供设计依据和实施指南，为学生分组、组员分工提供依据。本学期社团开展了泥塑单元课程，初步掌握了与泥塑相关的基本制作技能，如揉、搓、捏、盘、刻等。同学们具备了一定的动手能力、合作能力，但是在造型处理、细致刻画、处理个性与合作关系等方面还需要进一步提升。学生对深入学习泥塑的丰富技法也有浓厚兴趣和需求。所以结合端午节赛龙舟习俗，开展本次教学活动，满足学生乐于尝试和深入学习的愿望，进一步提升泥塑技能和创造力。

三、活动目标

1. 学生能够说出赛龙舟的由来、特征及意义，并学会龙舟、人物及比赛场景的泥塑方法。

2. 在教师引导下，学生能够通过观察龙舟外形特征及赛龙舟热闹场景，自主分析，小组合作，完成龙舟、人物及赛龙舟场景制作。

3. 学生在丰富的学习过程中保持持久学习兴趣，能够主动、全面、深刻地理解端午节文化内涵，在传承祖国优秀传统文化过程中起到宣传、推广作用。

四、活动时间、地点、对象及规模

时间：2021年6月13日（周日）下午13∶30~15∶30。

地点：少年宫三层美术教室313。

对象及规模：少年宫美术社团20名学员。

五、活动内容和方式、目标

活动环节	活动内容	活动方式	活动目标
第一部分	结合前面单元学习内容，找出赛龙舟习俗并自主学习了解其意义。	创设情境 激趣导入 问题引领	激发学习兴趣 明确活动内容 传达节日内涵
第二部分	观察赛龙舟人物及龙舟特征，提高学生观察、自主分析能力。	教师引导 自主探究 相互启发	引导学生探究 提升创意思维 树立积极情感
第三部分	深入学习泥塑的技法，创意实践龙舟、人物及场景制作，提高学生动手实践能力。	教师引导 自主探究 合作学习	实践泥塑技能 丰富创作造型 主观创意表现
第四部分	分享学习成果，师生共同评价，拓展活动内容，提升学生综合素养。	叙述讲析 激趣鼓励 家校互动	感受成功愉悦 提升认知能力 提升道德素养

六、活动重点和难点

活动重点：龙舟的泥塑方法。

活动难点：划龙舟的人物动作及表情的塑造。

七、活动准备

（一）教师准备

1. 设计探究学习单及小组人员分工表，用于课前分组学习记录。

2. 教学用PPT、教学案例、龙舟资料图片。

3. 制作龙舟及人物示范作品。

4. 准备艾草、香包、五彩丝线、粽子等送给学生并布置教室，创设良好的学习情境。

5. 为学生准备泥塑相关用具。

（二）学生准备

1. 根据教师提供的“探究学习任务单及学习指南”，通过自主网上查询、和家人探讨、小组合作等学习途径，收集赛龙舟知识，课堂上和大家分享交流。

2. 欣赏赛龙舟视频，感受其热闹场景，观察人物动作、表情及龙舟外形特点。

八、活动过程及设计思路

活动过程共包含四个部分：共话龙舟——共赏龙舟——共塑龙舟——分享评价。

第一部分：共话龙舟（15分钟）

（一）创设情境（10分钟）

活动恰逢端午节，师生用自己折叠的纸灯笼和采来的艾草，亲手制作的香包、粽子等精心布置教室，创设端午节的情境。学生如此直观感受节日习俗，激发学习兴趣，并在情境中思考已完成的老师课前布置的学习任务单内容。

（二）激趣导入（1分钟）

1. 教师通过猜一猜赛龙舟谜语导入活动。谜面：五月里，端阳到，条条金龙江上飞，两岸人儿喜得跳。打一活动，打一成语。

2. 学生自主思考，小组探究寻找问题答案。谜底：赛龙舟，力争上游。

【设计思路】明确活动内容，以问促学，激发学生主动参与兴趣。

（三）问题引领（2分钟）

1. 端午节为什么赛龙舟？赛龙舟有什么意义？你为什么这样想？

2. 学生分享课前查到的问题答案。

（一是竞渡游戏；二是纪念龙神说；三是纪念屈原，打捞屈原，驱散江中的鱼，以免吃掉屈原身体。除了上述内容各地也有不一样的寓意。）

【设计思路】用多样的问题引导学生深入了解赛龙舟的相关知识，培养学生主动学习、乐于分享的态度。

（四）情感提升（2分钟）

1. 教师引导学生观看赛龙舟视频并思考：

（1）赛龙舟取得胜利的最主要因素是什么？

（2）如果你是龙舟赛手，你打算怎么做？

2. 学生自主思考并大胆表达自己的想法。

（团结协作、齐心协力、整齐有力、勇往直前……）

【设计思路】传达赛龙舟所承载的美好情感，激发学生积极向上的学习态度，提升美育教育。

第二部分：共赏龙舟（20分钟）

（一）赏人物特征（5分钟）

1. 教师再播放赛龙舟视频，并鼓励学生自己亲身表演，引导学生仔细观察并回答问题：赛龙舟人物的动作、表情有哪些特征？

2. 学生大胆表演，互相观摩，再次用心体会赛龙舟的取胜要点。

（动作：整齐划一、干劲十足、配合默契……

表情：生动有趣、严肃认真……）

【设计思路】激发兴趣，树立积极的情感态度，建立对人物动作、表情直观的认知，解决活动难点。

（二）赏龙舟特征（3分钟）

1. 通过视频、PPT图片、学生绘画作品等引导学生分析：

（1）龙舟由哪几部分组成？

（2）龙舟的颜色、外形和其他船只比较有哪些突出特点？你认为为什么要这样设计？

2. 学生仔细观察，相互探究，大胆表达。

（组成部分：龙头、龙尾、舱板、鼓板、划手坐板、舟桡等。

特点：龙形，狭长，细窄，内有凹槽，刻有龙纹，色彩丰富。）

【设计思路】解决活动重点，使塑龙舟有的放矢，通过启发性的问题激发学生积极深入思考，做学习的主人。

（三）赏教师示范（12分钟）

1. 教师演示龙舟及人物泥塑方法、步骤，强调制作要点，解决活动重难点。

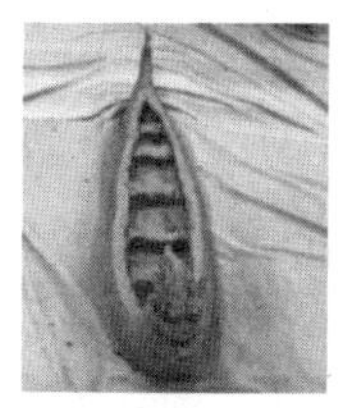

步骤及要点：

捏——塑出形状；揉——泥面光滑；搓——搓成形状；刻——细化修正。

塑大形（人物的重心、比例、动态；龙头的神态、各船身的形状、结构等）——细部刻画（表情、肌理、动态）。

2. 学生认真观察老师的制作步骤，并结合前面内容思考如何创意表现生动的龙舟和人物形象。

【设计思路】学生明确龙舟和人物制作要点，拓展创作思路，突破重难点。

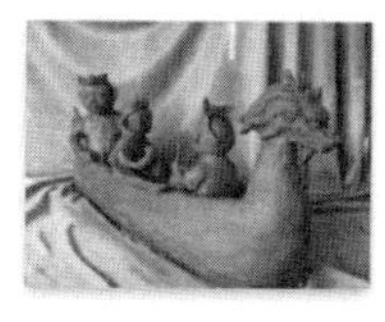

第三部分：共塑龙舟（65分钟）

（5分钟设计草稿，60分钟分组制作龙舟、人物、赛场）

本环节师生沟通交流，将20名学员分成四组，其中三组塑龙舟及人物，一组负责创作龙舟比赛场景。采用组长负责制，在教师指导下由组长根据组员年龄及学习能力分配任务，小组合作。

（一）设计草稿（5分钟）

1. 教师引导学生围绕龙舟组成结构、文化内涵及多种样式进行创意设计。

2. 学生自己设计，相互学习，取长补短，设计创意十足、凸显特征的龙舟。

【设计思路】对龙舟有更明晰认识，综合运用所学的美术知识，提升创意思维。

（二）泥塑龙舟

1. 教师引导学生运用多种学习途径，自主探究，小组合作，突破龙头制作难点，创意设计龙身图案。提问：

（1）你认为龙头的难点在哪？你打算如何解决？

（2）龙身上的图案可以运用学过的哪些泥塑方法？

2. 学生结合老师示范及强调的制作要点，深入思考，实践探究，关注细节，合作学习，能够解决制作过程中遇到的问题。

【设计思路】培养学生在实践中发现问题并解决问题的能力，在创意与实践中不断解决重点、突破难点。

（三）泥塑人物

1. 教师综合单元课程中学过的泥塑人物制作方法，重点引导学生思考：如何突出表现划龙舟人物动态及神态特征？

2. 小组合作分析总结人物动作和表情的塑造技巧，如：

（1）用力划的动作。

（2）生动的表情。

（3）人物间的联系。

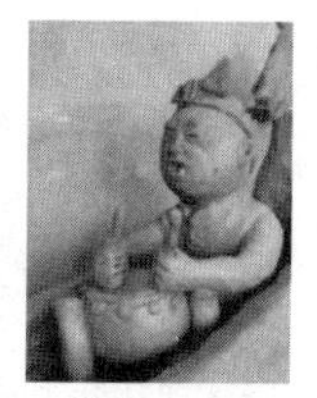

【设计思路】明确难点的解决要点，提升学生善于观察、学以致用、实践探究、善于合作的能力。

（四）泥塑赛场

1. 教师引导学生思考：通过生活、视频、图片等观察，该怎样概括表现赛龙舟热闹情境呢？

2. 小组合作，注重构图，运用泥塑工具和多种泥塑技法，创意表现赛龙舟周边情境。

【设计思路】在制作过程中培养学生解决问题的能力，提升创意思维和综合运用所学美术知识的能力。

第四部分：分享评价（15分钟）

（一）分享学习成果（8分钟）

1. 教师根据活动重、难点和教学目标，引导学生展示介绍本组作品创意并谈谈。

（1）本组是如何解决遇到的问题？成员是怎样合作的？

（2）自己在学习过程中收获了什么？在哪些方面还可以做得更好？

2. 小组交流代表发言，组员补充交流。

（1）创意思路；（2）合作感受；（3）自我感受；（4）对赛龙舟含义的理解。

【设计思路】感受学习获得的快乐，学会自我评价，懂得欣赏他人，体会赛龙舟和团队合作的意义，提升学生综合素养。

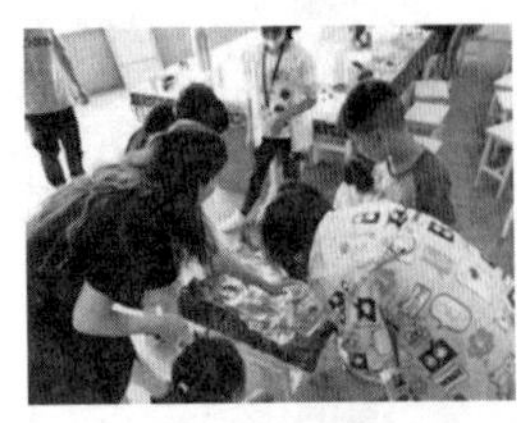  

（二）评选最优小组（3分钟）

1. 教师引导学生评选出最具创意、技能最佳的作品：你觉得哪组作品最棒，好在哪里，不足之处是什么，你觉得该怎样弥补？

2. 学生互相评价，自我评价，思考探究，取长补短，综合运用所学美术知识欣赏、鉴别、公正评选。

【设计思路】提升审美和鉴别能力，树立责任意识和懂得欣赏他人的情感。

（三）教师总结评价（2分钟）

1. 教师总结本次学习活动内容及学习效果并评价小组合作情况、学生互评情况，激趣鼓励。

2. 学生反思自己的学习收获，整合所学的知识。

【设计思路】激发学生思考，在问题中反思并归纳，不断取得进步。

（四）拓展学习内容（1分钟）

1. 在端午节来临之际，鼓励同学们在生活中感受端午节丰富的民俗文化：你打算和家人一起做什么呢？

2. 鼓励学生与家人共享端午节，包粽子，做香包，挂艾草……并用手账、国画等绘画形式记录本次活动和生活中所见所感，体会端午节所蕴涵的美好情感。

（学生活动后反馈和家人共度端午及创作的美术作品部分照片。）

【设计思路】拓宽学习表现思路，关注身边的人和事，感受端午祝福之意，弘扬中华民族以孝为先的美德。

八、活动效果检测方法 —网络平台的广泛传播

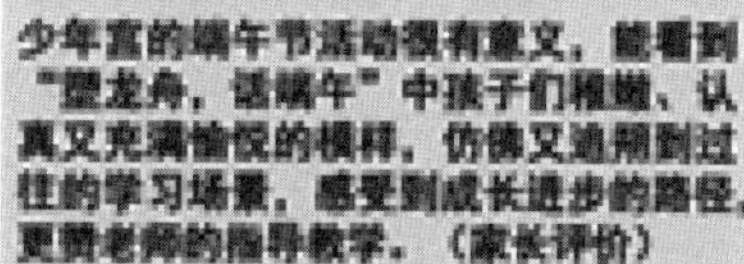

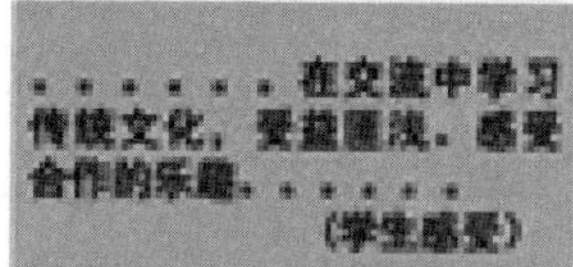

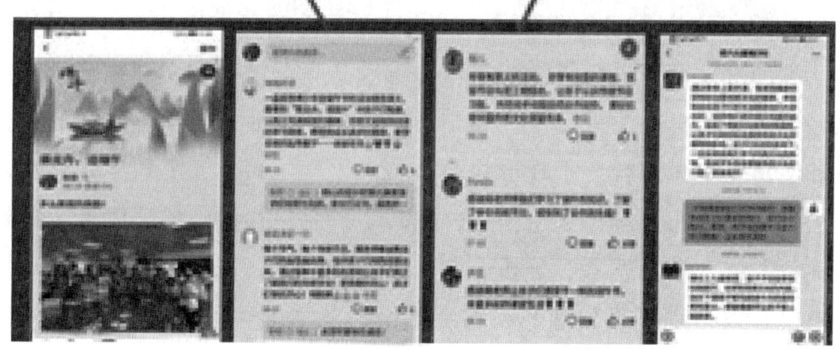

八、活动效果检测方法

1. 学生收获（学生多角度谈体会，课后发放学习反馈表）。

2. 学生相互评价（组与组之间作品评价，选出最优作品并说出理由）。

3. 家长感受（通过电话、美篇、微信群等形式对活动进行反馈）。

4. 通过美篇、微信等网络平台向社会宣传，获得社会各方面评价。

5. 教师填写评价表多角度评价（制作技能、课堂表现、合作意识等）。

活动自评

本次活动从活动前的准备到布置教室和活动过程的实施，我始终关注学生的情感激发，提升学生自主学习的能力，让学生成为这个教室的主体。活动过程中同学们主动参与，积极思考，大胆实践，团结协作，有效达成活动目标。

学生有效学习受很多因素的影响，有内因也有外在因素。外在因素有很多方面，其中教师“教法”是因素之一，并且是非常重要的因素，如何“教”，让学生成为学习的主体并建立有效的学习成果，具体实践方法体现在以下几个方面。

1. 培养学生探究合作意识，注重创新精神培养

学生自主探究、合作学习是新课程改革亮点之一。活动结合学生需求和美术课程标准注重教学内容与方法的创新。活动将学生熟悉的赛龙舟和泥塑龙舟相结合，表现形式更符合学生学习兴趣，寓教于乐。学习方法采用教师布置合作学习任务，组长负责制，在教师的协助下分配组员任务并组织成员思考、分析、制作、完善作品，每个人都能够主动提出自己建议，勇于承担任务，并在本组任务结束后主动帮助其他小组，比如：在制作周边景观时，几个小组的同学主动帮忙制作岸边的人、小花、树木等。在制作龙头这一难点时，组长和组员一起探讨尝试，每个人都发挥了个人的主体性、创造性及团结协作精神，能够在实践中发现问题，反复尝试解决问题，由此进一步转化为知识与技能、情感与态度的提升，突破了活动的重难点。

2. 关注学生学习兴趣，适应学生认知特征

兴趣是学习美术的基本动力之一。教师努力构建传统文化与教育内容的结合点，使学生了解它、喜欢它、运用它，让学生成为传承传统文化的参与者和推动者。教师在讲授知识与技能的同时，强化其与现实生活的关系，将教学置于真实生活情境中，与生活相融合，使学生学以致用，提高实践能力，获得真正有用的学习成果。活动每个环节的设计都符合学生心理发展需求，紧密贴合学生生活和爱玩泥巴的天性，通过泥塑揉、搓、捏、盘、刻等综合技法的融合，让学生充分体验创作过程的乐趣，促进学生自我总结经验，提升泥塑技能，转化为持久的情感态度。活动获得家长和孩子们认可，通过微信、美篇、剪映等网络平台展示，获得广泛关注，仅美篇四小时内达421人次阅读，使活动效果落地生根并延展。

3. 开发科学化的课程体系

本次活动通过和已经立项的市级课题“中国传统节日文化美术育人方式研究”相结合，根据学生学情分析、问卷调查分析、学生沟通交流等分析结果，设计单元授课计划，关注美术与传统、现代社会生活及其他学科紧密联系。并通过丰富多样的美术课程让每一个学生在学习过程中都能够深入思考、大胆质疑、深入研讨、理性辨析。作为端午节系列活动单元之一体现活动的连续性和递进性。日常教学与特色活动相结合，在美术技能、表现形式和传播形式上更深入、更丰富，发展了学生综合实践能力和探究发现能力，形成完整认知过程和审美心理结构，为实现本次活动目标提供了保障。

在梳理总结本次活动成果之余，还有些许问题值得反思。

1. 活动中教师引导学生以小组介绍作品，评价其他小组作品，但是有些学生碍于面子不好意思“说真话”，不愿表达自己的真实评价想法，所以教师还要关注学生的实际情况，具体问题具体分析，开展特色评价，为每一位学生创造讲话的机会，敢于参与。

2. 美术的表现形式丰富多样，概括起来是立体与平面，以及电子科技产品带来的多维制作与展示方法。本次活动主要通过泥塑立体形式展现端午赛龙舟习俗，学生成果通过抖音、微信、美篇等网络平台以及家长学生的口口相传进行传播，所以，如何更好地把传统节日文化及教学活动和应用信息技术手段结合起来，创作新的表达形式，并通过现代网络技术、各种宣传平台让传统节日文化在更广泛的范围内流传，被越来越多的人熟知，使研究成果较好地推广应用，就需要教师提升自己的信息应用水平，并在实践中创新教育思维，寻找解决问题的思路和方法。

综上，确立学生在活动中的主体地位，能够引领教师优化教学行为，成为获得有效学习成果的源泉。同时教师在活动后要及时反思并总结，才能够获得活动真正的价值。

夏至节气的标志设计

——门头沟区少年宫美术社团活动方案

乌日娜

一、活动依据

（一）活动理念

在科技飞速发展的今天，我们远离了农耕文化，远离了泥土和天空，远离了花草、树木和小鸟，被海量的数字信息所包围，忽视了自然的色彩，淡忘了节气的习俗和由此带来的生活乐趣。《关于全面加强和改进新时代学校美育工作的意见》特别强调美育教材编写要体现国家和民族基本价值观，格调高雅，凸显中华美育精神。本次活动就是将二十四节气与自然美融入到美术教育活动之中，通过节气的色彩关注自然，从而发现美、感受美、欣赏美，丰富学生的精神世界，培养高尚的情趣，让学生的生命之花在美的境界中绽放并富有诗意。

（二）活动内容分析

“八节气的标志设计”单元课程的大概念是感受节气色彩，运用节气色彩和不同的设计方法设计出八个节气的标志，用通俗易懂的形式展示节气的典型色彩与应用。“夏至节气的标志设计”是本单元课程中的第四次活动，活动以夏至节气文化为内涵，教师通过导入、探索、创造、分享、拓展五个环节开展教学，主要知识点是图形同构法，使学生通过采集色彩—绘制元素—探索设计手法—分析元素—运用同构法创作等过程达成活动目标。

（三）学情分析

本班共有15名学生，年龄在10~13岁之间。学生具备扎实的绘画基础，能够用自己的语言说出标志的概念，分别运用直接展示法、突出特征法和合理夸张法设计出了立春、春分和立夏三个节气的标志，对标志设计有浓厚的学习兴趣，并且渴望学习更多的设计语言和设计手法。其中6名学生学习绘画5年以上，手绘能力强，能够快速理解活动目标，具有深入学习的能力；5名学生有3~5年的绘画学习经历，充分理解所学知识，手绘能力强；4名学生学习绘画2年，手绘能力稍弱，在创作过程中应适当引导。学生手绘能力和创新能力并不完全匹配，个别学生手绘能力稍弱，但是创新性思维特别强，应注重学生个性化差异。

二、活动目标

（一）学生能够说出夏至节气具有代表性的气候、物候、民间习俗等内容。

（二）通过探究式学习，学生能够说出图形同构法的概念和要点。

（三）通过艺术实践，学生能够感知节气色彩，画出节气代表性元素，将其形象抽象和填充颜色，结合色彩网络，运用图形同构法，完成作品，在此过程中发现美、感受美和创造美。

（四）通过描述设计说明，丰富学生对夏至文化感受；通过活动拓展，建立美术活动和现实生活的联系，感受学以致用的快乐，引导学生传承中国传统文化。

三、活动重点与难点

重点：采集节气色彩、抽象节气元素、运用图形同构的设计手法完成夏至节气标志的设计。

难点：联系两个节气元素之间的关系，创新组合形成新的、能表达节气内涵的标志（此环节并不是任意两个图形的随便叠加，而是需要从视觉、内涵等方面进行考虑，考查学生的思维发散能力和美术基础，具有难度，需要多示范、多鼓励、多引导）。

四、活动准备

（一）教师准备

1. 教学资料：活动方案、教学资料、学生学习手册。

2. 创作工具：铅笔、橡皮、马克笔。

（二）学生准备

1. 观察节气变化，拍摄具有代表性的节气图片。

2. 在互联网上搜索夏至节气素材，了解节气的文化内涵、物候变化、节气特点等内容。

3. 绘画材料：铅笔、橡皮、针管笔、马克笔。

五、活动过程

（一）导入

1. 教师活动

（1）告诉学生通过前面的学习，我们已经设计出了三个节气标志，让学生用自己的语言说一说前面三节课所学内容，重点描述学过的设计手法。

（2）让学生展示自己拍摄或搜索的夏至图片，分享图片内容，将节气知识的答案填写在学习手册。

（3）解释在视觉设计中，设计的手法多样，我们将在实践中展开探索。告诉学生今天的学习任务是提取自然界的色彩，抽象节气元素，设计夏至节气的标志。

2. 学生活动

（1）认真回忆之前所学内容，说出重要知识点。

（2）展示图片，用语言描述图片中的内容；填写学习材料中的预习部分。

（3）记住本次活动的学习任务和最终目标。

3. 设计意图

（1）能让学生对本次活动中学到的新的设计手法充满期待。

（2）将美育渗透在学生的生活之中；培养学生自主学习的能力。

（3）让学生在活动开始能明确本节课所学的任务，做到心中有数。

（二）探索

1. 教师活动

（1）色彩采集

①让学生选出自己心中最能代表夏至节气的图片，完成色彩采集，呈现色彩网络。

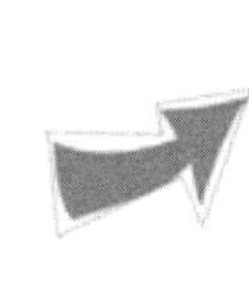
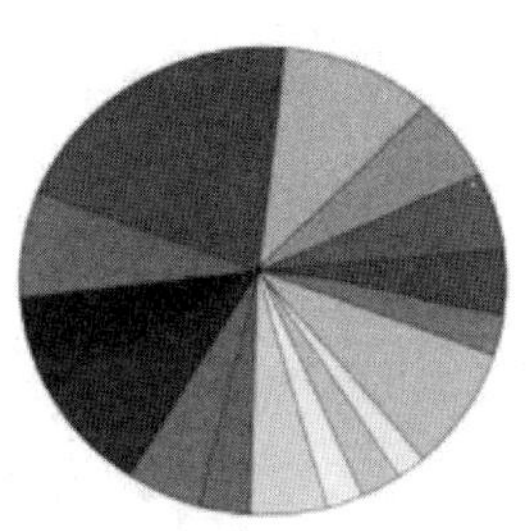

②总结色彩采集的目的是让学生对节气色彩有更深的体会，并且采集到的色彩将会运用到标志设计之中。

（2）绘制元素

①引导学生选择具有代表性的节气元素，如荷花、知了、西瓜、鹿等，进行多角度描绘，如整体、局部、俯视、平视、仰视等。

②引导学生将描绘的具体图形进行抽象概括。

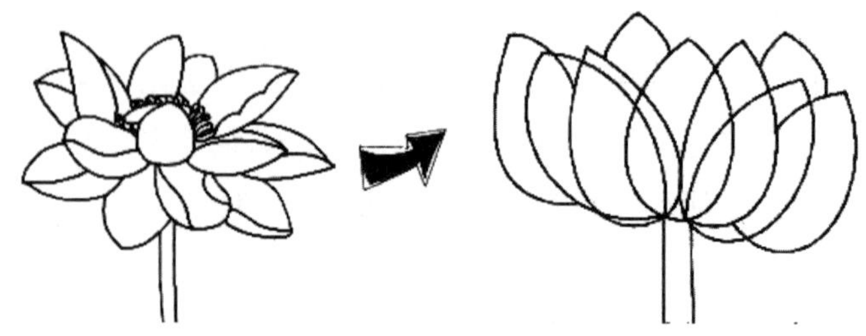

③引导学生运用单色、多色和线条的形式对概括出的图形进行填充。

    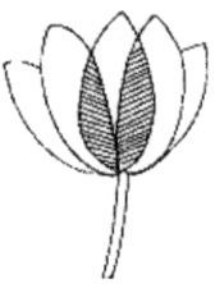

④鼓励学生发散思维，创新填充方法。

2. 学生活动

（1）选择图片，观看教师示范，按步骤完成色彩采集。

（2）选择具有代表性的元素，用简单的线条进行多角度描绘，体会不同角度所形成的外形变化；尝试用不同的方式填充图形。

3. 设计意图

不同角度的元素绘制、抽象和填充都是为了之后的设计标志做铺垫，学生整理出来的素材越多，思路就越活跃。

（三）创造

1. 教师活动

（1）分析与学习

①引导学生从内容上分析作品，尝试用自己的语言说一说这些作品运用了什么设计手法，尝试分析标志所表达的内涵。

②总结作品内容与设计规律，解释图形同构法是将两个或以上的图形组合在一起，共同构成一个新图形。

（2）观察与同构

①让学生观察绘制的节气元素，寻找两个不同元素之间的关联，如图形形状相似能够替代、现成形状可以拼合形成新图形、一种元素可以填充成为另一种元素等关系。

②示范运用图形同构法设计标志的步骤，说明其要求是保证形态特征能够辨认出来，保证视觉上的合理和完整。

③引导学生选择两个节气元素，运用图形同构法创作出夏至节气标志，颜色采用采集到的节气色彩，完成之后写上中、英文文字，文字上可以加上节气元素，最后写上设计说明（在此环节不考虑字体设计，写上即可）。

差异性教学：程度高的学生可加入自己的联想与想象，或者多加一个元素，程度低的同学应提供更多元素的照片给他们参考。

2. 学生活动

（1）认真观察作品中的元素，尝试分析几个作品的共同之处，尝试说出设计手法。

（2）通过观察、对比、尝试等方法，找出两个具有一定关联的元素；观看步骤，理解图形同构法和设计要点；设计出完整的夏至节气标志。

3. 设计意图

通过分析规律和示范具体方法，突破本节课的学习难点；通过艺术实践培养学生的创造能力。

（四）分享

1. 教师活动

（1）展示作品

让学生在展台上展示作品，让学生识别他们的设计作品哪些方面成功，用自己的语言描述图形同构法及其设计要点，说出自己是如何结合两种元素的，表现出的色彩原型是什么。

（2）分享心得

①让学生分享自己的设计说明，鼓励学生选出自己喜欢的作品进行创意解读，打开设计思路。

②教师总结本次活动，肯定学生的表现，鼓励学生观察生活、关注自然、热爱中国节气文化。

2. 学生活动

（1）主动展示作品，在教师的引导下进行描述与解释。

（2）向老师和同学解读自己的作品；能积极主动地发现、学习其他作品的优点。

3. 设计意图

（1）学员感受完成作品的喜悦，通过讨论提高学员的评价与判断能力。

（2）相互学习能够打开学生的设计思路。

（五）拓展

1. 教师活动

（1）完成小游戏：让学生将自己采集到的颜色，按照面积大小的顺序给名家作品涂色，对比观察，总结色彩在艺术作品中的重要性。

（2）让学生根据学习手册上面的提示，以自己设计的标志作品为主要图案，完成如帆布包、手机壳、明信片等夏至节气文创产品设计小稿。

2. 学生活动

（1）完成添色游戏，感受色彩对视觉的影响，认识到色彩的重要性。

（2）按照学习手册上的提示，完成文创产品的设计小稿。

3. 设计意图

（1）通过游戏的方法让学生感受色彩在视觉艺术中的重要性，激发学习兴趣。

（2）将美术和学生的实际生活紧密联系起来，激发学生的学习兴趣。

活动自评

“八节气的标志设计”单元课程设置是本学期重点研究的课题，本人将设计的概念、基本手法、设计专用词汇等知识，结合学生应具备的核心素养，按照由浅入深、循序渐进的原则渗透给学生们，希望他们通过学习，不仅能充分理解标志设计的基础知识，熟练运用设计的基本技法，创作出系列标志作品，而且能全面提升综合素养，积极、热情地传承非遗文化。本次活动是“八节气的标志设计”单元课程中的第四次课，涉及的专业知识点是图形同构设计法。活动准备充分，环节联系紧密，层层深入，活动效果显著，充分激发了学生的创新精神，培养了学生的想象力和创造力。

一、活动内容新颖，能充分激发学生的学习热情。艺术设计作为当今视觉艺术的重要组成部分，并没有在校外美术活动中普及开来，校外美术活动仍是以传统的国画、油画等为主要表现形式。本次活动将节气的色彩与标志设计巧妙地结合在一起，引导学生从自然界中采集创作素材，提炼创作元素，运用图形同构手法创作全新的、独有的艺术作品，带给学生耳目一新的感觉，让学生有强烈的学习愿望。

二、知识点设置合理，符合学生的学习情况。本次活动的重要知识点就是图形同构的设计手法。学生通过前面三次活动，掌握了基础的直接展示法、几何表现法和突出特征法，观念不断地从绘画性思维向设计性思维进行转变。本次活动突破运用一种节气元素进行创作的限制，引导学生通过寻找两个元素的共性与联系，组合成新图形进行创作，难易适中，符合学生的学习程度。

三、学生作品具有创新性，体现了理性与感性的统一。理性的代表是科学，感性的代表是艺术，科学征服了世界，艺术美化了世界。同学们对色彩的感知是感性的，在艺术创作中的主观表达是感性的，而运用的设计手法则遵循经理性的归纳与解读形成的设计规律，具有科学性。学生提取属于自己的节气色彩，主观抽象节气元素图形，运用科学的方法，创作出属于自己的艺术作品，每一件作品都是实践艺术审美与科学方法相融合的结果。

四、活动拓展方式喜闻乐见，具有生活性和融合性。本次活动的拓展是让学生以节气标志为内容，参考故宫博物院文化周边的设计形式，完成周边设计草图。活动结束后，教师与学生沟通完整的设计方案，与制作公司联系，实现学生的设计方案，制作成帆布包、笔记本等节气文创产品，目的是让学生把学到的知识与现实生活联系起来，感受到学以致用的乐趣。

活动除了上述亮点，也存在不足之处。在抽象节气元素的环节，时间设置较短，列举的设计案例少，教师示范时间不够，导致学生没有完全打开思路，在活动过程中适当地做出补充与调整，略显匆忙。应该在此环节展示更多的抽象图形作品，示范多种元素的抽象方法，给学生提供更多灵感，为之后的设计环节做充足的准备。

此次活动丰富了我对单元课程研究的实践探索，学生具有创造性的作品和积极投入的态度都是对我的鼓励。同时我也深刻地认识到，在单元课程的探索之中，我仍处于初学阶段，应多思考、多学习、多实践，才能设置出更加合理的课程。

欣赏与书写匾额

杨 琪

一、活动依据

1. 教育部印发的《完善中华优秀传统文化教育的指导纲要》中指出：把中华优秀传统文化教育系统融入课程和教材体系。分学段有序推进中华优秀传统文化教育，在课程建设和课程标准修订中强化中华优秀传统文化内容。本次活动是课题“中小学匾额书法课程建设研究”中的一项。参与本次活动的是北京八中京西附属小学的学生，发挥了校外教育与学校教育“一体两翼”协同育人作用。

2. 作为民族文化的一种标志，匾额过去在城市和乡村都非常普遍地被使用，由于历史的变迁以及其他因素，如今在城市已经很难看到有文物价值的老匾额了。北京作为文化中心，有得天独厚的条件，我选择了琉璃厂经营文房四宝的商业老字号匾额作为学习内容。

3. 这次活动作为整个匾额课程的一个开端，学习匾额先从学生日常生活中能够接触到的商业匾开始，后面还要学习堂号匾以及文房匾额。

二、设计理念

1. 设计本次活动让学生了解老字号商业匾是为了让学生学习我国传统文化，并且了解匾额书法的实用价值。匾额是与我们生活息息相关的，学生通过欣赏、临摹，学以致用，最终达到可以自己创作匾额的目的。

2. 在学习匾额章法的过程中，学生分组讨论进行学习，发挥团队合作的力量。

三、学情分析

参与本次活动的30名五年级学生来自八中京西附小书法兴趣小组。他们初步掌握了颜体、欧体楷书的基本技法，具有创作小幅作品的能力。学生们也了解一些书法常识，对书法知识产生了浓厚的兴趣。关于学生对匾额书法的了解程度，设计了一份调查问卷。

选择题（可多选）				
1. 你知道什么是匾额吗？				
A. 知道	B. 不知道	C. 比较模糊		
2. 在生活中看到过匾额吗？				
A. 经常看到	B. 偶尔看到	C. 没注意		
3. 匾额的类型有哪些？				
A. 牌坊匾	B. 商业匾额	C. 堂号匾	D. 文房匾	E. 祝寿匾
4. 匾额的材质是什么？				
A. 石刻	B. 木刻	C. 金属制	D. 橡胶	

通过问卷得出，在是否知道什么是匾额这项中有20人选择了比较模糊，在生活中是否看到过匾额也有20余人选择了没注意，可见学生对匾额书法不是很了解。所以在中小学开设匾额书法课程是十分必要的。根据学生所具备的认知能力和创作能力，设计了此次活动。本次课通过带领学生欣赏匾额来认识匾额，理解匾额的含义，学习匾额的章法，最后临摹匾额，学习其中蕴含的书法技法。

四、活动目标

1. 欣赏琉璃厂的老字号商业匾额，学习匾额的章法。
2. 临摹荣宝斋这块匾额，学习牌匾中的书法技法。
3. 认真学习匾额文化，坚定文化自信，热爱祖国的传统文化。

五、活动重点、难点

1. 重点：欣赏老字号匾额，学习匾额中的书法章法。

本次活动通过教师在琉璃厂为学生录制视频，介绍老字号匾额，学生观看视频并通过幻灯片再次进行回顾、归纳、总结匾额书法的章法。

2. 难点：临摹老字号匾额，掌握匾额的书法技法。

通过教师示范，给学生讲解书写的要点。学生认真观察教师书写时运笔的节奏、动作等，最后自己进行临摹。

六、活动对象与规模

30名五年级书法兴趣小组学生。

七、活动时间与地点

活动时间：2021年6月11日。

活动地点：北京市第八中学京西附属小学。

八、活动准备

1. 论证活动主题，撰写活动方案。

2. 准备学生书写用纸。

3. 请学生提前查阅启功、张伯驹、赵朴初、方放、郭沫若、吴昌硕、谢崧岱、徐悲鸿、陆润庠生平简介。

九、活动过程

活动结构	教师活动	学生活动	设计思路
第一部分 欣赏匾额	1. 情境导入：教师播放在琉璃厂大街现场录制的介绍匾额的视频，让学生认识匾额，对这些经营文房四宝的老字号商铺有所了解，从而激发学生的兴趣。 2. 利用幻灯片给学生展示琉璃厂的匾额，请学生识读匾额。	1. 观看视频，了解琉璃厂的老字号商业匾额。 2. 学生认真识读每一块匾额，认识其中的字。	现场录制，给学生讲解匾额，让学生有直观的感受，加深对匾额的认识，避免了平铺直入的教学模式。 认识匾额是学习匾额书法的第一步。

续表

活动结构	教师活动	学生活动	设计思路
第一部分 欣赏匾额	 3. 讲解匾额的含义：悬挂于门屏上作装饰作用，反映建筑物名称和性质，表达人们义理、情感之类的文学艺术形式即为匾额。 4. 介绍匾额的分类：堂号匾、牌坊匾、祝寿匾、商业匾、文房匾。 5. 请学生分组进行讨论匾额书法的章法。 问题一：将幻灯片中所有的匾额按照从右向左书写和从左向右书写分成两类。 问题二：将作者与所生活的年代进行连线。 启功 张伯驹　清朝 赵朴初 徐悲鸿　近代 吴昌硕 方放 郭沫若　现代 谢崧岱 陆润庠 问题三：哪些作者所题写的匾额是从右向左书写？哪些是从左向右书写？这些作者生活在哪个年代？	3. 了解匾额的含义。 4. 了解匾额的类型。 5. 学生分组观察、思考讨论匾额的章法布局。 得出结论： 从右向左书写：陆润庠（清代）、谢崧岱（近代）、张伯驹（近代）、徐悲鸿（近代）、吴昌硕（近代）、郭沫若（现代） 从左向右书写：赵朴初（现代）、启功（现代）、方放（现代） 得出结论：谢崧岱题写的“一得阁”和张伯英先生题写的“墨缘阁”都是	学习匾额书法首先要知道什么是匾额。 了解匾额的分类，知道今天所学的商业匾是匾额的一类。 学生在认读匾额时头脑中会产生匾额识读的顺序，然后进行分组讨论，将自己的思考互相碰撞，而不是教师对学生进行“满堂灌”的方式。学生通过自主学习、合作探究式学习，培养其学习能力。

续表

活动结构	教师活动	学生活动	设计思路
第一部分 欣赏匾额	总结：书写匾额在古代以及近代都从右向左书写，随着现代人的书写习惯，也可以从左向右书写。 问题四：匾额落款的位置是怎样的？ 总结：匾额落款一般只落穷款，也可以落上下款。 问题五：根据两种落款形式如何安排匾额的布局？	落的上下款，其他都是落穷款。 得出结论：准备落上下款的，正文之间的大字就要紧凑一些；只落穷款的，正文大字的中心要相应地右移或左移。	
第二部分 书写匾额	1. 讲解荣宝斋的历史，了解荣宝斋三块匾额的由来。 2. 以陆润庠所题“荣宝斋”为例，进行示范。 （1）讲解折纸的方法。 （2）临摹。 临摹要点： ①大字要平稳。 一块匾额悬挂于门楣之上，必须给观者平稳的感觉。	了解荣宝斋的历史文化。 认真观看教师示范，注意教师的用笔方法和结构安排。	荣宝斋是驰名中外的经营文房四宝的老字号商铺，学习书法应该对它有所了解。荣宝斋先后由陆润庠、徐悲鸿和郭沫若三位先生所题写。 由于陆润庠是基于颜体楷书所书写，其他两位是用行书书写，根据五年级学生的书写能力，选择陆润庠的“荣宝斋”进行临摹，便于学生掌握匾额书法的一般规律。

续表

活动结构	教师活动	学生活动	设计思路
第二部分 书写匾额	②大字要有大气势，才能压得住。 ③字的大小要均匀。 3. 布置学生书写这幅作品。 提升： （1）书写时每个笔画要写到位，注意起笔、行笔和收笔。 （2）注意笔画的粗细，要写出变化。 （3）字的结构要临准确，下一笔画要在上一笔画的哪个位置看准再写。	学生自主完成作品，书写过程中要把握匾额书法的章法。	
第三部分 作品展示与点评	1. 学生自评与互评，教师点评，帮助学生了解作品的优点与不足。 从以下几个方面进行点评： （1）章法布局是否安排和谐。 （2）用笔是否到位。 （3）结构是否准确。	1. 学生自评互评：通过与原作进行对比，评价自身作品的优点与不足。 2. 思考教师的点评，了解自己作品的优点和不足，思考如何提升。	通过多种形式的评价激发学生的思考。
第四部分 扩展延伸	建议学生课后临摹更多的匾额书法。	利用课余时间多观察身边的匾额书法，深入临摹，感受并学习匾额书法艺术。	作业的设置一方面巩固所学，一方面延伸了学习范围，让学生对学习匾额书法贯穿于平时的学习生活中。潜移默化地继承与发展中华优秀传统文化。

十、活动效果测评

1. 通过本次活动中学生书写的作品测评活动的效果。
2. 请学生畅谈活动的感受，写写本次活动的心得。
3. 通过听课老师对本次活动的点评来反思活动的实效。
4. 教师再次梳理整个活动，通过撰写活动反思进行总结。

活动自评

本节课通过教师带领学生欣赏琉璃厂的商业匾，来学习匾额书法的章法。琉璃厂的商业匾都是由清代、近现代的书法名家以及文人学者所题写。匾额中蕴含着深厚的文化底蕴和高水平的书法艺术，是非常好的学习范本。通过观察、欣赏、对比等方法，学生学习匾额的章法，再结合教师的示范临摹，顺利完成一幅匾额书法作品。欣赏和临摹的过程就是传承的过程，善于继承才能善于创新。通过这次活动，学生基本达成了活动的目标。

设计此次活动是要让学生认识匾额，学会欣赏匾额，最终能够书写匾额。为了让学生能够对匾额产生充分的认识，教师实地录制，现场讲解，给学生身临其境之感。通过琉璃厂各家商铺的匾额汇总，学生一起讨论、分析、学习其中的章法布局，最后动手临摹，书写匾额作品。其中几个环节紧密结合，环环相扣，学以致用。

学生通过课前查阅资料，课上分组讨论，掌握了匾额的章法。每个同学都完成了一幅匾额书法作品。其中在书写方面，每个同学还有自身存在的问题，但对于匾额书法书写规律的把握，学生们掌握得比较到位。学生在落款时名字有两个字的也有三个字的，在处理落款和正文的关系时出现几种情况，导致整幅作品不是很协调。有的距离正文较近，有的字较大，有的字又很小，有的写完以后没有盖章的地方。在点评中，教师要把这些出现的问题逐个给学生讲清楚。在以后的书写当中要反复练习，多加思考和尝试，做到整篇作品的和谐统一。

匾额是中华民族独特的民俗文化精品。几千年来，它把中国古老文化流传中的辞赋诗文、书法篆刻、建筑艺术融为一体，集字、印、雕、色之大成，以其凝练的诗文、精湛的书法、深远的寓意，成为中华文化的一朵奇葩。学习匾额，就是由于它与我国人民的文化生活密不可分，与书法、文学、建筑、民俗相结合，深入到社会生活的各个方面。学习匾额书法不仅仅是学习其中的书法，更是对学生增强美育的熏陶，进行美育的教育。继承中华优秀传统文化就是对学生进行德育教育，文化教育。在学习过程中，着力培养学生的认知能力，促进思维发展，激发创新意识。

《溜冰圆舞曲》赏析

——音乐鉴赏系列课程之舞曲篇

杨 盈

一、活动依据

《关于全面加强和改进新时代学校美育工作的意见》指出：让美育真正能够“促进学生形成艺术爱好，增强艺术素养，全面提升学生感受美、表现美、鉴赏美、创造美的能力”，进一步强化学校美育的育人功能，发挥美育在德智体美劳全面培养教育体系中的重要作用。逐步完善“艺术基础知识基本技能+艺术审美体验+艺术专项特长”的教学模式。在学生掌握必要基础知识和基本技能的基础上，着力提升文化理解、审美感知、艺术表现、创意实践等核心素养，帮助学生形成艺术专项特长。《全日制义务教育音乐课程标准》中提到音乐是人类最古老、最具普遍性和感染力的艺术形式之一，是实施美育的主要途径之一。音乐教育以审美为核心，通过聆听音乐、表现音乐等审美活动，使学生充分体验蕴含于音乐音响形式中的美和丰富的情感，让音乐艺术净化心灵、陶冶情操、启迪智慧，以利于学生养成健康、高尚的审美情趣和积极乐观的生活态度，为其终身热爱音乐、热爱艺术、热爱生活打下良好的基础。

针对当前学习音乐的学生重技术、轻理论的学习状态，在校外音乐教育的学习中，为学生加入音乐鉴赏系列内容的学习，强化提升学生的音乐鉴赏力，拓展对音乐作品的理解力，提升综合学习音乐的能力。综合考虑音乐各专业小组教学特性、校外教育特性等要素，突出基本音乐素养滋养，突出感知、体验和综合实践。

二、设计理念

在新课程改革理念的指导下，以学生为主体，师生互动，将学生对音乐的感受和音乐活动的愿意参与度放在重要的位置。在教学中，强调音乐的情感体验，根据音乐艺术的审美表现特征，引导学生对音乐表现形式和情感内涵整体把握。

舞曲系列课程是音乐鉴赏系列课程中的一个系列，舞曲系列的设计在于舞曲是中外音乐艺术中不可或缺的音乐体裁，也是中外音乐文化中的重要组成部分。而舞曲题材的内容也比较广泛，尤其是器乐舞曲体裁。大多数学生是初次较为深入地接触这项内容，因此有必要从他们喜欢、感兴趣且音乐形象鲜明的舞曲入手，引导学生逐步地深入下去，提高学生的音乐文化素养和音乐学习兴趣。

三、活动对象及规模

有过学习器乐或者声乐两年以上经历的本区学生30名。

四、学情分析

本次活动对象是3~6年级有过2~6年音乐学习经历的学生，能够对自然界和生活中的各种音响感到好奇和有趣，能够用自己的声音或乐器进行模仿，能随着熟悉的乐曲或歌曲哼唱，但却不善于用音乐术语进行描述，缺乏对音乐发展变化的创造表现能力。本学期从旋律轻快、节奏特点清晰的舞曲学习入手，选择音乐形象鲜明的《溜冰圆舞曲》作为第一首赏析作品，使学生在律动中感受音乐，用图谱辅助在音乐中畅想、在音乐中体验、在音乐中创造，在轻松有趣的氛围中畅游于音乐之中，发挥想象力去体会乐曲内在的情感，体会作品所表现的情境。

五、活动课时

90分钟。

六、活动目标

（一）知识与技能

1. 欣赏乐曲的音乐主题，掌握节拍节奏特点。
2. 积极探索维也纳风格圆舞曲的曲式结构和风格特点。
3. 能够哼唱第一圆舞曲的主题。
4. 创编八个小节的旋律，以“溜冰”为主题，增强学生对音乐的感受力、想象力。增加对圆舞曲节奏节拍、音乐风格的理解与把握。

（二）过程与方法

1. 通过自主探究、亲身体验，导入活动内容，欣赏乐曲，感受舞曲的音乐情绪。
2. 通过聆听、赏析、创作的过程使学生学会思考，提升自主解决问题的能力。

（三）情感态度与价值观

1. 引导学牛对学习的舞曲音乐产生兴趣，从而热爱音乐，提高欣赏水平和审美能力。
2. 培养学生的相互合作能力、学习探究的愿望。

七、活动重点与难点

重点：欣赏乐曲，感受乐曲的音乐情绪、风格及节奏类型。

难点：体会乐曲所表现溜冰时的情景，掌握圆舞曲的节奏，能唱出第一圆舞曲的主题。

八、活动准备

（一）学生学习用具准备

找到自己喜欢的圆舞曲音乐，课前进行欣赏，打印出乐谱，并想一想圆舞曲听起来与你听到的其他种类音乐有什么不同。

找到自己喜欢的运动员滑冰项目的图片，并打印出来。

（二）教师教学用具准备

钢琴、多媒体、PPT课件、溜冰的图片、签字笔、铅笔、A4纸、《溜冰圆舞曲》音频、视频，乐谱。

九、活动过程

活动环节 活动时间	教师活动	学生活动	设计思路
板块一 导入—— 兴趣激发 （5分钟）	1. 请同学们一起观看动画片《猫和老鼠》片段，观察小猫和小老鼠在干什么。 2. 仔细听听动画片中的音乐，心里默默地打一下拍子，想一想这是一首几拍子的音乐。	小猫和小老鼠都跟随着音乐节拍在滑冰。 三拍子。	通过欣赏视频动画片《猫和老鼠》之《溜冰圆舞曲》片段，引入本次活动。
板块二 新知—— 进入新课 （5分钟）	1. 刚才我们欣赏的作品就是法国作曲家瓦尔德退费尔于1882年创作的《溜冰圆舞曲》。什么是圆舞曲呢？圆舞曲又称“华尔兹”，是起源于奥地利民间的一种三拍子舞曲，19世纪风行于欧洲各国。 2. 刚才我们欣赏的《溜冰圆舞曲》就是三拍子的舞曲。作品中哪一拍为强拍？乐曲速度怎么样？情绪呢？ 3. 请同学总结一下圆舞曲的特点。	学生主动思考，积极回答问题。 第一拍。乐曲是稍快的，情绪欢快活泼。 节奏明确、轻快；旋律流畅、热情；节奏感鲜明，第一拍重音较为突出。	欣赏视频后引导学生回答音乐相关问题，更能直接抓住学生的欣赏注意力，为接下来的学习做好准备。
板块三 聆听—— 分段赏析 （30分钟）	乐曲由序奏、四个小圆舞曲及尾声组成。 1. 序奏。教师播放音乐片段，提问：音乐的情绪是什么样的？用什么乐器演奏的？你能想象到什么样的音乐场景？	圆号奏出了徐缓的旋律，描写的冬天的景色。	通过聆听、学唱，对比、分析乐谱等，让学生更好地感知音乐要素。

续表

活动环节 活动时间	教师活动	学生活动	设计思路
板块三 聆听——分段赏析 （30分钟）	2. 第一小圆舞曲。 （1）完整聆听，说说旋律可以分为几段。 （2）请跟着钢琴学唱主题A，你觉得旋律是活泼跳跃的，还是优美抒情的？你能联想到什么样的场景？ 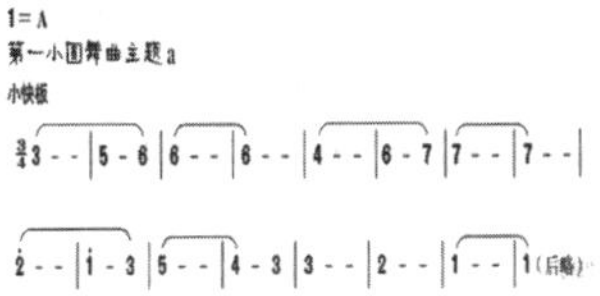 1=A 第一小圆舞曲主题a 小快板 3/4 3 - - | 5 - 6 | 6 - - | 6 - - | 4 - - | 6 - 7 | 7 - - | 7 - - | 2 - - | 1 - 3 | 5 - - | 4 - 3 | 3 - - | 2 - - | 1 - - | 1（后略） （3）聆听主题B，说说与主题A有什么不同。跟着钢琴学唱主题B，分析音乐中的节奏或者速度发生变化了吗？  第一小圆舞曲主题b 3/4 5 1 6 1 | 5 1 6 1 5 1 | 6 1 5 1 6 1 | 5 7 0 7 0 | 5 7 0 7 0 | （4）此后，主题A再现。 3. 第二小圆舞曲。 （1）聆听第二小圆舞曲，你听到的音乐与第一小圆舞曲的音乐情绪有什么不一样？眼前仿佛展现一幅怎样的画面？ （2）第二小圆舞曲有几个段落组成？你能听出音乐的变化吗？  1=D 3/4 3 5 1 3 | 6 0 5 | 0 5 0 | 7 - - | 7 4 5 7 2 | 6 0 5 | 0 5 0 | 1 - - | 1 1=D 3/4 6 0 6 0 6 0 | 6 0 6 0 6 0 | 5 0 5 0 5 0 | 5 0 5 0 5 0 |	 三段，A+B+A。 优美抒情，旋律宽广平稳，联想到溜冰人舒展优美的姿态。 音乐变得轻松活跃了。 节奏变短、速度变快。 音乐里出现了一些跳动较大的音程，感觉声音更加刚劲有力。大跳的音程感觉像是溜冰者在做跳跃等高难度动作。 听到了ABA三个段落，A段落的声音跳动较大，B段落出现了很多个装饰音，感觉音乐的跳动性更强，有一种冰上跳舞的意境。	 在聆听中提问，引导学生带着问题进行欣赏，使被动欣赏变为主动欣赏，并用语言表达出聆听的感受。

续表

活动环节 活动时间	教师活动	学生活动	设计思路
板块三 聆听——分段赏析（30分钟）	4. 第三小圆舞曲。 （1）聆听第三小圆舞曲A主题，你觉得他的音乐特点与前面哪个小圆舞曲相似？ 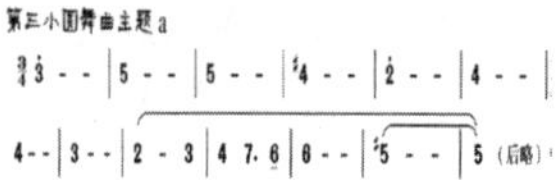 第三小圆舞曲主题a （2）主题B与主题A形成鲜明的对比，欣赏后的感受是什么，音乐的情绪与主题A一样吗？ 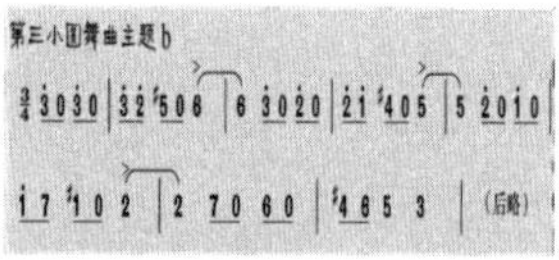 第三小圆舞曲主题b 5. 第四小圆舞曲。 （1）主题A的情绪怎样，听后的感受是怎样的呢？ 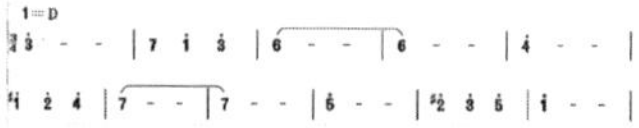 （2）主题B整个的音乐情绪是怎样的？ 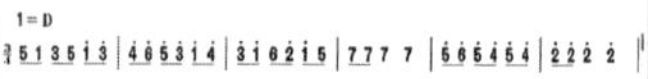	与第一小圆舞曲A主题相近。 音乐是轻快活泼的，与旋律舒展流畅的主题A形成了对比。 主题A抒情优美，音乐给人以美好的感受，有一种美的韵律感。 旋律很活跃很跳动。感到很快乐愉悦。	
板块四 创编——分组互动（40分钟）	1. 教师播放运动员进行溜冰项目比赛的视频。引导学生说说运动员动作、神态的变化等。  溜冰视频截屏	学生观看视频，运动员动作轻盈连贯，感觉在冰面上翩翩起舞了。	观看运动员溜冰视频、欣赏事先准备好的溜冰的图片，加深对溜冰的神态、动作的认识，为后续的音乐创编做好铺垫。

续表

活动环节 活动时间	教师活动	学生活动	设计思路
板块四 创编——分组互动（40分钟）	2. 每位同学拿出事先准备好的运动员滑冰比赛的图片，说一说是哪一项比赛，观察选手的姿态，你能用语言表达出运动员的神态、溜冰的姿态，给你的感受是什么吗？为什么选择这幅图片？	同学们各自讲解所找到的图片。 学生找图举例：  这幅图是运动员在进行速度滑冰比赛，运动员脚着冰鞋在冰面上滑行，借助冰刀的刀刃切入冰面形成稳固的支撑点，通过两腿轮流蹬冰、收腿、下刀、滑进动作以及全身协调配合向前快速滑行。感觉运动员动作轻快而有力。	学生根据《溜冰圆舞曲》主题进行创编，希望通过此环节，掌握圆舞曲节奏的特点，感受圆舞曲的音乐特点。
	3. 学生分成四组进行互动，每个小组选出一幅运动员的滑冰图片，根据图片中运动员的运动场景，创编出4~8小节的旋律。要求：运用圆舞曲三拍子的节奏特点，可参照以上所赏析的各个段落的主题进行创编。	学生创编举例： 	以小组为单位进行互动，培养学生相互合作能力、提升探究学习的愿望。

续表

活动环节 活动时间	教师活动	学生活动	设计思路
板块四 创编—— 分组互动 （40分钟）		1=D3/4 3— —|4— —| 3—2|2— —| 2— —|3— —| 2—1|1— —||	
板块五 评价—— 小组互评 （10分钟）	请学生分别对本小组和其他小组创作的作品进行评价。	学生对本组创作的作品进行评价，对其他小组的创作进行评价。谈谈音乐感受，说说为什么喜欢这个创作。	通过自评和互评，学生开阔了创作思路，对圆舞曲的结构特点、音乐特点等再次巩固，学会感受音乐的美，学会聆听，用音乐语言进行表述的能力得到提升。

活动自评

一、教学活动的设计

（一）活动内容的选择。本次活动是音乐鉴赏系列课程中的一个系列，舞曲系列的设计在于舞曲是中外音乐艺术中不可或缺的音乐体裁，也是中外音乐文化中的重要组成部分。大多数学生是初次较为深入地接触这项内容，因此有必要从他们喜欢、感兴趣且音乐形象鲜明的舞曲入手，以便引导学生逐步地深入下去，提高学生的音乐文化素养和音乐学习兴趣。本次活动从欣赏《溜冰圆舞曲》展开，在分段欣赏、分析曲式结构、观看溜冰的视频之后，又设计了一个编创的环节，既培养了学生创作的能力，又激发了学生学习音乐的兴趣。在活动中，充分调动了学生的积极性，发挥以学生为主体、教师为主导的作用，顺利完成了教学任务。

（二）活动形式的选择。活动采用了小组教学的形式，使学生与教师、学生与学生之间能够充分交流，学生感觉既不同于平时的学校学习，又不同于平时的器乐或者声乐课，很有新鲜感。这种活动方式使得课堂气氛活跃，学生的积极性、主动性得以充分发挥。

（三）活动方法的选择。通过谈话、讲解，使学生在宽松的氛围中理解乐曲的内涵，欣赏美妙的音乐。运用多媒体教学设备及欣赏图片辅助教学，学生对乐曲的理解进一步加深，能够很快融入到美妙动听的旋律中去。创编的过程，充分发挥了学生的想象力和创造力。完整演奏或者演唱出自己的创编方案，也给学生提供了展示自我的机会，增强了学生的自信心。

二、教师教学活动行为的情况

在活动中，充分发挥了教师的主导作用，作为活动的组织者、引导者，教师的活动是调动学生积极主动参与活动，引导学生在参与的过程中体验乐曲的魅力，体验创编过程的快乐，体验享受成果的愉悦，让学生的自主性、能动性和创造性等主体特征得以充分发挥。

三、活动目标的达成情况

本次活动，学生自主探究、亲身体验，通过聆听、赏析、创作的过程，感受舞曲的音乐情绪。学生学会了思考，学会了用音乐术语进行描述和表达，提升了自主解决问题的能力。创编八个小节的旋律，增强学生对音乐的感受力、想象力，增加对圆舞曲节奏节拍、音乐风格的理解与把握，使学生体会到了成功的喜悦，也树立了自信心。总之，本次活动的各项目标都较好地完成。

四、学生参与活动的积极性和主动性情况

在本次活动中，学生能够积极参与到课堂中来，与教师的配合比较

默契。在教师的引导下，学生能够积极主动地创新、编配伴奏，由被动学习变为主动创编学习，提高了学习音乐的兴趣，也逐步形成了在欣赏中思考、在创编中体验的良好学习氛围。

五、本次活动中存在的不足之处及改进措施

（一）学生以前从未接触过音乐欣赏活动，他们还不能完全熟练地运用音乐语言去描述、表达音乐的情绪。基本的创编知识的掌握也有待进一步提高。

（二）由于学生平时展示自我的机会较少，在自己弹奏或者演唱创作的旋律时，显得不够自信。

（三）受学生掌握的乐理知识和音乐术语的制约，针对创编进行的自评、互评有些简单。

在今后的教学中，教师要注意帮助学生巩固已经学过的乐理知识；给学生创造更多的表演机会，逐步提高学生演奏、表演、创作等能力。

校外的音乐教学时间紧、任务重，大多数家长还很重视学生取得的成绩，他们希望孩子多考级、多参加比赛，造成教师不得不给学生赶进度、拔程度的局面，从而导致学生总是处于被动学习的状态。校外的艺术教育怎样发展，怎样真正与校内艺术教育接轨，怎样提高学生的审美素养，让每一名学习音乐的学生都能够快乐、健康地成长，很值得我们研究。同时，学生怎样从每一次教学活动中真正感受到快乐，真正融入到每一首作品当中，真正体验到自己创编成功的乐趣，都是应该进一步探讨的话题。

《小花鼓》二胡小组活动方案

吴　段

一、活动依据

《中国学生发展核心素养》中提出以培养“全面发展的人”为核心，培养学生的音乐素养和审美情趣，促进学生全面发展。民族音乐有其自身的独特魅力，能够唤起人们的民族认同感和共鸣。器乐教学中以学生的兴趣爱好为动力，重视音乐实践，丰富音乐表现能力，鼓励音乐创作。以学生能够掌握多样化的音乐形式为主线，提供创新、活泼、生动的内容，以学生自主性合作为主，激发学生的学习兴趣。

二、学情分析

本次活动学员年龄在8~10岁，学习乐器已有两年多，程度是从初级到中级，已掌握了基本的演奏方法与技能，主要表现在对较复杂节奏的把握、二胡换把能力的提高、音乐表现能力的提升等方面；在合奏过程中也逐步学会了相互聆听、相互配合，提高了合作的质量和效果。这些技术技巧与能力还需要长期的不断提升。

三、活动内容分析

该曲创作的时候正值新春佳节，春节是中国民间最隆重最富有特色的传统节日，春节期间要举行各种活动以示庆祝，打花鼓便是传统的庆祝形式之一。作者在乐曲说明里写道：当新年到来的时候，锣鼓喧天，歌声悠扬，孩子们兴高采烈地打起小花鼓来欢度节日。演奏者注意奏出轻快流利、一气呵成的效果。

本次活动通过拨弦、连顿弓、换把，进行多次练习，提高学生们准确掌握节奏的能力，同时提升学生们的演奏技能和音准水平。通过多种形式的分段练习、合奏练习和提速练习，使学生演奏速度的能力以及配合能力得到提升。

本次小组活动以二胡学习《小花鼓》为主要内容，在原谱基础上创编了“三指构音”，使乐曲更加突出中国民族的音乐特点，丰富了音乐形式。

四、活动目标

（一）知识与技能

通过活动，学生学会拨奏、准确完成连顿弓、切分音、换把和三指构音的演奏技法。

（二）过程与方法

通过讨论法、讲授法、演示法和学生课堂实践法，运用对比、聆听、模仿的学习方式，让学生在活动中对音准、节奏和特殊演奏技法反复练习，使学生对于节奏、音准和演奏速度的掌控能力得到较大幅度提高，引导学生循序渐进地学习《小花鼓》演奏。

（三）情感态度价值观

《小花鼓》这首民歌充分体现了中国文化底蕴之深厚和艺术水准之高超。学生通过学习优美动听、质朴自然的旋律，加深了对本民族文化的了解和感受，唤起了民族认同感和自豪感，从而能增强民族自信。培养学生对于民族特色的乐曲的理解能力，同时，培养学生认真专注的学习态度，引导学生愿意与同学交流并能够勇于表现自我。

五、活动重点、难点

重点：提高练习质量，提高左右手相互配合的能力。

难点：重点节奏型的掌握，拨奏、连顿弓、换把及三指构音的准确性。需要双手协调统一，左右手动作灵敏迅速，换把快速准确。

六、活动准备

二胡、鼓、节奏型示例图片、录播仪器、谱架、乐谱、音视频资料。

七、具体活动过程

（一）情景导入

教师播放《小花鼓》的演奏视频，让学生说出乐曲里面哪些内容让他们印象深刻，并描绘歌曲意境，感受民族风格的特点。

（二）初步探讨

与学生一起交流有关《小花鼓》的资料，包括创作背景、歌曲歌词、人文内涵、风格特点等。

①春节是中国民间最隆重最富有特色的传统节日，打花鼓是传统的庆祝形式之一，大人们敲打着大花鼓来表达内心的喜悦，而小孩子们便打起小一号的小花鼓来欢度节日。

②刘北茂（1903–1981），别名寿慈，江苏江阴人，现代著名二胡演奏家、作曲家、教育家。清末秀才刘宝珊之子，与诗人刘半农、音乐家刘天华是兄弟。他创作的百余首作品既有鲜明的民族风格，又富有创新精神。他的作品同他的为人一样具有朴实、真挚的特点。刘北茂虽然离开了我们，但他毕生追求真理，追求进步，谦恭待人，严谨治学，为民族音乐事业奋斗终生的优秀品质，是永远值得我们学习和纪念的。

向学生介绍《小花鼓》的概况和基本结构：乐曲由主题呈示、展开和结尾三部分组成。

（三）深入研究

①老师第1次放慢范奏1~15小节，学生聆听并观察弓指法（建立第一印像及音响感觉）。

②老师第2次放慢范奏1~15小节，学生跟着视奏（第1~15小节是主题呈示乐段。第1小节左手拨弦，同时右手拉内弦空弦来模仿敲鼓的声音）。

③第二段最后的1110这三个音要演奏得结实、肯定（仿佛所有敲鼓的小朋友一起整齐地敲出咚咚咚的声响）。

④放慢范奏曲目展开部分，学生聆听并观察换把及弓指法，并慢慢视奏（从第16小节开始是展开部分。旋律较之前明显展开，旋律舒展，流畅，情绪上十分愉快，透着孩子的天真活泼。第31、32小节的两个滑音均为定把滑音：把位不动，向上或向下伸指滑到相应的音位即可。另，二把位的3和5采用三指构音，注意音准和右手配合，同时在演奏这一段的时候要注意强弱记号的处理）。

⑤从第43小节开始就是结尾部分了。这一段采取了秧歌调的“句句双”写法，描写了新年的火热场面，注意每句的强弱对比处理。最后全曲在热烈的气氛中达到高潮并结束。

（四）小组合作

①老师与学生合奏形式：在进行中学会聆听，并模仿老师演奏。

②多人组合形式：三人或两人一组合作演奏，相互评价。

③全员合作形式：全体学员共同参与合作。

（五）巩固提升

找出难点：合奏时对音准、节奏以及换把速度的把握，逐渐加速练习。

解决难点：通过不断地重复以及由慢到快、慢速练习解决音准和换把问题。

（六）总结评价

总结这首曲目的基本技法、重点难点及句式结构，学生畅谈这节课的收获和体会，学习过程中自己有哪些提高，并知晓课后如何巩固练习。

八、布置作业

回家先单独反复练习重点难点部分，熟练之后全曲完整练习，每天坚持1小时习琴时间。

活动自评

本次课是8~10岁班级，有一两年基础的二胡学生，对基本演奏法有一定的掌握。《小花鼓》这首曲目，轻松、活泼、动听，学生比较喜欢，旋律清晰明朗容易记住，曲目中存在的节奏音型、演奏技法、换把及三指构音有一定的难度，授课及范奏时需要多次反复放慢演示讲解。本次课的亮点在于，强烈的民族风格及演奏技法的深入，让学生在掌握曲目正确演奏方法的同时，更加喜欢二胡这门课程及艺术。学生的主体作用发挥得比较好，在活动中教师只是一个组织者、指导者、参与者，学生能自主进行实践和探究，效果比较好。由于乐曲程度及重难点较深，课堂上学生并不能完全消化掌握，这就要求学生课下要多下功夫。

教学过程中体会最深的有两点。一是学习教学大纲，明确教学目的。作为音乐教师，首先应该明确音乐教育以审美教育为核心，在整个教学过程中要以音乐的美感来感染学生，要以音乐中丰富的情感来陶冶学生，进而使学生逐步形成健康的音乐审美能力。二是采用多种方法，努力提高学生的学习兴趣。针对本校学生音乐基础差的特点，想方设法，找资料，给学生补基础，激发学生兴趣，提高课堂效率，利用多媒体、电视、音响等设备，向学生介绍一些民歌、名曲，作为补充教学内容。指导学生边听音乐、边哼歌谱，反复练习。课内让学生上台演奏，培养他们的参与、实践能力，学生情绪高涨，使音乐课上得更加生动活泼。通过教学深深体会到作为一名老师仅仅是目前阶段水平还远远不够，及时充电才会有更好的输出。

不忘初心

——传唱《卢沟谣》活动方案

朱智楠

一、活动依据

1.《关于实施中华优秀传统文化传承发展工程的意见》指出：围绕立德树人根本任务，遵循学生认知规律和教育教学规律，按照一体化、分学段、有序推进的原则，把中华优秀传统文化全方位融入思想道德教育、文化知识教育、艺术体育教育、社会实践教育各环节。

2. 充分利用区域红色文化资源，潜移默化、润物无声地开展爱国、爱党、爱社会主义教育。

二、学情分析

1. 学生情况

声乐中级二班共21人，年龄7~13岁，其中16名学生同时参加合唱团的训练，5人学习钢琴或小提琴，热爱歌唱且具备良好的音乐素养。经过4个学期的学习能够熟练运用移动do唱名法演唱C、D、♭E、E大调的作品，在此基础上本学期将着重引导学生主动思考，建立多声部思维以及音乐表情记号的学习。

2. 作品分析

《卢沟谣》是一首朗朗上口的童谣，在多个版本中选择了著名音乐教育家、合唱指挥家蓬勃先生改编合唱的版本。这一版本中将原本稚嫩的童声朗诵调整为由钢琴演奏主题旋律，达到深化主题的作用，在演唱声部中去掉了装饰音的修饰，使旋律线条更加质朴、纯粹，相比A段细致的连音线要求，B段更似断奏的演唱处理能够增强坚定语气，推动了音乐的发展，这些细节的调整更能体现歌曲厚重的历史背景，也更符合该班学习作品的成长需要。

三、教学目标

（一）知识与技能

1. 掌握纯八度音程的演唱方法。
2. 明确连与断的演唱方法。

（二）过程与方法

了解歌曲段落结构，在体验中感受音乐情绪，享受审美过程，理解《卢沟谣》的精神内涵，唱好《卢沟谣》。

（三）情感态度与价值观

1. 通过学唱《卢沟谣》，传承民族精神，激发爱国情怀，珍惜美好生活。
2. 有感情地学唱歌曲，用音乐陶冶学生情感。

四、活动重难点

重点：完整而流畅地演唱歌曲，并掌握纯八度音程的演唱方法。

难点：正确表现A段与B段演唱情绪的变化。

五、活动准备

教师：二声部合唱乐谱、分声部弹唱与作品分析；撰写与修正方案；PPT与板书。

学生：课前搜集关于卢沟桥的历史背景。

六、活动过程（90分钟）

活动过程	教师活动	学生活动	教学设计意图
导入阶段	1. 播放视频 2. 请学生谈谈课下搜集卢沟桥的历史背景 3. 播放原版歌曲	1. 观看视频 2. 学生谈及卢沟桥的地理位置、卢沟晓月的由来、卢沟桥事变等 3. 聆听歌曲	情景导入
新授阶段	1. 识谱环节 （1）提示调号，唱该调音阶带入调式，鼓励学生独立识谱。 （2）教师完整范唱（分声部）。 （3）组织学生分两组演唱，相互聆听并做出评价。 2. 朗诵歌词 （1）引导学生按照歌词含义与连线要求划分乐句与段落。分组讨论，每组派一名同学说出自己的理解。 （2）将歌词与节奏结合在一起，由教师示范第一句。 （3）通过问答与选择的形式引导学生注意到两段歌词的不同内容与不同情绪。 当试图表达不同的情绪时可以运用哪些具体的手法，例如音高、力度、音乐的连与断。 与陈述性的音乐对比来说，运用音高攀升、力度增强与断奏更能表现激动的情绪。 3. 完整演唱 （1）教师完整演奏钢琴伴奏，	1. 识谱环节 （1）根据调号找出移动do的位置，并根据钢琴提示音识谱。 （2）对照乐谱，聆听教师范唱。 （3）相互聆听，尝试对演唱同学的优点与不足做出评价或提出建议。 2. 朗诵歌词 （1）朗诵歌词，按照音乐的要求结合自己的理解划分乐句与段落。每组一名同学代表发言。 （2）根据教师示范，师生共同将歌词与节奏结合。 （3）学生根据歌词内容认为B段情绪应该更激动。 3. 完整演唱 （1）聆听教师的钢琴伴奏，感受完整的音乐风格并思考自己的演唱。 （2）所有同学跟随伴奏参与演唱。 （3）相互评价，提出建议。	1. 鼓励学生独立识谱，培养表达与合作意识。 2. 通过对歌词这一元素的学习，明确歌曲结构，进而加深对音乐内涵的理解。 3. 感受与体验完整的音乐作品。

续表

活动过程	教师活动	学生活动	教学设计意图
新授阶段	给学生完整的音乐感受并提示学生思考自己的演唱。 （2）完整伴奏。 （3）鼓励相互评价。		
针对性练习	1. 音程练习（板书）  （1）提示学生在用la演唱大三度、小三度音程时口腔、腰腹处是否有变化 （2）同时演唱并相互聆听。 2. 纯八度音程练习  （1）强调唱低音自然放松，小腹微收，唱高音时小腹迅速收紧且腰部支撑，同时口腔迅速打开。下行时将积极的状态保持在统一规格内。 （2）将统一的状态带入歌曲中。 （3）组织分组演唱相互聆听，请正确的同学做示范。 3. 断奏练习 “中国人，意志坚！”在保持原本节奏的基础上，只发出极短促而有力的字符后即结束，达到锻炼快速咬字与腰腹爆发力的目的。	1. 音程练习 （1）演唱时着重体会大三度与小三度音程的变化，其中大三度音程腔体变化更大，腰腹支撑更强。 （2）通过聆听调整与感受声部间力度和谐的魅力。 2. 纯八度音程练习 （1）学生一只手放在胸口以提示气息下沉；另一只手叉腰，既要提醒演唱时腰腹需要持续的支撑，又重在体会纯八度音程跳进时腰腹变化的具体幅度。 （2）尝试用歌词演唱歌曲的第一句。 （3）分组演唱，相互聆听并提出建议，认真观察正确同学的表现。 3. 断奏练习 （1）无音高，快速吐字、断奏练习。 （2）有音高，快速吐字、断奏练习。 （3）完整演唱该乐句。 （4）完整演唱歌曲。	1.体会大、小三度音程演唱时各器官的变化与变化程度。 2.以统一、和谐的声音唱好A、B段的第一句。 3.表现出“中国人，意志坚！”这一句所需要的铿锵有力的声音。
拓展	学唱《卢沟谣》教会我们感恩。现在幸福的生活是革命烈士用无私的牺牲换来的，作为新世纪的少先队员，应该用什么样的个人层面价值观标		

续表

活动过程	教师活动	学生活动	教学设计意图
拓展	准来要求自己：爱国、敬业、诚信、友善。爱国是首位，无论在哪里，祖国永远高于一切。最后，我们再高唱一次少先队队歌《我们是共产主义接班人》。		
课堂小结	1. 梳理与总结 组织小组讨论：按照音乐发展的顺序总结出关键词，由教师板书使思路清晰。 2. 完整伴奏 3. 请学生谈谈学习这首歌曲的感受	1. 梳理与总结 分组讨论与总结关键词：纯八度－大/小三度－断奏－情绪变化。 2. 根据板书情绪饱满地完整演唱 3. 学生感受到歌曲优美旋律背后的厚重历史背景，深知今天的幸福生活来之不易，心存感恩	梳理与总结
效果展示	学生能够完整而流畅地演唱歌曲，正确表现A、B两段的情绪变化。学生在学唱过程中十分投入，主动提出背唱整首歌曲。这说明学生能够理解《卢沟谣》的历史背景以及带给我们的教育启示。		

活动自评

当今，写给孩子的歌不多，既动听又具有历史意义的歌更是少之又少。因此，我选择了《卢沟谣》这首歌来作为教学歌曲。这首歌曲的歌词以孩子的视角将卢沟桥见证的民族兴衰与永定河畔的自然美景巧妙地融合起来，以极富画面感的语言将人们带入了过往的历史中。词作者李明圣总结这首作品的创作心得时说道："小童谣、大历史，小焦点、大主题，小语言、大情怀。"歌曲的旋律清新流畅，是一首朗朗上口的童谣。在多个合唱版本中选择了著名音乐教育家、合唱指挥家蓬勃先生改编的版本作为教学歌曲。这一版本中将原本稚嫩的童声朗诵调整为由钢琴演奏主题旋律，达到深化主题的作用，在演唱声部中去掉了装饰音的修饰，使旋律线条更加纯粹质朴。相比A段细致的连音线要求，B段更似断奏的演唱处理能够增强坚定语气，也以此推动了音乐的发展。这些细节的调整更能体现歌曲厚重的历史背景，也更符合该班学习过程中的需要。

1. 备课阶段，我从作品的歌词创作、旋律创作、和声编配以及曲式结构入手，进行了深入的分析，并完成钢琴演奏与各声部弹唱的工作，结合对学生情况的了解找出重难点与解决方法。

2. 采用节奏与情感相融合的方法新授。在教学中，通过学唱《卢沟谣》，正确把握演唱这首歌曲的情绪。通过了解卢沟桥事变，传承民族精神，挖掘爱国主义情怀，引导学生珍惜现在来之不易的幸福生活。完整而充分地聆听与演唱作品，在音乐体验与感受中，享受音乐审美过程的愉悦，理解音乐的精神内涵。

歌曲的开始出现了纯八度音程的跳进，所以在过程中加入了具有针对性的统一歌唱位置的练习，由于练习中没有歌词与节奏元素的变化，学生可以将注意力完全集中在如何将两个元音用统一、和谐的方法唱出来，再将统一的状态带入歌曲中，很好地解决了这一难点。

3. 拓展与延伸中升华爱国情感，感悟卢沟桥代表的中国精神。通过聆听与演唱感受中国文明五千年，感恩我们现在幸福的生活是革命烈士用无私的牺牲换来的。历史是最好的教科书，每一名中国人都应该铭记这段历史。作为一名引领新世纪的少先队员，牢记历史、珍爱和平、好好学习、坚韧不屈、奋勇前进，无论在哪里，祖国永远高于一切。

合唱是培养学生合作意识的重要手段，每个学生都参与其中，但还是有部分学生的积极主动性较弱，主体性实现得还不足，教学环节的紧密性也有待提高。这节课是很有意义的一节合唱课，不仅让学生了解了卢沟桥事变，也让学生能够在唱歌中体会到爱国的情感，加深对祖国的热爱。

走进爨底下：记录家乡的美

杨 帆

一、活动依据

门头沟区地处北京西部山区，历史文化悠久，古建资源丰富，通过古建筑摄影外拍活动，带领学生了解并欣赏家乡古建筑之美，激发学生爱国之情，增强文化自信，提高学生发现美、欣赏美、创造美的综合审美素养。通过古建摄影活动，改变传统的学习方式，引领学生们走近自然，走近古建筑，身临其境体验古代劳动人民的伟大智慧，激发对摄影的创作热情。

爨底下村，中国传统村落，地处京西斋堂西北峡谷中部。爨底下村依山而建，依势而就，高低错落。以村的后龙头为圆心，南北为轴线，整个村庄呈扇面形展于两侧。现存有清代民居74套、689间。村上、村下被一条长200米、最高处20米的弧形大墙分开，村前又被一条长170米的弓形墙围绕，使全村形不散而神更聚。这些古民居建筑是宝贵的历史文物，对研究中国的民居建筑史具有重要的作用。

通过带领学生走进爨底下村进行古建摄影活动，发掘摄影与光学、美学、文艺理论、信息技术等学科领域之间的艺术关联，激发学生们积极参加实践活动的兴趣，培养学生运用知识、敢于实践、学以致用的创新精神和实践能力。突出“活动育人”的校外教育特点，全面深入开展素质教育，坚定文化自信。在实践活动过程中用镜头捕捉古建筑之美，弘扬传承中华优秀传统文化。

二、学情分析

1. 教学内容分析

本次活动主要通过学生、教师共同欣赏评价古建筑摄影作品，分析摄影创作的几大要素：主体与主题、取景与构图、用光与工具等，思考、体会作品传达了怎样的视觉效果与主题思想，渗透古建筑摄影艺术的基本知识与审美。在实践体验环节中，寻找爨底下村的古建元素，鼓励学生利用摄影知识与技法在村内“捕捉古建之美”，中间渗透主题思想与审美情趣，并进行分享评价；活动后要求学生探究古建知识、拍摄身边带有古建元素的作品，上传至信息平台，分享交流与评价，从而达到做中学、学中做的教学效果，实现理实一体的教学模式。

2. 学习者分析

摄影社团成员人数为15人，主要由四至八年级学生构成。成员对摄影有着浓厚的兴趣，有一定的单反相机使用基础，前期经过系统的摄影知识学习，掌握了“好照片”的三个原则，社团成员迫切需要到户外进行实践，提升摄影能力。

二、活动目标

1. 基本掌握相机使用方法，了解摄影创作的基本原则；了解古建摄影曝光与构图知识；培养摄影兴趣。

2. 能够运用摄影创作中的要素：取景、构图、相机使用、用光等知识，进行摄影实践，勇于探索，解决摄影活动过程中出现的问题。

3. 了解并欣赏中国古建筑之美，提高学生在生活中发现美、记录美、创造美的审美追求。

四、活动重点与难点

活动重点：学生能够利用“好照片”三个原则，合理使用建筑摄影构图、色彩光影知识，拍摄爨底下古建元素。

活动难点：学生能创作出有特点、有节奏感、表现力强的古建筑摄影作品。

五、活动准备

单反相机、智能手机。

六、活动过程（120分钟）

活动环节	教师活动	学生活动	设计意图
摄影赏析，导入主题（5分钟）	教师展示一组摄影图片，请同学说出拍摄地点（颐和园） 提问：你通过哪些元素确定了是颐和园（答：去过、看到过、标志性建筑物等） 总结：中国古建筑是中国传统文化的缩影，凝结着中国传统文化的精髓，是人类宝贵的物质文化遗产。	通过观察图片，说出拍摄地点。	引入古建筑拍摄主题。
体会摄影技巧，分组讨论交流（10分钟）	1. 教师展示十七孔桥照片 提问：为什么要建成17孔？ （答：防洪、便于船通过、吉祥等） 总结：桥正中的大孔，从桥面两端数来都刚好是9，而9被称为极阳数，是封建帝王最喜欢的吉利数，所以将桥建成17孔。因为桥孔大小不一，桥面像一张弓，又像天上的彩虹，在昆明湖上非常壮观。 每年冬至前后，落日光辉穿过十七孔桥，照亮全部十七个桥洞，呈现出壮丽景观，俗称金光穿洞。 2. 如果你去拍摄这一奇景，要考虑哪些因素？ 引导学生说出光线、拍摄角度、取景构图、拍摄内容、瞬间捕捉精彩等因素。 3. 照片对比（普通照片、摄影作品） 引导学生说出“好照片”三个原则：主体突出、画面简洁、主体吸引眼球，分别通过作品来感受、分析、说明。 可以用提问、讨论、探究等形式引导学生学习理解。	根据课前搜集到的资料进行小组讨论、汇报。 小组讨论，交流。 欣赏、体会、思考、分析、理解。	1. 渗透古建筑中的文化元素。 2. 体会“金光穿洞”摄影技巧，引入学习内容。 复习已有知识，为接下来学习新知识与实践做好知识链接。

续表

活动环节	教师活动	学生活动	设计意图
探究性学习，突破教学难点（20分钟）	1. 作品赏析 （1）通过赏析，引导学生理解古建摄影拍摄方法，寻找对称、关注细节、用线条强化表现力等。 （2）讲解摄影技巧： 画面简洁，保持主体突出； 改变拍摄角度，避开人群； 拍摄建筑细节等。 （3）渗透古建知识： 雀替、瓦当、藻井、鸱吻等。 2. 演示打造比例完美的构图方法 现在很多数码相机都提供了“井字格”（九宫格）辅助框线（让学生看一看自己的相机上有没有辅助线）； 讲解三种主要的构图方法：九宫格、对角线、框架。	通过赏析作品，分析摄影时需要注意的方法，体会如何进行合理构图。 学生通过观察、了解辅助线的功能，学习构图方法。	难点初涉，引导学生明白要创作出具有特点、节奏感、表现力强的古建筑摄影作品，发现、捕捉古建筑细节之美是一条有效途径。 体会摄影构图的重要，巩固构图方法。
拍摄实践，寻找爨底下村的古建元素，分组进行拍摄（70分钟）	1. 布置拍摄任务、明确要求 （1）分组活动，发现爨底下村体现传统文化的建筑元素。 （2）明确拍摄主体，运用拍摄古建的技法，小组研讨拍摄角度、构图方式、相机设置等。 （3）聚焦爨底下村内的传统文化元素，积极拍摄作品。 （4）注意事项： 文明拍摄，轻声细语，不影响参观秩序。 保证活动安全，不为追求角度做危险动作。 2. 进行现场指导 问题预设： （1）思考光影的运用； （2）构图合理； （3）注意把握细节。	以组为单位进行拍摄实践体验，拍摄爨底下村的古建筑元素。在活动中可以思考并讨论。 组内在拍摄时自评互评，并随时交流拍摄心得。	明确实践任务及要求，通过拍摄实践突破教学难点。 学生在拍摄过程中发现蕴藏于装饰性元素、无穷微妙的细节之美。特别是那些与众不同的细节，要重点进行拍摄。

续表

活动环节	教师活动	学生活动	设计意图
分享作品，交流拍摄心得（15分钟）	1. 展示本次实践活动的作品 2. 学生进行自评 引导学生自评作品，分析优点和缺点，分享摄影时遇到的问题，并说出改进的方法。 3. 生生互评 选择喜欢的作品进行点评，强调特点和优势，利用“好照片”三个原则在技法上提出不足和解决方法。 4. 教师整体点评 突出光影的运用，构图的合理及细节的把握。	点评自己作品，并选择自己喜欢的作品进行评价。	及时分享、评价学生的实践效果，巩固知识与技法，同时鼓励学生实践的积极性。
拓展活动	1. 用镜头捕捉身边的古建之美（每人选取最满意的3张，发到社团邮箱） 2. 学习了解一种中国古建筑的构件，并搜集相关知识材料	拍摄身边的古建，并搜集相关古建资料。	课后拓展，帮助学生巩固本次的摄影知识，并为下一次的活动做好准备。

七、效果测评

1. 评价标准

①主动参与。活动中是否每名学生都主动参与个每环节，30%。

②知识内容。是否综合运用所学知识完成摄影，30%。

③问题解决。实际活动中遇到问题的解决策略，20%。

④团队合作。是否有团队意识，参与团队分工，在团队中承担任务，20%。

2. 围绕活动目标，采用组内自评、分组互评、教师点评等评价方式交流拍摄的心得，指出照片的成功之处与改进的方法。

3. 集中点评学生摄影作品。

了解、感受、畅想门头沟的桥

王国强

一、确定主题的依据

在北京新一轮发展战略中，门头沟区被放在了重要位置。近年来，北京市委、市政府陆续出台了促进生态涵养发展区发展、加快城乡一体化发展的一系列政策措施，给门头沟区建设现代化生态新区注入了旺盛的活力。

门头沟区的桥在基础设施中占有重要的位置，有詹天佑设计的人字形铁路桥，日伪时期修建的水闸桥、现代高架的过街天桥等。本次学生实践活动以桥为主题，让学生通过调查、走访、参观、汇报等方式，了解门头沟桥的历史，感受桥的变化，畅想桥的明天，从而增强热爱家乡的情感以及实践能力。

二、活动时间、地点、对象及规模

活动时间：2019年11~12月

活动地点：三家店水闸桥

对象及规模：全区选拔的优秀小学生40名

三、活动目的

通过此次实践活动，让学生们能够更深入地了解家乡的基础设施建设——桥。感受到家乡日新月异的巨大变化，升华到热爱家乡的情感，培养学生的实际运用能力。让学生们用说、写、画等方式歌颂门头沟的桥。

四、活动内容

1. 学生调研：将学生分为5个活动小组，每个小组学生用走访、调查、拍照等方式收集门头沟区桥的资料。

2. 参观考察：参观三家店水闸桥并听教师讲解桥的历史及构造。

3. 歌颂桥：学生用演讲、歌唱、绘画、制作、照片讲解五种方式歌颂门头沟区的桥。

4. 展览：对学生的优秀作品进行展览，学生参观。

五、准备工作

1. 设计活动方案和安全预案。

2. 设计制作横幅、彩旗。

参观考察队旗：了解、感受、畅想门头沟区的桥

展示活动题目：了解、感受、畅想门头沟区的桥——学生活动展示

3. 与学校洽谈学生活动安排，制定活动细则。

4. 布置学生小组活动计划。

5. 召开活动教师工作会，安排布置工作内容。

6. 布置学生展示活动会场。

7. 布置优秀作品宣传栏。

8. 准备绘画作品稿纸。

六、活动过程

第一阶段：桥梁信息收集与整理

将40名学生分为5个活动小组，每个小组可通过阅读书籍报刊、走访、调查、拍照、网上搜集等方式收集门头沟区桥的资料，并为每个活动小组规定所收集的内容的呈报形式。第一小组收集资料撰写作文《我家乡的桥》赞誉桥；第二小组收集资料用歌唱的形式歌颂桥；第三小组收集资料用绘画的形式展现桥；第四小组收集资料用环保材料制作桥；第五小组收集资料用照片的形式体现桥。

收集内容：门头沟区桥梁知识信息

收集人：40名学生

时间：2019年11月底

收集地点：报刊、网络、实地勘察等

呈现形式：作文、歌唱、绘画、制作桥作品、照片五种

第二阶段：参观考察活动（2019年12月）

通过实地参观三家店水闸桥，聆听教师讲解水闸桥的历史、结构、材料等知识，使同学们进一步了解门头沟区水闸桥为家乡人民所作出的贡献。加深对门头沟区的热爱。激励同学们为振兴中华而奋发学习。

参观办法：组织全区选拔的优秀学生40名实地参观，并聆听教师讲解，之后学生按照分组实地勘察（结构、材料等）收集信息。

参观地点：三家店水闸桥。

参观提示：

1. 水闸桥的历史。

2. 水闸桥的构造。

3. 修缮前、后的水闸桥。

第三阶段：成果汇报

通过学生自主收集到的信息和实地参观水闸桥所收集到的信息，学生整理之后通过撰写作文、演讲材料、编排歌曲、绘画、制作、照片等形式歌颂门头沟区美丽的桥。

活动内容：了解、感受、畅想门头沟区的桥——学生活动展示。

时间：2019年12月。

地点：城子小学多功能厅。

活动过程：

1. 由推选出的学生主持人宣布：了解、感受、畅想门头沟区的桥——学生活动展示仪式开始。

2. 学生分组展示：

第一组选派出两名撰写《我家乡的桥》的作者与同学们共同交流心得。

第二组选派出两名同学演唱自己编排的歌曲。

第三组选派出两名同学讲解所画的家乡的桥的作品。

第四组选派出两名同学利用环保材料现场搭建制作出家乡桥的作品。

第五组集体展示交流拍摄照片。

3. 主持人总结学生展示活动情况。

活动方法：

1. 学生推荐主持人。
2. 主持人了解各组活动情况，编排活动展示人员名册。
3. 学生准备制作桥模型的环保材料。
4. 活动时间：40分钟。

第四阶段：作品展览（2019年12月）

1. 每组领取一块作品展示栏，学生设计布置作品展示宣传栏。
2. 全体学生进行参观交流。
3. 活动负责人对五个活动小组进行表彰。

七、活动效果检查方法

1. 对学生的作品进行展览宣传。
2. 调查参加此次活动学生的感受。
3. 总结此次活动的经验与教训，为下次活动夯实基础。

活动自评

本次组织的“了解、感受、畅想门头沟的桥”活动按照方案制定的内容顺序完成。本次学生实践活动以桥为主题，让学生通过调查、走访、参观、汇报等内容新颖的活动方式，了解门头沟桥的历史，感受桥的变化，畅想桥的明天，以此更加深入地了解家乡，增强学生热爱家乡的情感，培养学生的实践能力。活动从设计开始都是以学生为主体，选择学生们熟悉的身边生活作为切入点，学生更容易积极地参与到活动当中，在活动中充分展示自己，锻炼自己，提升自己。

活动的设计和组织工作十分严谨，首先由教师在了解学生实际情况的基础上进行方案的设计，然后经过领导的审核和批准，开始进行筹备工作，包括与相关学校的教师学生进行沟通，组织工作人员进行培训等等。作为一名少年宫的活动教师，我保质地完成了各项准备工作，这也为活动的开展奠定了良好的基础。

在活动的实施过程中，积极组织各项活动，协调学生、教师、工作人员。因为活动的内容和场地不断变换，学生的兴趣得到了提升，但是这也给教师提出了更高的要求，尽量克服困难，使总体完成情况良好。学生在参观时，积极性十分高，也使最后的作品内容更加丰富。

通过活动开展之后对学生作品的收集和与学生的反馈交流，了解到了此次活动对学生的影响很大，学生们都表示愿意参与这种活动，也体会到了活动对学生能力的提高是很有帮助的。在参与学生的班主任的反馈中了解到很多信息，例如："某某平时胆小，不爱说话，这次活动能主动和老师交流了。""别看某某平时淘气，做起小制作还挺像样子的，还能帮助别人呢。"……这些真实的反馈让活动的开展没有流于形式，而是具有实效性，体现了校外教育真正以学生为主体，以丰富的活动为基础，把提高学生的思想品质和能力作为活动目的的理念。

热血军营军事教育体验活动

全月强

一、活动依据

青少年是祖国的未来、民族的希望，国防教育需要从娃娃抓起。对学生开展爱国主义教育，使学生增强国防概念，提高保卫国家和民族安全的自觉性，是巩固和加强国防，保证国家长治久安和实现国家发展战略目标的一项重要战略措施。

《新时代爱国主义教育实施纲要》中也明确指出：爱国主义要聚焦青少年，加强国家安全教育和国防教育是对青少年进行爱国主义教育的一项基本内容，要通过参加军事训练等活动，使青少年更好地了解国情民情，强化责任担当。同时指出要密切与城市社区、农村、企业、部队、社会机构等的联系，丰富拓展爱国主义教育校外实践领域。

青少年正值追梦的年纪，本次活动旨在把中国梦、强军梦与青少年发展的个人梦想相连，培养学生对军营生活的浓厚兴趣，磨炼意志，强健体魄，培养坚强、勇敢、自信的品格，增强爱国主义情怀。

二、学情分析

参加本次活动的成员是少年宫小百花社团的学员，共计30人，均为8~10岁左右的儿童。这个年龄阶段的孩子特点是身心生长发展速度快，活泼好动，求知欲强，对世界充满好奇，处在人生观、价值观、世界观形成的重要时期。

经过前期调研，发现学生对军营充满了好奇心，对军事知识技能有着浓厚兴趣，但因年龄特点，身心生长发育还不成熟，对于真正军事训练的内容和形式还不能完全接受。

本次活动旨在通过军营参观、军事技能训练、模拟演练等体验活动，引导学生掌握基本的军事知识和技能。通过创设情境，将枯燥、艰苦的模拟训练以学生喜闻乐见的形式展现，使学生在体验中锻炼身体，磨练意志。

三、活动目标

1. 通过参观军营，让学生了解军营的日常生活情况，体会军人的光荣职责。

2. 通过参观和学习枪械知识，培养学生对军事的浓厚兴趣，感受国防科技的强大及祖国的强大。

3. 通过各项体验活动，磨练学生的思想意志，培养学生的执行力、不怕吃苦、勇于挑战，团结互助等优秀品质。

4. 通过本次体验活动，使学生明白国家安全与我们每个人的生活息息相关，激发学生的爱国情感，进一步增强学生的国家安全意识。

四、活动重点、难点

活动重点：通过各项体验活动，磨练学生的思想意志，培养学生的执行力、不怕吃苦、勇于挑战，团结互助等优秀品质。

活动难点：通过本次体验活动，使学生明白国家安全与我们每个人的生活息息相关，激发学生的爱国情感，进一步增强学生的国家安全意识。

五、活动准备

1. 相关军事知识的收集与整理。

2. 提前考察活动场地，确保活动安全进行。

3. 准备本次活动相关的道具及物品：服装、音箱、锥桶、背包等。

六、活动实施（180分钟）

活动环节	教师活动	学生活动	设计意图
集合整队，明确活动要求（10分钟）	1. 集合整队 2. 活动分组 3. 讲解活动要求 4. 安全教育	按照老师要求，进行分组，并了解活动要求。	对学生进行规则教育，体会军人生活的纪律性和服从性。
参观营地，讲解枪械知识（30分钟）	1. 带领学生参观军营，介绍室内物品的摆放标准，以及叠被褥的要求。 提问：自己日常生活与军营中的差别。 2. 讲解枪械知识，演示拆解95式自动步枪。 3. 为学生讲解我国军事发展史。	跟随老师参观，关注细节。 小组讨论问题并回答。 认真学习，了解枪械的相关知识，观摩拆解95式自动步枪的步骤。	通过参观为学生树立学习的榜样，学习军人的生活作风，培养自我约束的意识，学习军人的严明纪律。 普及枪械知识。 使学生了解国防成果，培养学生对军事的兴趣、对祖国的报效之心敬仰之情。
穿越火线，实战练习（120分钟）	1. 练习匍匐前进 （1）教师讲解，示范匍匐前进的动作要领。 （2）学生进行练习，教师进行指导。 （3）创设情境，小组比赛。 设置《穿越火线》的游戏场景，学生分组进行接力赛。要求：全程匍匐前进、背背包，并穿越障碍物（用音箱播放战场上的录音烘托气氛营造氛围）。 2. 挑战缅甸桥 （1）讲解缅甸桥的构	学生认真聆听并观察教师的示范动作，掌握动作要领。 在教师的指导下进行匍匐前进的练习。 在教师的指导下分成三个小组，并按照要求进行接力赛。	通过练习匍匐前进，发展学生的力量、速度、耐力、灵敏及协调等身体素质。 通过创设情境教学，锻炼学生的想象力、发散思维能力，提高活动对学生的吸引力，培养学生团结协作的能力和勇于拼搏的优秀品质，增强团队的凝聚力。

续表

活动环节	教师活动	学生活动	设计意图
穿越火线，实战练习（120分钟）	成：缅甸桥是由一根走绳或由绳索连接的踏板和两根扶绳组成。 （2）讲解动作要领并示范：在通过时要保持身体平衡，保证重心稳定。 （3）设置情境，学生分组练习：讲述《飞夺泸定桥》的故事，引导学生在情境中进行练习。 3. 真人CS模拟练习 （1）教师带领学生熟悉活动场地。 （2）讲解游戏规则。 （3）介绍仿真枪械的使用方法。 （4）分组活动：教师讲解安全注意事项并现场进行指导。	学生认真聆听，并在教师的指导下完成练习。在练习过程中注意安全，牢记教师讲解的动作要领，并观察同学们的动作是否规范。 跟随老师熟悉活动场地，了解游戏规则，学习仿真枪械的使用方法。 按照老师要求进行分组并进行实战演练。在演练中小组讨论理论研究战术，比赛中关注同伴，确保自身安全。	通过情境教学，引导学生克服心理恐惧，战胜自我通过障碍。培养学生面临绝境时冷静沉着、追求胜利、勇于挑战、团结互助的优秀品质。 通过真人CS比赛，让学生在体验竞技性和趣味性的同时，锻炼思考能力及反应速度，增强团队意识，培养勇于挑战、团结互助的优秀品质。
活动总结，交流心得体会（20分钟）	1. 交流收获与体会 学生自由发言，谈收获及体会。 2. 互动评价 本次活动中最让你印象深刻的一个环节或是一位同学，进行互动点评 3. 教师整体点评 对本次活动进行总结，突出表扬学生在活动中不怕吃苦、勇于挑战的精神，以及团结互助的优秀品质。	交流活动心得，谈谈本次活动的收获与体会，说说自己的不足及努力方向。 谈谈在本次活动中最让你印象深刻的一个环节或是一位同学，说出理由。	活动后及时组织分享，让学生交流活动心得，评价实践效果。通过颁发荣誉勋章，培养学生荣誉感，增进自我肯定，培养更加积极的人生态度，增强爱国主义情怀。

续表

活动环节	教师活动	学生活动	设计意图
活动总结，交流心得体会（20分钟）	4. 评选优秀学员 评选出表现最优秀的五位同学，并为学生颁发荣誉勋章 5. 合影留念	小组讨论，评选出优秀学员。 在老师的指导下完成合影，记录活动的美好瞬间。	

七、效果测评

1. 评价标准

①主动参与。活动中是否每名学生都主动参与个每环节，30%。

②知识内容。是否综合运用所学知识完成活动，30%。

③问题解决。实际活动中遇到问题的解决策略，20%。

④团队合作。是否有团队意识，参与团队分工，在团队中承担任务，20%。

2. 围绕活动目标，采用组内自评、分组互评、教师点评等评价方式交流活动的心得。

3. 集中点评学生整体表现。

活动自评

《热血军营体验活动》是门头沟区少年宫社会实践活动中的一项内容，旨在通过军营参观、军事技能训练、模拟演练等体验活动，引导学生了解和掌握基本的军事知识和技能，锻炼身体，磨练意志，逐渐培养对军事国防领域的浓厚兴趣，激发学生的爱国情怀，提高学生的国家安全意识。

1. 活动亮点

（1）化枯燥为乐趣，将枯燥艰苦的军事训练体验项目转化为学生喜闻乐见的游戏活动

军事训练是枯燥而艰苦的，而本次活动的对象是8~10岁的儿童，他们的年龄特点是身心成长发育还不成熟，完成一些难度大且枯燥的训

练动作会存在一些困难，影响活动效果。因此，活动多以游戏体验的形式呈现给学生，创设真实场景，并搭配与活动相符的背景音乐，增加活动画面感，提升学生的体验效果，从而激发学生的浓厚兴趣与主观参与性，大大提升了活动对学生的教育效果。

2. 化被动为主动，发挥学生的主体能动性

给予学生更多的自主空间，在真人CS实战演练环节，老师只把比赛规则告知学生，战术配合则由各小组通过集体讨论决定。在这个过程中，每一名学生都表现出积极主动的一面，积极发言积极思考，为自己的队伍献计献策，充分发挥了学生的主动性，感受到强烈的参与感和使命感。在磨练意志和强健体魄的同时，增强了学生之间的团队合作能力，强化学生的责任担当。

3. 化体验为情感，最大限度释放学生的天性，激发学生的爱国情怀

本次活动中，学生都表现出了浓厚的兴趣，每一环节孩子们都有新的收获，每一个体验活动都激发出学生内心的喜悦。在活动环节的设计中，除了强健学生的体魄，磨练他们的意志，更重要的是在活动中使学生明白国家安全是与我们每个人都息息相关的，通过活动增强了学生的国家安全意识，激发了学生的爱国情怀。

2. 不足之处

为了增加活动中的竞技性和趣味性，活动设计中将学生分成了三个小组，整体活动都是以这个分组为准开展的，但由于对学生的情况不是很了解，各组实力分配不均，导致一个小组在开始的活动中获胜的概率较低，虽然及时发现并调整，但也透露了自己在活动之前的学情分析不够充分。因此告诫自己在以后的活动中要充分了解每一个孩子的情况特点，确保今后的活动安排能够更加科学合理。